Christian Jennings
［英］克里斯汀安·詹宁斯 著

罗爽 译

The Third Reich is Listening
Inside German codebreaking 1939-45

破解
纳粹帝国的海军密码战

山西出版传媒集团　山西人民出版社

图书在版编目（CIP）数据

破解：纳粹帝国的海军密码战 /（英）克里斯汀安·詹宁斯著；罗爽译. —— 太原：山西人民出版社，2022.8
ISBN 978-7-203-11839-8

Ⅰ. ①破… Ⅱ. ①克… ②罗… Ⅲ. ①第二次世界大战－历史－通俗读物 Ⅳ. ①K152-49

中国版本图书馆CIP数据核字(2022)第062644号

著作权合同登记号：图字04-2019-006
THE THIRD REICH IS LISTENING: INSIDE GERMAN CODEBREAKING 1939–45 by CHRISTIAN JENNINGS
Copyright: © Christian Jennings, 2018
This edition arranged with ANDREW LOWNIE LITERARY AGENT
through BIG APPLE AGENCY, INC., LABUAN, MALAYSIA.
Simplified Chinese edition copyright:
2022 Beijing Han Tang Zhi Dao Book Distribution Co., Ltd.
All rights reserved.

破解：纳粹帝国的海军密码战

著　　者：	（英）克里斯汀安·詹宁斯
译　　者：	罗爽
责任编辑：	李鑫
复　　审：	傅晓红
终　　审：	梁晋华
出 版 者：	山西出版传媒集团·山西人民出版社
地　　址：	太原市建设南路21号
邮　　编：	030012
发行营销：	010-62142290
	0351-4922220　4955996　4956039
	0351-4922127（传真）　4956038（邮购）
天猫官网：	https://sxrmcbs.tmall.com　电话：0351-4922159
E－mail：	sxskcb@163.com（发行部）
	sxskcb@163.com（总编室）
网　　址：	www.sxskcb.com
经 销 者：	山西出版传媒集团·山西人民出版社
承 印 厂：	北京汇林印务有限公司
开　　本：	635mm×965mm　1/16
印　　张：	22
字　　数：	290千字
版　　次：	2022年8月　第1版
印　　次：	2022年8月　第1次印刷
书　　号：	ISBN 978-7-203-11839-8
定　　价：	98.00元

如有印装质量问题请与本社联系调换

有五个最重要的人促成了本书的问世：我在伦敦的文学代理人安德鲁·劳尼（Andrew Lownie）、在马德里和牛津的编辑凯特·摩尔（Kate Moore）、在罗马的兄弟安东尼（Anthony）、在仰光的兄弟詹姆斯（James）、在都灵的顽强不屈的卡特·萨科（Kat Sacco）。也必须感谢意大利。没有什么地方比地中海上的菲纳莱利古雷或意大利阿尔卑斯山上的巴多内基亚更利于愉快的创作了。

致谢

在写作本书的过程中,我得到了各种各样的帮助、指导和意见,必须感谢柏林的克尔杜拉·克雷默(Cordula Kraemer),都灵的朱莉娅·阿瓦塔尼奥(Giulia Avataneo)、达妮埃莱·卡拉菲奥雷(Daniele Calafiore)、奥蒂利娅·凯斯莱雷亚努(Otilia Cheslerean)、阿莫尔·本(Amor Ben),以及我在牛津的兄弟马丁(Martin)。鱼鹰出版社(Osprey Publishing)的劳拉·卡拉汉(Laura Callaghan)和杰玛·加德纳(Gemma Gardner)也在这本书和另外两本书上给了我偌大的帮助。

目 录

001 / 前言　蒂康档案

第一部分　德国崛起

014 / 第一章　"一战"信号情报战落败

035 / 第二章　恩尼格玛推销员

051 / 第三章　德国的新解密人员

060 / 第四章　备战

076 / 第五章　德国海军开始窃听

第二部分　德国攻势

090 / 第六章　战争爆发时的两支海军

106 / 第七章　罗马尼亚密码和罗马尼亚石油

113 / 第八章　入侵欧洲期间的信号和欺骗

123 / 第九章　空中的战斗——"少数人"的密码

133 / 第十章　大西洋海战——第一段美好时光期间的"戴安娜"与"胡伯特斯"

145 / 第十一章　古典的敌人，现代的密码破译

第三部分　战争中的德国

154 /　第十二章　德国在地中海的战役（1941—1942）

163 /　第十三章　恩尼格玛被攻破

174 /　第十四章　优秀的上校

186 /　第十五章　苏联前线上的信号情报和密码分析

214 /　第十六章　瑞士的恩尼格玛密码机

222 /　第十七章　"大黄"和"牛仔比赛"

227 /　第十八章　U-91 潜艇与大西洋海战

第四部分　德国守势

246 /　第十九章　爱琴海战役

259 /　第二十章　不安全的恩尼格玛

269 /　第二十一章　风暴来袭——"霸王行动"

283 /　第二十二章　处决与俘虏

292 /　第二十三章　第三帝国的崩溃

300 /　第二十四章　拥有密钥的人已经逝去——蒂康调查

310 /　后记　重要人物在战后的情况

314 /　结语

322 /　大事记

328 /　参考文献及资料

331 /　尾注

前言

蒂康档案

1945 年春，柏林及巴伐利亚

1945 年 3 月末，苏联红军已经攻进了波兰的但泽，穿过国界线进入了奥地利。在西边，盟军已经占领了科隆，越过了莱茵河。德国受到来自各个方向的攻击，英国和美国于是放慢了前进的步伐，让俄罗斯人占领柏林。在一个月前，近千架美国的 B-17 空中堡垒轰炸机轰炸了柏林的铁路网，误以为德国的第六装甲军（Sixth Panzer Army）正在通过铁道穿过柏林，朝东线进军。盟军的情报被证明是不准确的，但是那次密集的轰炸造成了一场持续四天的风暴性大火，将所及之处的一切都烧成了灰烬。由于空袭是在白天进行的，而且美军上将卡尔·斯帕茨（Carl Spaatz）的空军使用的燃烧弹很少，所以造成的伤亡数量相对于这次空袭的规模而言并不多。总计有 3 千人死亡、2 万人受伤、12 万人无家可归。但是，这次空袭让柏林变成了一个越发困难和高度危险的区域。

德国国防军最高统帅部密码局[1]（OKW-Chiffrierabteilung，简称 OKW-Chi，译文中简称"统帅部密码局"）其实早已离开了柏林。1943

---

[1] 本书主要使用"cipher"这个拼写形式。在具体的历史时间段里，或者在引用时，例如英国皇家海军在 20 世纪 30 年代和 40 年代的用法，本书则遵照原文使用"cypher"这个拼写方式。（译者注：拼写方式的不同并不影响该词的意义，故译者未在译文中分别体现出这两种拼写方法。）

年至 1944 年冬天，空袭使得他们无法继续待在首都。在统帅部密码局的解密专家离开的时候，他们中的有些人就已经在柏林居民区一系列很深的地下室里工作了。那里没有中央供暖，有些地方的门甚至已经被取下来当柴火，而且在解密员工作的那些房间里，所有物品表面都覆盖着一层因为地面建筑物被轰炸而接连震动下来的灰泥尘土。在那个寒冷的冬天里，有些解密员在工作时要戴着分指手套或连指手套御寒，这让他们在电灯和蜡烛的摇曳光线里用铅笔书写信号破译报告变得更加困难。

1943 年与 1944 年之交，在战争的这个节点上，统帅部密码局解密员正在破译的英国和美国的信号里，充满了细节信息：有关于盟军经过意大利持续北上、开辟第二战场的计划，以及苏联红军在科尔逊-契尔卡塞（Korsun–Cherkassy）对德军的包围；还有涉及盟军对德国空袭的破译报告，这些空袭正变得空前频繁；还有些破译报告涉及卡尔·邓尼茨（Karl Dönitz）上将的 U 型潜艇未能阻止盟军的供应舰队——有时包含多达数百艘舰艇——横跨大西洋。第三帝国的终结尽管没有那么临近，但是也能感受得到了。然而，即便如此，德国的密码破译人员仍然在努力工作，监听、拦截、破译和阅读来自各国特务、陆军、空军和海军的信号。统帅部密码局仅仅是德国十个信号情报机构中的一个，但是1944 年 7 月，就在盟军攻入欧洲后不久，这个机构正在破解来自敌军、中立国政府、41 个欧洲和非欧洲国家特务的密信。

1945 年 3 月，在美军轰炸机继续轰炸柏林时，统帅部密码局在位于德国东部中央地区哈勒的国防军信号学校工作。负责统帅部密码局破译部门的是密码学家和行政官员威廉·芬纳（Wilhelm Fenner），他在 3 月底决定他们向南撤离，去巴伐利亚。所以，数百千克重的机密文件被装进曾经用来装无线电拦截设备的木箱。一个连队的士兵找来卡车和汽油，统帅部密码局的工作人员从地下走向还未天亮、光线仍然昏暗的柏林城里。有些员工受命去乘火车，有些则乘卡车。只有在他们撤出了哈勒南郊后,天才开始变亮。卡车上的那些解密员和信号情报人员全都不知道他们将去向何方,也不知道接下来会遇到什么事。他们在颠簸的卡车车厢里坐了许多个小时,他们和对面同事之间的空间里堆满了大木箱。木箱里装着统帅部密码局自1938年以来的部分最重要拦截与破译报告,以及文档。他们的上司誓言不让任何文件落到正在破进的英军、美军或苏军手里。那天坐在卡车里的那些士兵和文员当中,有一种沉默、急迫、共同的共识——没有人,绝对没有人将落到红军的手里。

统帅部密码局烧掉了所有非必需的材料,但那些被视为很重要而不能毁掉的文件,则被从位于哈勒的总部带往巴伐利亚南部的一个湖泊。统帅部密码局的这趟曲折旅程花了差不多十天的时间。他们向南行进,气候也稍微暖和起来。在他们到达巴伐利亚时,春天已经完全到来。他们乘坐火车和卡车,向南先后经过纽伦堡、慕尼黑,以及希勒特鹰巢的所在地贝希特斯加登。离开慕尼黑以南15英里的罗森海姆,车队艰苦地朝巴伐利亚和奥地利交界处的山区行进。到4月的第二个星期开始时,统帅部密码局的那些士兵和文员已经在阿尔卑斯山区小镇施利尔塞(Schliersee)的多所废弃学校、酒店和铁路建筑物里住了下来。小镇旁边是一个漂亮、蓝色的湖泊。一天早晨,人们看见来自一个炮兵单位的几名党卫队士兵将几车厢的迫击炮和大炮的炮弹倒进湖中,在岸边焚烧文件。次日,几位统帅部密码局的职员和几名士兵将装满他们自己秘密文件的箱子装到两节火车车厢里,然后把车厢开往湖边的侧线,在湖边将几十个箱子推进了浑浊的湖水里。另外还有一组人将一些箱子和设备装上筏子,划到湖中央,将它们沉进了水里。然后,那些德军士兵和文员再次出发去慕尼黑:有命令要求他们加入一个陆空军混合单位,这个单位是在巴伐利亚组建的,由各个级别、各个单位的掉队者组成,它将会有组织地向从西边迅速而来的盟军投降。与此同时,那些装着统帅部密码局文件的木箱沉入巴伐利亚一个深30英尺的湖泊,躺在柔软的棕色淤泥里，其下是党卫队沉入的一些炮弹。

* * *

1944年7月，英军和美军决定要尝试理解第三帝国的科学秘密。盟军渴望知道德国人在技术上有什么样的优势。在涉及制导火箭弹、精准炸弹、喷气式飞机和主战坦克的方面，德国人的技术有多先进？德国人破解了哪些来自盟军和中立国的密信？是如何破解并在什么时候破解的？使用的又是什么设备或内部信息？简而言之，德国人拥有的哪些技术和情报，是盟军没有的？

早在1944年秋天，盟军获得战争胜利已经是显而易见的事情。所以，他们组建了四个情报"猎人"团队，在战争朝其必然的结局倾斜时，在德国、奥地利和低地国家搜寻情报。联合情报收集小组委员会（Combined Intelligence Objectives Subcommittee）给这些行动分别取了代号：阿尔索斯行动（ALSOS），搜寻与核武器有关的信息和研究；多云行动（OVERCAST），收集与V1和V2导弹有关的信息；外科医生行动（SURGEON），则包括了对航空电子学和喷气式飞机技术信息的收集；在总计四个情报收集行动中，保密程度最高的是蒂康行动（TICOM）。

全名为目标情报委员会（Target Intelligence Committee）的蒂康行动有三个目的：调查德国人在破解盟国海军、陆军、空军和外交密码方面取得的成就，以及使用的方法；尝试赶在苏联人之前抓获重要的信号情报人员，获得珍贵的情报文件和设备；以及最终搞清楚德国与日本（同盟国当时正在计划攻击日本）在情报工作方面的合作程度。蒂康行动的团队成员抽调自英国和美国海军、陆军、空军的军官队伍，在布莱切利园接受训练，然后将会与前线部队一同，或跟在他们后面，进入第三帝国。早期的部署计划是让这几支队伍与第 101 空降师一起跳伞进入柏林，在被炸毁的柏林寻找情报信息，如果遇到顽固党卫队的阻扰，非要战斗，也要等美军和苏军的装甲部队突围来援。蒂康行动的那些学究气军官知道很有可能被派去参与针对德国、日本或意大利军队的武装行动，所以已经做好了准备。但是，在跳伞进入严阵以待、时日不多的柏林这种计划被取消时，他们还是很开心。

最后，他们驱车进入被占领的德国。这样做仍然风险极高。即使在正式投降后，德国军队仍有武装，有些部队可能会孤注一掷，拼死一搏。蒂康行动的那些军官全都拥有"最高机要级别"，知道恩尼格玛密码（Enigma codes）破译的全部机密，因此即使进入战争末期，也不能成为俘虏。所以，英国皇家海军陆战队的一支队伍被派去保护，这个队伍几乎就和他们一样异类和独特。

英国皇家海军陆战队三〇突击部队（30 Assault Unit）由见解独特、勇气过人的海军情报人员伊恩·弗莱明（Ian Fleming）海军少校组建。1942 年 8 月英国和加拿大在法国港口迪耶普的那次灾难性突袭行动之前，弗莱明认为可以组建一支突击队，让它随传统部队参加军事行动，在战斗的掩护下偷取情报文件和设备，劫持情报人员。三〇突击部队以西萨塞克斯郡的海滨城镇利特尔汉普顿为据点，伪装为海军陆战队一个较大单位的一部分。在迪耶普，他们的任务是努力到达城中心的德军司令部，偷取一台海军恩尼格玛密码机。然而，这次突袭迪耶普的"银禧行动"（Operation *Jubilee*）是一场惨败，三〇突击部队的那些陆战队员——其中包括一名撬窃保险箱的盗贼——甚至在登陆艇上就都已经牺牲了，在他们的登陆地点，德军火力十分强大。不过，三年后，三〇突击部队愿意与蒂康行动的队伍进入德国。

到了 5 月 1 日，希特勒已经身亡，苏联红军占领了柏林。此时，蒂康行动的官员已经分成了六支队伍，分别进入六年大战才结束几个小时的混乱德国。在最初几天的报告和文件里，满是对高度紧张局势的记录，此外，他们还叙述了常见于战争中的极其疯狂的行为和人类情绪的爆发。一半德国民众憎恨他们，另一半则张开手臂欢迎他们。他们驱车经过的道路上有时挤满了数千名来自苏联、法国和德国的流民——有刚被释放的战俘，也有士兵和难民。在这个国家，暴力、绝望和死亡悬在眼前，就像挂在树上、随时可能掉下来的苹果一样。有时，正如一位蒂康行动军官所谓的这场"我们未公开的战争"中，又会出现和平与宁静的瞬间。

他们的住处包括私人住所、美军部队的军营帐篷，还有废弃的度假酒店，这些酒店的员工刚在几个小时前逃亡，酒店访客簿有些页上写满了纳粹高级官员的名字。他们在德国春天的星空下露宿，在巴伐利亚刚被逃亡德军抛弃不久的地下室和营房里搜索；他们尽可能地收集关于德军加密和解密人员可能逃去何地的传言和信息，并对之进行跟踪调查。在最初那和平、美丽的春日里，他们深入这个即将投降的国家，进入这场即将结束的战争的腹地，进行搜查工作；他们在慕尼黑城外的一栋住房里找到了两批数量众多的地图，以及许多藏匿起来的有引信的柄式手榴弹；他们在一所疯人院里搜查了一堆被丢弃的信号文件，还在路边看到几件没有烧尽的党卫队制服。他们搜查了一栋属于约阿希姆·冯·里宾特洛甫（Joachim von Ribbentrop）的避暑住宅，还审问了一名声称可能了解隐形墨水的掉队的党卫队士兵。还有一则传言说，在高山上某个湖泊的旁边有一个供纳粹分子破解信号的秘密研究站，在前往研究站的山路上，他们遇到了一队在希姆莱（Himmler）的狩猎小屋里休憩的美国士兵，还在一个小屋中遇到了六名假装是修路工人的法国纳粹分子，还在更高的地方找到了一个滑雪小木屋，里面有四个原纳粹德国空军士兵和三个女人在玩乐；然而，他们就是没有发现任何秘密的研究站。

与此同时，在贝希特斯加登附近位于巴特加斯泰因（Bad Gastein）的阿斯托里亚酒店，126名日本外交官由日本驻柏林大使大岛浩带领，在大堂里沉默地等待着。大岛浩是希特勒的密友，而破解了日本外交密码（代号"紫色"）的美国人，则一直在阅读他与东京的通信。大岛浩写的材料高度可信——在他发送的近1500份报告中，有一份是1941年6月6日发送的，在报告中，他告知东京的上级，说德国将会在6月22日入侵苏联。1945年4月中旬，他与德国外交部长约阿希姆·冯·里宾特洛甫会晤，承诺要在柏林待到最后，留在希特勒及其顾问身边，但是希特勒下令让他和其他外交人员离开柏林。所以，他来到巴特加斯泰因与妻子会合；后来，美国人逮捕了他们，用船将他们送去了美国。

  与此同时，蒂康行动的一名英国军官随着皇家海军陆战队的三〇突击队，去位于瑞士和德国边界上博登湖里的迈瑙岛调查。有秘密消息说德军撤离了位于那里的一个试验研究站，而这个研究站的科学家之前在波罗的海岸边的佩内明德研发V2火箭技术。迈瑙岛长1000米，最宽处只有600米，是一个巨大的植物园，拥有约500种树，还有数百个不同品种的玫瑰、大丽花和杜鹃花。在入口处，有桥梁将这个岛和大陆连起来。入口处的哨兵不让蒂康行动的这支队伍过去，说这个岛是私人地盘和中立领土，属于瑞典的贝尔纳多特亲王（Prince Bernadotte）。然而，法国人似乎在将这个岛用作难民营。法国卫生官员告诉英国海军陆战队和蒂康行动的那位军官，他们没有必要去搜查这个岛，因为他们在军事情报部门的两个同事之前已经搜查过。他说，如果他们确实想进去亲自查看，那么必须从康斯坦茨（Konstanz）地方当局那里获得通关许可。那些海军陆战队员只好调转他们吉普车的方向，回到镇上，却发现镇上的所有公共部门都关门了——为纪念摩洛哥苏丹的国事访问日。这又是一个令人挫败的死胡同。实际上，到了5月的最后一个星期，调查人员依然没有真正的突破，看样子他们几个星期来只是在追逐流言和不实信息。例如，5月31日，整日都在下雨，蒂康行动的一个队伍报告说他们只是待在巴伐利亚的一栋废弃住房里，饮用他们之前在考夫博伊伦（Kaufbeuren）的一个地窖里找到的葡萄酒。

但是，后来他们转了运。一队德国国防军和海军军官在去法国兰斯向盟军投降的路上，遇到了蒂康行动在北方行动的另一支队伍。其中一名德国军官是梅蒂希（Metting）中校，他是一年期统帅部密码局的副指挥官。他说，战争已经结束，大家都没有什么好隐藏的。美国人现在是德国人的盟友，两方都应该联合起来反抗苏联人，并说，去巴伐利亚，找到施利尔塞湖。

两天后，也就是6月底，那些英国和美国军官抵达施利尔塞。第一个为他们提供帮助的是一个矮小、利落的男人，曾经在维也纳当警察。他身着平民的服装，佩戴着巴伐利亚自由行动组织（Freiheitsaktion Bayern）的臂章，这个组织是当地的一个反纳粹民兵组织，后盾是位于慕尼黑的盟国军政府（Allied Military Government）。"跟我来，"他说，"我带你们看党卫队和国防军之前待过的地方"。几支队伍搜查了三家住满伤病的医院，以及一所当地学校，但在邮政局和当地酒店什么也没发现：湖边排着的沐浴小屋里藏着几个印有国防军老鹰徽章的空箱子。在火车站的院子里，有德国空军的两节火车车厢，里面装满了空中侦察设备；那里的卡车已经被为了过冬的俄国难民损坏和抢掠。在巴伐利亚自由行动组织那位向导的陪同下，盟军的几支队伍找到几位平民，得知德军在逃离的两天前，将许多箱文件装进火车车厢，沉入了湖中。这条信息似乎是准确的，因为在湖边的泥泞石子里，蒂康行动的军官发现了一些没烧尽的党卫队人事文件，以及电传打字设备的碎片。然后，一名英国军官和一名美国军官划船到湖里，尝试在岸边的湖床上搜寻；有几次，他们的绳索挂住了某种特别重的东西，却没法将之拉到水面上。

后来，他们有了突破。7月底，美国第三陆军的士兵在湖里打捞一名因游泳溺水身亡的士兵尸体时，发现了一个大箱子，将它拉上岸后，发现箱子里面装满了描述统帅部密码局各项行动的文件。这支美国军队打电话给蒂康行动的人，以及一个打捞专家队——这支打捞队位于大西洋海岸上的法国城市勒阿弗尔，维护人工港口的浮码头，在那里盟军仍然使用这些港口来登陆军队和运送补给品。8月底，这些美国人带着四名潜水员，驾车横跨法国，来到德国南方的施利尔塞。他们建造了一个有发动机和起重机的大筏子，用来搜索湖底。没花多久工夫，他们就找到了28个大箱子，它们躺在30至50英尺深的水底，四周是党卫队的大炮和迫击炮炮弹。这些箱子是统帅部密码局档案的一个重要部分。

在德国北部工作的蒂康行动队伍，最终也获得了类似的成功：他们占领了位于德国和丹麦边境新明斯特（Neumünster）的监听站，以及位于弗伦斯堡-米尔维克（Flensburg–Mürwik）的信号学校——在战争末期，德国海军信号情报机构的总部就设在这里。他们截获了关于"河道"（Flusslauf）密码的详细资料，这种新密码本来计划在5月5日生效，生效后将会让盟军在战争的最后重要关头无法继续读懂"厄尔特拉"（Ultra）信号。到了9月底，蒂康行动的队伍发现、抓获和开始审讯来自德国海陆空军和外交部密码分析部门的人员。这些审讯发生的地点包括巴伐利亚、奥地利、英国，以及德国中部和北部。最终，审讯报告将长达数万页，而且除了这些报告以外，还有盟军搜索队伍在当时和1946年夏天之间找到的所有信号编码簿、电传打字机、地图，以及各种文件。这些数量庞大的材料在美国和英国情报圈子里被称为蒂康档案。

战争结束了。英国人和美国人突然面对着一个新的敌人——苏联，所以布莱切利园的密码破译行动也逐渐减少。冷战开始后，几位曾经在"二战"期间负责信号情报机构的德国密码专家，继续为美国人工作，或者为新德国政府服务。巨量的蒂康档案被存放在英国和美国的储藏室里。20世纪40年代末50年代初，它们仍被存放在那些仓库里。英国和美国都会偶尔去查阅它们。1952年，针对大西洋海战，以及为了研究德军对盟国海军密码破译与英国在布莱切利园的破译工作对海战所起的作用，美国海军决定进行权威分析，查阅了那些档案。1968年，德国人在位于波恩的外交部档案中"发现"了近百页的伦敦战时机密外交电报。它们是怎么到达那里的？英国人想搞清楚这个问题，于是，也去查阅了蒂康档案。德国人在战时并没有破解英国外交部的密码，也没有破解英国的海军密码，情况难道不是这样的？同样，1940年至1943年的数百份英国海军信号解密文件到底是怎么到达意大利的海军档案架上的？难道意大利人当时也在破解英国的密码？

20世纪70年代初期，当英国和美国解密了战时盟军在政府密码学校（Government Code and Cypher School）的密码破译行动后，这一切都不重要了。恩尼格玛、厄尔特拉和布莱切利园都成为了历史。四十年来许多相关的书籍和电影也不断出现。

蒂康档案一直沉睡在档案室里，就像德国在其战时帝国的各个信号前哨——从克罗地亚到意大利，从俄国、罗马尼亚和乌克兰到爱沙尼亚，从布拉格到巴黎——留下的无数文件、地图、日记、机器和编码簿。随着互联网在2000年发展起来，英国和美国开始解密了蒂康档案，要么将材料交还给德国，要么将特定的物件留在自己的博物馆和公共档案馆里。例如，战时德国U型潜艇指挥部的每日运行记录，就保留在马里兰州的海军博物馆里。少数几位热心的博客作者和作家零星记录了关于"二战"期间德国密码破译工作，但是毫不惊奇，它们完全比不上恩尼格玛和厄尔特拉解密时带来的那种巨大影响。[1]

*　　*　　*

---

[1] 对本书中1914年至1945年事件的编年记录见第322页至327页。

2017 年秋

阿尔卑斯山区的旅游胜地，意大利最西边的城镇巴多内基亚（Bardonecchia），第一场雪来得比较晚。到了 11 月的第一个周末，自 4 月以来就持续不断的晴朗天气终于开始退去。镇上街道两边的栗子树也开始落叶了。寒冷的秋风坚定地表明冬天即将到来，在 11 月 5 日国殇纪念日（Remembrance Sunday）那天，小镇背后的山峰顶上都盖上了白雪。在维托里奥威尼托（Vittorio Veneto）纪念花园里的灰色纪念石碑上，有 40 块悼念第二次世界大战中死去的镇上居民的铜制铭碑。

第二次世界大战中，在意大利士兵参加战斗——要么站在德军那方，要么作为游击队员抗击德军——并死在战争中的地方，都有这样的纪念铭牌。它提醒我们，那场战争在地理上和政治上有着巨大的跨度——巴多内基亚是阿尔卑斯山区的一个小镇，只有 40 人战死，但是他们证明了战争的一个微小局部也有巨大的代价和深远的影响。其中包括战死于萨拉热窝的 31 岁列兵路易吉诺·邦帕尔（Luigino Bompard），以及在克罗地亚失踪的阿蒂利奥·加尼耶（Attilio Garnier）。塞尔吉奥·塔拉博罗（Sergio Tarraboiro）中尉于 1942 年在马耳他海域的一艘船上战亡；阿尔卑斯山骑兵队的阿尔贝托·瓦洛里（Alberto Vallory）于 1942 年在俄国战线上阵亡；游击队员朱塞佩·达拉·韦基亚（Giuseppe dalla Vecchia）于 1944 年在巴多内基亚战死，年仅 16 岁；阿尔贝托·马伦（Alberto Mallen）被遣送去了毛特豪森（Mauthausen）集中营，滑雪道旁边松树下有一个安静的儿童操场，就是以他的名字命名的。

国殇纪念日当天午后，有人带来了装有燃气罐、代表永恒之火的金属设备，将上面的焰火点燃。纪念园等待着当地官员的到来，蓝色的小火焰在寒风中拍打，发出呼呼声。半个小时后，纪念活动结束，纪念园里只剩下一个用月桂树叶制成的大花圈，有半个人那么高，靠在纪念碑上。雪云从山的那边迅速飞过来。在那个寒冷午后到达的不仅仅是冬天，在屋里，避开了寒风，远离了雪花，有一封电子邮件静待打开。它来自位于柏林的德国外务部（German Ministry of Foreign Affairs）的政治档案室。他们像往常那样高效，寄来了新的电子表格。表格里详细列出了3917个项目。法国海军在20世纪20年代的编码簿，保加利亚的地图，西班牙军方密码列表，中国、南斯拉夫和意大利的外交密码，与俄国双字母密码有关的文件，罗马尼亚在1941年的编码簿，埃塞俄比亚在1944年的外交密码，日本和比利时的外交部密码……不胜枚举。这些项目都是蒂康行动的队伍于1945年和1946年在德国发现并带回英格兰的。它们在英国的国家档案馆里存放了55年，在2000年才被交还给德国。鉴于欧洲和美国的其他博物馆、档案馆也拥有较大部分的蒂康档案，我们可以通过这些档案了解第三帝国在加密和解密方面成功的范围和野心，以及在这方面的失败。德国当初通过使用这些密码破译材料能做到什么？或不能做到什么？对于这个问题，本书探究了巨大冰山的一角，尝试进行一定程度上的解答。

第一部分 德国崛起

第一章 "一战"信号情报战落败

1914年8月2日，星期六，德国的马格德堡号（SMS *Magdeburg*）[1]小型巡洋舰正穿行过芬兰湾，它的目的地是拉脱维亚的利耶帕亚港（Libau）。与它同行的是奥格斯堡号（*Augsburg*）巡洋舰，以及一艘驱逐舰和一艘布雷舰。德国已经在此前一天向俄罗斯帝国宣战，这四艘舰艇受命在利耶帕亚港外布雷，然后炮击利耶帕亚港，为德国步兵的进攻做准备。马格德堡号用4.5英寸舰炮炮击利耶帕亚港，标志着德意志帝国对沙皇尼古拉二世（Czar Nicholas II）的首次攻击。利耶帕亚的俄国守卫部队弃城而逃。马格德堡号在岸边就位，攻击其他的目标。奥格斯堡号布下的雷场，因标记不到位，最终对德军造成的阻碍比对敌人造成的更大。在接下来的三个星期里，这两艘舰艇在驱逐舰的护卫下，对芬兰湾进行巡逻。

8月26日，这几艘德军舰艇在大雾中航行，看不见彼此。雾很大，信号灯的光亮无法穿透白雾。等马格德堡号撞出雷鸣般的响声时，船员才发现他们偏离了航线，但已被搁浅，他们卡在岩石上，动弹不得，其地正是俄国行省爱沙尼亚岸边的小岛奥斯穆斯岛（Odensholm）。

其中一艘驱逐舰听到了马格德堡号撞上暗礁的响声。浓雾开始散去。这艘驱逐舰尝试用绳索将马格德堡号拉出来，但是马格德堡号搁浅

---

[1] 德意志帝国海军的所有船只都以SMS（Seiner Majestät Schiff）为前缀，意为"陛下之舰"。

得很严重。船长下令将船摧毁，然后抛弃。与此同时，迅速发生了三件事情：一阵风将大雾吹散，海面上出现了两艘俄国巡洋舰，并且开火。德国士兵在马格德堡号前舱放置的炸药被过早引爆，有15名船员阵亡，剩下的大多数船员都登上了前来协助的驱逐舰。马格德堡号的前部已经着火，船长没有时间将船上的机密文件丢进水里，也没有时间确保它们被搬到驱逐舰上。

就像德意志帝国海军的许多舰艇那样，马格德堡号配备了一个衬铅的小箱子，以备急需。船长将马格德堡号的航行日志、航海图，以及两本机密信号编码簿装进箱子，扔进了波罗的海的清澈浅水域。那两艘俄国巡洋舰现在正快速迫近。马格德堡号的前部燃着熊熊大火。船长将第三本信号簿点燃。雾气继续散去。那艘施救的德国驱逐舰以最快速度离开，但将船长和57名船员留在了马格德堡号。此外，第四本《德意志帝国海军编码簿》（*Signalbuch der Kaiserlichen Marine*）也被留在了船上，仍然放在船长舱室的保险箱里。

在俄军登上船，抓捕了船长和其他船员时，这本编码簿还在原处。俄军决定将马格德堡号留在原地，做抛弃处理。一名俄军潜水员被派去船的一侧，将那个装有马格德堡号文件和两本编码簿的箱子捞了起来。俄军搜查了船长的舱室，发现了第四本编码簿。它们被立即送往俄军的一艘巡洋舰上。接下来，俄军联系了位于彼得格勒（圣彼得堡）的英国海军专员。双方简单协商后约定，俄军向英国皇家海军盟友提供一份《德意志帝国海军编码簿》，而英国需要派一艘舰艇亲自来取。所以，英国海军部命令忒修斯号（HMS *Theseus*）巡洋舰从斯卡帕湾启航，于9月7日抵达了摩尔曼斯克附近。近一个月后，10月10日，它成功地返航苏格兰并于当天进港，还带来了两名俄国海军高级军官，以及一份第151号《德意志帝国海军编码簿》。10月13日，这本编码簿被送达伦敦。温斯顿·丘吉尔当时是英国海军部第一海军大臣，他欣喜若狂。

在描述从英国的俄军盟友那里收到的这些"浸过海水的无价文件"[1]时，他对整件事情做了热情的叙述。

  1914年9月初，德国马格德堡号小型巡洋舰在波罗的海失事。一名溺水德军士官的尸体在几个小时后被俄军打捞起来，这具尸体的僵硬双臂抱着德国海军的编码簿和信号簿，以及北海和黑尔戈兰湾的详细地图。9月6日，俄国海军专员前来见我。彼得格勒给他发去信息，告知他所发生的事情，以及俄国海军部借助那些编码簿和信号簿能够破译德国海军的至少部分信息。俄国人认为，英国作为海军大国，应该拥有这些编码簿和航海图。

  第一次世界大战开始刚两个月，信号情报的战线上，德国海军已经处于守势了。在马格德堡号失事后没几天，这样的事情又发生了。在世界的另一边，德军又丢失了一份极其重要的信号编码簿。8月11日，澳大利亚皇家海军的一支登船搜查队登上了位于墨尔本正东边菲利普港海角（Port Phillip Heads）的货船。霍巴号汽船（SS Hobart）由一个德国公司和一个澳大利亚汽船公司共同拥有，船员都是德国人。战争爆发的消息还没有传到这艘船上，所以，澳大利亚海军的那支队伍便假装成了防疫检查队。霍巴号的官员允许他们在船上四处走动，错误地以为他们是在检查船员中是否有黄热病。午夜，一名澳大利亚士兵注意到霍巴号的德国人船长尝试将什么东西扔下船，那是霍巴号的文件和一个大编码簿——每艘德国商船都要携带的《贸易交通编码簿》

---

[1] 这份藏于英国国家档案馆的《德意志帝国海军编码簿》（第151号）并未浸过海水——克里斯托弗·安德鲁（Christopher Andrew）在其著作《特务机关：英国情报团体的建成》（*Secret Service: The Making of the British Intelligence Community*）中表示，俄军当初给英国的是马格德堡号船长保险箱里那份干燥的编码簿。从照片来看，这份《德意志帝国海军编码簿》并未被海水浸泡过。

（*Handelsverkehrsbuch*）。这个编码簿中包含德国商船与德国海军及海岸台站进行交流的信号密码。并非每艘德国商船都有一份，只有汽船上配备有无线设备的最大的 18 家德国汽船公司才有。《贸易交通编码簿》被截获，意味着任何能够破译商船与海军密码的人，也可以破译德意志帝国海军的信号。这份编码簿是在 1913 年发布的，提供给所有配备了无线设备的战舰，以及海军司令部和沿岸站台。被缴获的编码簿被复制后，于 1914 年 10 月上旬送到了伦敦。11 月，德国情报机构才得知《贸易交通编码簿》已经落入敌手，依据是有无线信息警告密码已遭泄漏。但是，直到 1916 年，这份编码簿才被替换。

紧接着，德国人再次遭受打击。1914 年 10 月的第二个星期，英国皇家海军和德国舰队在英吉利海峡北部展开小规模战斗。这场伊瑟河战役（Battle of the Yser）为了争夺对沿海城市迪克斯迈德（Dixmude）和敦刻尔克的控制权。英国海军从海上炮击德军阵地，德国驱逐舰进行了反击。10 月 17 日，塞西尔·福克斯（Cecil Fox）上校指挥着一支特战队——包括无畏号（HMS *Undaunted*）小型巡洋舰特战队，以及四艘驱逐舰长枪号（HMS *Lance*）、军团号（HMS *Legion*）、伦诺克斯号（HMS *Lennox*）和忠诚号（HMS *Loyal*）——去应对德军的一次进攻，途中遇到了四艘德国驱逐舰——S115 号、S117 号、S118 号，以及 S119 号。这四艘驱逐舰受命在英吉利海峡布雷。不到一个小时，英国皇家海军的几艘舰艇就将德国的四艘驱逐舰击沉。此后，S119 号驱逐舰船长将他的所有机密文件装到衬铅箱子里扔下了船。11 月 30 日，一艘英国拖网渔船将这个箱子拖了起来。箱子里面装有一份《交通编码簿》（*Verkehrsbuch*），这个编码簿通常由德国海军将官使用。

这份编码包含 10 万组五位数的数字，每组都有特定含义。按理，它原计划用于发送给战舰和海军专员，以及大使馆和领事馆的加密电报上，由拥有 λ 密钥（Lambda key）的高级海军军官使用，可为什么却出现于战争初期的一艘小型驱逐舰上，不得而知。后来，它在战争中所发挥的最重要作用在于，让协约国破译了柏林、马德里、华盛顿、布宜诺斯艾利斯、北京和君士坦丁堡的德国海军专员之间的通信。可以说，这个编码簿甚至比在澳大利亚和波罗的海截获的那两本更重要。

英国海军情报机构破译德国海军密码

1914年，英国的密码破译和信号拦截行动才起步。这是意料之中的事，因为他们尝试破解的电子媒介——无线电报也还是个新事物。古列尔莫·马可尼在1907年才完善了他的发明。1912年，安装在泰坦尼克号上用于供乘客发送"马可尼电报"和用于工作的高功率无线电报发送器，被视为技术创新的顶峰。

在位于伦敦的旧海军部大楼，有一个编号为"40"的大房间。这是英国皇家海军新设立的密码破译机构的总部；在第一次世界大战中，它就被称为"40号房"。要破解的无线信号从来不少。在三年前的1911年，大英帝国防务委员会（British Imperial Defence Committee）做了一次有远见的决定——如果战争爆发，就要切断德国的海底电缆。委员会推测，这将迫使德军要么使用其他国家的无线电报网络发送信息，要么使用不依赖电缆的无线电报网络加密发送信息。在两种情况下，如果英国能够截获德国编码簿，或者破解密码，那么就能获取德军的情报。事实证明他们的推测是正确的。8月4日，也就是德国宣战三天后，英国切断了英吉利海峡中德国的五条跨大西洋电缆。加密的德军无线电信息立即增加了。而且，由于德国的信息都使用德意志帝国海军密码、交通密码或贸易交通密码加密，所以英国情报机构的军官和文员有大量的材料需要处理。据报道，40号房将对这三份德国编码簿的截获称为"捕鱼的神迹"。最初,情报拦截人员使用邮政局的无线电报拦截设备,以及来自马可尼和私人无线电爱好者的技术。那三份编码簿送入40号房之初,海军官员没人能够破译它们。

简单来说,没有足够精通密码破译之人。因此,情报局的首任局长亨利·奥利弗(Henry Oliver)司令就开始努力招募人才。他一直负责英国皇家海军的航海学校,有一套非正统的作战方法。在1914年9月的战争初期,他被派去安特卫普,与来自比利时海军情报机构的盟友和来自安特卫普港管理局(Antwerp Port Authority)的文员合作。有38艘德国商船因为战时管束而滞留在安特卫普港。奥利弗和那些比利时人登上这些船,将它们的机舱全部破坏了。

在奥利弗心中,最重要的应募条件是需要严守秘密。他决定关注两类可能招募来加入密码破译和信号情报部门的人,这两类人都被认为值得信任,他们是来自位于达特茅斯和奥斯本的英国皇家海军学院的海军军官和学员,以及在牛津和剑桥学过德语、数学和古典学(对古希腊语、拉丁语、古代历史和古代哲学做过研究)的人。没过多久,奥利弗的局长一职就被海军上将威廉·雷金纳德·霍尔(William Reginald Hall)爵士取代。霍尔的昵称是"信号灯"(Blinker),因为据说一种面部抽搐疾病导致他的一只眼睛像海军信号灯一样闪亮。在这些到40号房当领导和做工作的人中,有以密码学为爱好的阿尔弗雷德·尤因(Alfred Ewing),有此前一直在海涅曼出版社(Heinemann)工作、精通法语和德语的尼格尔·德·格雷(Nigel de Grey),以及曾经翻译德语神学书籍的长老会牧师威廉·蒙哥马利(William Montgomery)。

那份《德意志帝国海军编码簿》被送到情报局后,就被分派给了刚刚招募来的精通德语的查尔斯·罗特(Charles Rotter)上校,他曾经是皇家海军的薪酬出纳员,也是海军部为数不多的了解密码和加密工作的人。他热爱填字谜,精通数学,很快就辨别出《德意志帝国海军编码簿》上的信号是用一个替换表加密的。他知道这种做法的原理很简单：字母表上的每个字母都由另外一个字母替代，"密钥"会告诉使用者替换的规则。例如，字母H由N替换，那么I就是O，J就是P，按字母表以此类推。查尔斯·罗特应用了密码学中所谓的柯克霍夫原则：假设一套密码或系统中，除了密钥外，一切都是已知的。这个原则得名于19世纪的荷兰密码学家奥古斯特·柯克霍夫（Auguste Kerckhoffs）。[1]

罗特知道，如果一个替换表被使用得足够久，那么就可以通过频率分析轻松将其破解。E是英语中最常见的字母，紧随其后的是T，再接着是A、I、N，等等。如果一条使用简单替换表的加密信息中包含的字母K最多，那么K与E对应的可能性就很大。德语中最常见的字母是E、N和I。如果三个字母——如G、W和C——在信息中频繁出现，那么它们对应E、N和I的可能性就很大。因此，要保护密码，同一个替换表不得使用太长时间，否则会让密码容易被频率分析破解。

从马格德堡号上截获的《德意志帝国海军编码簿》，与当时各大海军使用的信号簿类似。它拥有34300个单独的指令，它们几乎全都是海军舰艇使用的预定指令，如"我将开火""我将放烟""我将左舷进港"，以及"我位置如下"。这数万条指令分别都以三个字母构成的组合代表。这些信号还额外使用四个希腊字母：α、β、γ和ρ。包含26个字母的传统摩尔斯电码字母表中没有这四个字母，所以不可能使用摩尔斯电码传输信号。因此，《德意志帝国海军编码簿》上附有一个单独的替换表，用于确定和拼写α或γ之类的单独字母。使用现有的截获信号、几份德军编码簿，以及关于替换表的知识，罗特开始了工作。英国在北海海岸上的无线电监听站已经开始每天收集德国海军的信息。在《德意志帝国海军编码簿》的帮助下，没过多久，罗特就开始将其中一些信息

---

[1] 美国数学家克劳德·香农（Claude Shannon）在"香农箴言"中对此做过总结，说："假设敌人了解系统"。

转写成简单易懂的德语文本。他突然想到，这些信息并非看上去那么简单：它们在发送前也被加密过。他需要一个数字或字母密钥来破解这层额外的加密。

《德意志帝国海军编码簿》是一种信号编码，已经被全球各国的海军使用了数百年。使用这种编码簿的最著名例子，或许是霍雷肖·纳尔逊（Horatio Nelson）在特拉法加海战中发送的信号："英格兰期盼每个人恪尽其责。"胜利号（HMS *Victory*）战舰上的每个信号旗代表一个数字，三个信号旗同时使用，代表三位数的数字，这些数字对应编码簿里的不同单词。这个信号簿给每个单词分配一个三位数的数字，"英格兰"（England）是253，"期盼"（expects）是269，连词"that"是863，等等。编码簿中不存在的单词，如"恪尽其责"（duty），则需要使用一种简单的字母替换表将它拼写出来：D是4，U是21，T是19，Y是24。[纳尔逊最先希望使用"相信"（confides）这个词，而非"期盼"（expects），但是信号簿中没有"相信"，所以使用了"期盼"，以节省时间。]

《德意志帝国海军编码簿》是这套系统的一个更精细版本，给大量常用单词和词组分配四个字母的编码。它还包括一个替换表，在编码簿中找不到的词语，则可以按字母拼写出来。问题在于，40号房无法单独利用编码簿破译截获的信息，因为编码簿额外用一个单字母替换表加密过。

字母替换表有两种类型：单字母和多字母。前者容易破解，因为它仅有一次替换，也就是说，字母表上的一个字母只替换另一个字母。只要拥有足够多的加密信息，单字母密码就能通过直接的频率分析破解，也就能确定与"E""N""I"等字母对应的加密字母是什么。有时，为了防止破解，更精密的加密方法会使用一系列替换表，在信息中的特定区间使用不同的替换表。一旦辨别出明文（即未加密的文本）是通过

《德意志帝国海军编码簿》加密的，并且只用一个单字母替换表额外加密过，罗特的工作就变得简单了。因为隐含文本不是简单的德语，而是信号簿上的多个四字母组合，所以对德语字母出现频率的分析没用。但是，这个问题很简单。英军可以分析正被截获的德军加密信息中频繁出现的字母组合，然后猜测它们的含义。他们在编码簿和加密信息中都发现了一种辅音—元音—辅音的模式，因为德军希望他们的编码组合能够容易发音。罗特从零开始，花了三个星期解决这个问题，重建了为《德意志帝国海军编码簿》提供密钥的单字母替换表。

北海的德国沿岸诺德代希（Norddeich）德军发射台，为替换表的这种"密钥"提供了确凿的证据。他们在1914年10月初发送了一系列信息，详述了一队驱逐舰往荷兰海岸的移动情况。这些信息用数字排序，重复出现，开头都是同样的词语和数字："S116、S107和S139朝须德海前进，当前位置为……"唯一有变化的是位置。所以，第一条信息被破译后，其他信息也就迎刃而解了。结果如罗特估计的一样，德国人在使用一个替换表进行加密。这对他而言是巨大的利好，可以让他获取德军的确切信息，而且，还意味着工作环境的改善——英国海军情报局局长因担心保密问题，而让罗特独自在一个房间里工作，只有在1914年11月他破解了解密替换表后，才得以和同事一起工作。他不在时，同事们已经开始破解德军的《贸易交通编码簿》了。

如果说英国人需要更多的德国信号材料，或者截获更多的德军编码簿，那么1915年他们又有了一次惊喜收获：英国军队在波斯抓获了一名叫威廉·瓦斯姆斯（William Wassmuss）的探险者和秘密特工，并扣押了他的行李和设备。他的包裹被原封不动地寄往英国，"信号灯"霍尔上将发现里面有一本德国外交编码簿。在被击沉的几艘德军U型潜艇上，说不定也能找到编码簿。于是，英国海军部营救处（Admiralty's Salvage Section）的皇家海军潜水员将潜入最近被击沉的潜艇中，经常在全是溺亡德军船员的悲惨环境里工作。船匠 E. C."达斯蒂"·米勒（E.C."Dusty" Miller）曾是英国皇家海军的营救专家，他描述过在英吉利海峡潜入 U 型潜艇工作的情况。他通过艇身上被炸出的洞游进潜艇，撞到一具具漂浮的尸体，在军官舱区尾部的一个小舱室里找到了装在金属箱子里的海军编码簿。工作环境很伤脑筋，他写道：

> 附近有什么都吃的狗鲨。在交配季，它们会本能地憎恶入侵者。很多次，它们追我时，我把靴子扔给了它们，每次都被它们一口咬住……潜艇里有些场景很怪异……我发现了几十条康吉鳗，有些长七八英尺，厚五英寸，全都忙着进食……让人震惊。[2]

英军在信号战中占得上风

"他们（德国人）比我们更愚笨。" 40 号房的高级成员阿拉斯泰尔·丹尼斯顿（Alastair Denniston）在评论德国的信号情报操作方法和英国的技术弱点时说。[3][1]

在 1914 年和 1915 年，英国与德国之间的海军战争主要以三个方面为重。首先是封锁的策略，即尝试将对方舰队限制在各自大本营，如德军的基尔和不来梅，英军的朴次茅斯或斯卡帕湾。英国海军封锁了德国海军，阻止德国海军舰艇进入大西洋。英国人想要让重要的航道（如英吉利海峡）保持开放，让自己的海军有充分的行动自由。第二是沿岸巡逻，防止港口被炮击。第三是偶尔做出大动作，例如英国在达达尼尔海峡的军事部署。1915 年春天，战争在西线陷入僵局。英国和德国的大

---

[1] 丹尼斯顿后来成为了英国政府密码学校的首任校长。

舰队多数都留在各自的港口，因为双方都害怕遭遇惨败。大型战列舰的威力已经十分强大，在没有实用轰炸机的年代几乎算得上固若金汤，能够对其构成威胁的只有对方的大型战列舰，以及潜水艇。因此，一次重大的海战就可能决定战争的结果，这也解释了为什么英国和德国海军都表现得如此胆怯。

德意志帝国海军在北海进行了几次突围，想要引出英国的大舰队，但却无果而终。在黑尔戈兰湾、多格滩（Dogger Bank）和日德兰的战役是三次直接的对抗，每次战役中都有若干次两军舰艇从彼此身边驶过的情况。1914—1915年之交，40号房的情报分析人员破解了德意志帝国海军密码。起初，他们发现被破译的消息主要是天气报告，或者是通知不同德国舰艇位置的信号。后来，他们发现德军开始使用英国海军部门未能截获的短波频率，发送更为精确的、在军事行动上很重要的消息，例如舰队行踪。出现这种情况的原因并不复杂，这涉及资源分配的问题。1915年春天，英国人开始试验无线电测向设备，在勒威克、阿伯丁、约克、弗兰伯勒角和伯青顿（Birchington）建造拦截站。位于诺福克沿海的亨斯坦顿（Hunstanton）的英军主要监听站，能够截获来自西线德国船只或军事单位的短波信号，德国海军的重要短波信息没被截获，仅仅是因为英国没有足够的接收设备——天线不够大。所以，40号房在亨斯坦顿监听站进行了一个周末的测试。亨斯坦顿监听站被告知只监听德军的公海舰队，而那些常规军事信息的监听——如伊普尔（Ypres）后方德军炮兵单位发送的信息，比利时齐柏林飞艇监听站（Zeppelin station）发送的信息，德国步兵单位发送的估计英军哪个旅已经进入了他们对面阵地的情况报告——都要停止。

在两天的时间里，他们通过破译德国公海舰队在两天中的行踪，就得到了答案。这些行踪用短波发送指令，加密方式是舰艇之间使用的《德意志帝国海军编码簿》，以及位于柏林的德国海军部向海上高级军官发送信息时使用的《贸易交通编码簿》。这对英国来说又是一次突破。随着战争的推进，德军这样发送信息越来越频繁。1915年之后，他们的信号密钥每三个月才变化一次，但是在1916年每隔24小时就会在午夜变化一次。然而，借助于大量的截获材料、几本编码簿以及相关知识，40号房通常都能在第二天早晨以前破解新的密钥，有时甚至在凌晨两三点就能成功破解。从1914年10月至1919年2月，40号房截获并破解了约1.5万条信息。

* * *

德国舰队倾向于每天汇报每艘舰艇的位置。因此，通过大概知道德国舰队拥有多少战列舰、战列巡洋舰、巡洋舰和驱逐舰，英国人就能够清楚地预测德意志帝国海军的行动：他们走什么航线——这能够说明哪里可能布了雷；他们的航行速度是多少，以及他们在哪里补给燃料。后来，他们又发现了德军加密策略里的一个瑕疵。尽管截获的信号显示，德国海军已经知道马格德堡号的《德意志帝国海军编码簿》可能被缴获，但他们要么是改变编码的速度特别慢，要么是未能成功改变编码。[1]《贸易交通编码簿》和《交通编码簿》在1914年被缴获，但是直到1917年这两种编码才被改变。即使到了那个时候，德国船只最初还拒绝使用新的编码簿，因为它过于复杂。直到1917年5月，《舰队电报编码簿》（Flottenfunkspruchbuch）才完全取代德意志帝国海军编码。德国人不确定德意志帝国海军编码是否安全，或者说不确定马格德堡号的编码

---

[1] 在马格德堡号丢失编码簿二十年后，"一战"后的德国海军情报部门监视局（B-Dienst）撰写了关于此事的调查报告。这份在1934年由护卫舰舰长克莱恩康普（Kleinkamp）撰写的报告表明，马格德堡号上的《德意志帝国海军编码簿》被俘获是"灾难性的"，主要是因为德国海军没有采取措施，用新的安全编码更换它。

簿是否被俄国人缴获。早在1914年，德国就对编码簿的丢失进行了调查，波罗的海军事行动总司令普鲁士亲王海因里希（Prince Heinrich of Prussia）写信给德国公海舰队总司令，说他可以确定海军的航海图与编码簿已经被俄国人缴获。德国人发现航海图和编码簿的失去给他们带来了各种"麻烦"——它们一旦被敌方缴获，己方就必须更换新品，并重新发给每艘舰艇和陆地上的每个海军部门。况且，要发现编码簿或航海图是否真的被缴获有时很困难，或者直接不可能，这让德国人陷入两难。是要假设它们已经被缴获而更换所有的编码簿，还是冒险而不进行更换？单是《贸易交通编码簿》就十分巨大，包含超过30万个字母组合，这也是德军没有更换它的原因之一。从后勤方面来看，更换编码簿的复杂程度令德军无法承担。

德军在第一次世界大战中依赖编码簿，在编码被破解后，德军情报持续不断地被协约国获得，这种情况将会在十年后的"二战"前夕对德国密码人员造成巨大影响。

德国海军的密码破译行动

1914年，战争初期的一个夜晚，年轻的德国海军技术员威廉·特拉诺（Wilhelm Tranow）正在值班。他在德国舰队最大的五艘主力舰之一——德国级战列舰波美拉尼亚号（SMS *Pommern*）上的无线电室里工作。无线电室收到了布雷斯劳号（*Breslau*）巡洋舰发来的信号。特拉诺将信号转发给了舰队的诸位指挥官，得到的答复是读不懂。对密码分析[1]

---

[1] "密码分析"（cryptanalysis）这个词来自希腊词语"隐藏"（kryptós）和"解开"（analýein）。密码分析学旨在分析信息系统，研究信息系统的隐藏方面。因此，密码分析的目的是，在密钥未知的情况下破解密码安全系统，获取加密信息的内容。

特别感兴趣的特拉诺便尝试亲自破解这条信息,并获得了成功。他将解密后的信息发送给指挥官,期待得到他们的赞赏,或者他们至少会询问他是如何解密这条舰队无线电技术员都无法解密的信息的。然而,这两种情况都没有发生。相反,他收到了严厉的警告:今后决不要关注这类情事。

这件事情很小,但是很能说明德国海军的处事方式。不久,特拉诺申请并获准去参加了德国海军情报机构——新闻部(Nachrichten-Abteilung)的一次面试。新闻部更常见的缩写是单个字母"N"。从1898年开始,提尔皮茨(Alfred von Tirpitz)上将就强烈反对组建和资助这样的情报机构,所以在第一次世界大战爆发时,新闻部只有不足十名员工。这个数字从1914年开始大幅增加,但是运作效率并没有相应地提高。对这个部门在"一战"中的表现最精确的评估是,它不像陆军的情报机构,获得的成果极其少。[1]这部分原因是它无法使用任何被缴获的英国海军编码簿,部分原因是英国海军有时会"清楚"地发送其信息。英国知道德国海军的位置,因其在英吉利海峡、北海或大西洋没有其他敌对的海军,而且在1915年,英国仍然特别热衷于宣传自己是海上霸主。新闻部成果甚微的第三点原因是,它依赖两个主要的情报来源:其一,在比利时、荷兰和德国沿海的监听站都能截获英国海军的信号,但是即便在德国海军情报网络最好的情况下,其解密速度也慢得出奇,无法在英国海军舰艇移动前将之解密;其二是位于外国港口(如比雷埃夫斯、伊斯坦布尔或上海)的特工,但是这些特工发送信息使用的是《德意志帝国海军编码簿》或《交通编码簿》,这样的信息英国人也能读懂。

然而,新闻部的最大和最具破坏性的缺点,是它未能让德意志帝国

---

[1] 这其实是在1916年,德国在日德兰海战前未能截获和解密关于英国大舰队行踪的信息后,新闻部对自己的评估。

海军舰队的统帅部相信有必要更换他们正在使用的三种主要的编码，尤其是在截获的无线电信息越来越多地表明英国人已经设法破解了它们之后。特拉诺，还有他的部分同事——当然还有40号房的所有成员——都明白，德国拒绝更换编码系统的后果，最好的情况是令其陈旧过时，最坏的情况则是帮助了敌人。

信号情报在 1916 年至 1917 年扮演的角色

1916年5月31日日出时分，英国海军部觉得自己已经获悉了足够多的有关德国公海舰队布置和意图的信息，且能够在正面交战中挑战他们了。海军中将戴维·贝蒂（David Beatty）的战列巡洋舰开始驶往日德兰。他们通过截获的多条信号，知道德国海军舰队将会在什么时候离港，去尝试引诱英国海军上将约翰·杰利科爵士（Sir John Jellicoe）的大舰队在北海进行正面交战。但是，尽管40号房的密码破译人员已经能够很熟练地破解德国的密码，阅读他们的信号，而英国皇家海军高层的保密原则意味着40号房的成功并不总是有利于军事行动。这个例子可以说明一条最古老的情报原则：未能有效率地传播材料，就意味着收集材料的努力被浪费。在日德兰海战中，连英国舰队中相对低级的官兵都能感受到这一点。1914年至1915年在贝蒂中将的雄狮号旗舰（HMS Lion）上服役的一名英国海军上尉说，只有少量的解密情报报告真正传达至大舰队并产生了影响。

从参战双方投入的舰只来看，日德兰海战是一场巨大的战役：参战的英国舰艇有151艘，其中包括28艘战列舰和17艘重巡洋舰。德军发动了99艘舰艇，包括16艘战列舰和11艘重巡洋舰。信号情报意味着英军在德国潜水艇就位之前就已经到达了日德兰海域。日德兰海战本可以成为一次决定性的海军战役，影响整场战争的结果，但是它最终没有一战定输赢：参战双方都声称获得了胜利，尽管英国损失的舰艇数量和船员数量都是德国损失的两倍之多。然而，德军并没有成功摧毁英军舰队的重要部分，英军则设法限制了德国海军。自此，德国海军再也无法进入大西洋，不得不依赖潜艇战和对协约国与中立国船运的攻击。在这方面，德军将要占据上风。德军退而依赖潜艇战，导致英军护航系统的发展，而这将与第二次世界大战中的密码破译有着密不可分的联系。实际上，日德兰海战有着深远的影响。

尽管《交通编码簿》和《贸易交通编码簿》被英国人缴获，但德军仍旧使用这两套编码，直到日德兰海战之后；结果表明，日德兰海战是第一次世界大战期间唯一一次涉及战列舰的海军交战。德国人一错再错，在编码已被英国人破解的情况下，还使用无线电信息传送关于这些编码和编码簿的信息。德军变更替换表上极为重要的月度"密钥"的命令时，仍然使用已被英国人破解的"旧"密码，通过无线电发送。他们还在"新"密码中重复说明其使用方法。所以，如果用旧密码写的消息是："1915年2月的字母替换将是A替换G，T在J处重复……"那么英国密码破译人员就拥有了一条能够用于破解新密码的参考材料。而且，德国人的密钥变化很不频繁，例如在1915年十个月的时间里，他们只更改了六次密钥。

潜艇战和护航系统

第一次世界大战中期，与德国相比，英国在海军密码破译方面显然占据上风。随着双方军队在西线陷入了一场停滞的消耗战，海上军事行动中仍然存在灵活移动和作战的可能。然而，在涉及潜艇战和针对国内供应船队的斗争时，占据优势的是德国人。这种境况几乎让英国输掉了战争。尽管像战列舰这样的海军舰艇从不在没有驱逐舰护航的情况下出港，但是为英国提供超过 60% 食物供应的重要商船却没有护航。英国要进口肉类、小麦、黄油和水果，石油全都进口自波斯湾和利比亚，大多数铁矿来自挪威，而且铝土矿和磷酸盐等矿物质，以及镁、锌和铜等金属，都依赖于进口。到了战争中期，运送这些食品和原材料的船只要独自在大西洋和北海航行，它们甚至刚一离开港口，几乎就遭德军的灭顶之灾。船队缺少护航，源于英国海军部那种过时的一根筋作风。他们痴迷于打进攻战、寻找和摧毁敌人的舰队，认为保护船队和英国海岸是在防守，是一种特别次要的考量。最重要的因素在于，英国皇家海军拒绝考虑将潜艇视为一种可以造成大规模经济损失的武器，而只是一种守护港口和战舰的武器。除约翰·费舍尔（John Fisher）上将以外，整个英国海军都对此置若罔闻。例如，在 1914 年元旦，温斯顿·丘吉尔就说他没法相信一个"文明强国"会去击沉商船。德国固执地继续使用早被证明已遭破解的编码簿，而协约国在第一次世界大战中则缺乏对潜艇战效用的理解，反对采用护航系统，这两方面的因素将会对二十多年后的大西洋海战造成巨大影响。

　　1915 年，英国和协约国的商船被德国潜艇击沉超过 400 艘，损失货物超过 100 万吨。1916 年，这个数字几乎翻了一番，达到 964 艘。战争的关键不在于在公开战斗中击败德国舰队，而在于摧毁隐藏的潜艇。否则，英国尽管在西线陆战取得进展，却仍然面临着落败和粮食短缺的可能：在二十年后的第二次世界大战中，这点也被证明同样重要。1916 年 10 月 29 日，杰利科写信给海军部第一大臣：

　　　　现在似乎存在一种严重的危险，我们的商船队伍的损失，加上中立国商船方面的损失，可能会在 1917 年夏初严重影响食物和其他必需品进口到联盟国家，进而迫使我们接受和平条款，但这些和平条款与我们在欧洲大陆上的军事状况不匹配，而且也远未达到我们的期望。[4]

但是，指挥着英国皇家海军的那些上将仍然认为护航系统不切实际。他们不理解护航系统，也不理解潜艇。德国人正是瞄准了这一点，在1917年2月1日重新开始无限制的U型潜艇攻击。在德国人看来，英国对进口食物和货物的依赖如此之高，而潜艇击沉商船的能力又是如此之大，故而五个月内就能毁掉超过40%的英国进口量。接下来的三个月里，协约国商船被击沉的速率就支持了德国人的这种论断：从2月到4月，德国的U型潜艇平均每月击沉60万吨船运货物。卡尔·邓尼茨上校是当时德意志帝国海军的一名潜艇指挥官，他对U型潜艇攻击无护航商船的速度之快和效率之高有切肤之感。在这种行动中，德军仅损失了8艘U型潜艇。到了2月底，协约国各个港口有超过600艘船拒绝出海。

4月，当美国加入战争时，情况已经十分危急。英国不仅无法保护自己的海商供应线——因此面临着饥荒或投降——还无法保证为英吉利海峡另一边30英里远的陆军提供补给。但是，在美国加入战争后，这种地缘战略有了一些改善的机会，因为美国能够提供护航船，让商船集中出现在美国东海岸的港口。如果采用了护航系统，英国在战争中的主要盟友法国也能够继续从英格兰获得煤炭供应。但是，如果不采用护航系统，法国的军备工业就会崩溃。英国海军部里的顽固保守派别无选择。在激烈、勇敢和英勇战斗方面的失败，以及在经济现实面前的失败，都是明摆着的事情。1917年5月和6月，5支船队73艘船被护航着离开了美国。最终，只有一艘船被鱼雷击沉，其余72艘船安全地抵达了不列颠各岛。至此，英国正式采用了护航系统。

第一部分　德国崛起　　031

1917年齐默尔曼电报事件

与1917年初的齐默尔曼电报事件相比，在第一次世界大战中，英国信号情报机构的任何一次行动都没有这次这么大的成就；英国的整体策略也无法充分支持这次成就的合理性。而且，自1914年以来，德国也没有哪次加密策略的失败比齐默尔曼电报事件造成的损害更大。1917年1月11日，德国外交部长阿图尔·齐默尔曼（Arthur Zimmermann）撰写了一份用德军外交密码加密的电报，他想将它发送给德国驻墨西哥大使。在日德兰海战中，英国海军有效地制止了德军对北海和大西洋的战略控制。德意志帝国海军决定，下一步战略将是对英美，尤其是对美国的潜艇战。他们准确地设想，这会导致美国参加战争。齐默尔曼告诉驻墨西哥大使，如果美国加入战争，站到英国、法国和俄国那边，那么作为大使他就可以向墨西哥政府提议结盟。

这份著名的"齐默尔曼电报"提出了一项非凡的计划。德国将向墨西哥提供资金，与墨西哥结成军事联盟，以扰乱美国的军事能力和它想要在大西洋彼岸参战的愿望。如果最终取得成功，墨西哥就可以得到美国的部分领土。德国外交部长在电报中写道：

> 我们计划于2月1日开始实施无限制潜艇战。与此同时，我们将竭力使美国保持中立。如计划失败，我们建议在下列基础上同墨西哥结盟：两国共同参加战争，共同缔结和平条约；我国向贵国提供大量资金援助；我国理解贵国将收复在得克萨斯、新墨西哥和亚利桑那的失地。协议的细节交由贵国草拟……[5]

事情的进展很有讽刺意味。因为英国在1911年已经先发制人，切断了德国五条主要的跨大西洋海底电缆，所以这封电报不得不送去位于柏林的美国大使馆。德国人无法直接发送电报，但是，他们在外交上得到许可，能够"蹭"美国的外交无线电报服务。通常，德国人会直接将明文信息交给美国人，美国人将信息转送给位于哥本哈根的美国大使馆，再从那里传递到大西洋彼岸。美国政府允许德国人以这种独特的方式传送信息，仅仅是因为他们认为这在逻辑上会让即将到来的和平谈判更容易。德国人则心安理得地假定美国的电报服务是安全的。在向墨西哥发送这份电报时，德国人还是坚持给信息加了密。德国与墨西哥讨论分裂美国领土的电报，堂而皇之地通过美国的通信系统，于1917年1月16日从柏林发了出去。

德国人和美国人都不知道的是，尼格尔·德·格雷和40号房正在窃听。这封电报在从美国驻哥本哈根大使馆送到大西洋彼岸之前，必须经过兰兹角（Land's End）附近波斯科诺（Porthcurno）的中继站传送，而经过这个位于英格兰最西端海角的中继站的所有信息，都会被复制给40号房。第二天，德·格雷和他的同事就已经破译了齐默尔曼电报的大部分内容。他们所使用的正是1915年在美索不达米亚缴获的德国第13040号《外交编码簿》，以及从马格德堡号缴获的《德意志帝国海军编码簿》。两天后，霍尔上将通过三个不同的迂回途径，公开了这封电报的内容。它与德国潜艇开始对美国商船攻击的时间相符，不出意料地导致了美国参战，使其站到了协约国一边。

* * *

就这样，从1914年开始往后的信号情报，改变了第一次世界大战的走向；它还改变德意志帝国海军在军事行动上的命运，并且将会以一种巨大的、完全出人意料的方式，影响它在第二次世界大战中的接任者纳粹德国海军（Kriegsmarine）。马格德堡号发射出的炮弹，不仅仅是打响了第一次世界大战的第一枪，而且对于德国人而言还是一种不同的、更加现代化和复杂的战斗的开端，这种战斗将在接下来 35 年的时间里成长，呈指数级地发展。它是聚焦于信号情报，以及加密和解密的巨大竞争。随着第一次世界大战的推进，参战各方都迅速意识到了密码分析和信号情报中最重要的五件事情：迅速和高频率地破解敌人密码；别让敌人知道密信被破译；如果自己的密码可能被破解，那么就要不断地更换；尽可能快地将收集到的情报传送给正确的接收者；以及确保接收者有能力并且会基于情报行动。但是，德国人和英国人都没有总是遵守这些规律，所以他们的行为将会有深远的效应，甚至影响了第二次世界大战中的大规模和重要信号情报战的作战方式。尤其是德国，将会极其努力地确保他们在"一战"中所犯的灾难性错误绝不再出现。德国的一个最重要决定是用加密机器，如恩尼格玛系统，来取代编码簿。1919 年，德国的密码破译部门在《凡尔赛条约》的创伤中开始自我重建。一个特别的人铭记着齐默尔曼电报事件的失败和耻辱。此人当年正在展望未来，是一名已经在尝试破解英国皇家海军部分密码的技术员，他就是威廉·特拉诺。

第二章　恩尼格玛推销员

亚瑟·谢尔比乌斯（Arthur Scherbius）是来自法兰克福的电气设计师，也是20世纪早期的一名德国工程师，发明过电加热枕头这样的物品。他还发明过涡轮零件，想出新方法来制造能够透过瓷器装置加热的元件。他的公司获得了一些小规模的、影响有限的成功，尽管那种加热枕头并未真正打入德国和瑞士的床上用品市场。后来，他将心思转向发明在军界有商业应用潜力的物品。那是1918年，离德国输掉第一次世界大战还差九个月。当年2月，40岁的谢尔比乌斯提交了一份密码机专利申请。他给这项发明命名为"恩尼格玛"，源于拉丁语词汇"谜"或"神秘事件"。

机器在运作时需要供电，让电流经过一系列插头，以及一个与若干转子相连的字母键盘。操作员键入需要加密的信息，经转子转动，持续改变有大量可能性的字母组合，然后逐字母地输出加密文本。加密信息能够以同样的流程被解密。这便是谢尔比乌斯的基本思路。

在他申请专利后不久，德国海军的情报机构新闻部就给他写了信，问他能否去新闻部的总部，向一组特别的军官展示他的新机器。这正是他一直在等待的时刻。海军情报部门正在急切地想要摆脱对编码簿这种系统的依赖，该系统陈旧，有瑕疵，在加密和解密工作方面造成了一种僵局，导致英国人占据了优势，为此海军情报部门极力寻找新的机械系统来取代它。谢尔比乌斯去了位于柏林的新闻部总部，那里有一群军官和文官在等待着他。这些人当中就有威廉·特拉诺。

谢尔比乌斯带去了一个原型机，称它为型号 C。更早的第一款样机和收银机一样大，约 40 磅重，而他带去新闻部的这个型号更小，长宽高分别是一英尺、六英寸和四又四分之三英寸，看上去就像一个装在木箱子里的、有两个键盘的笨重打字机。谢尔比乌斯用它进行了演示，同时解释了它的工作原理。他说，最重要的元件是一个由橡胶和金属制成的两面平坦的圆盘。在圆盘的一面有 26 个电流接触点，另外一面也有 26 个不同的接触点。后来的恩尼格玛机可以使用多达八个圆盘，但是谢尔比乌斯的原型机上只能插三个或四个。一系列电线会通过圆盘将字母随机联系起来。两个金属盘将这些圆盘夹在中间，其中一个金属盘接收来自打字员键盘的电流，另一个金属盘将电流传送到一个显示面板上，这个面板上有 26 个覆盖着玻璃的小孔，每个小孔显示着字母表中的一个字母。圆盘叫作"转子"，是这种密码机的运行基础。转子被一根轴穿起来，让转子两面的电流接触点将键盘和显示面板连接起来。键盘上的一个字母被按下时，面板上会亮起一个不同的字母。面板上显示哪个字母，则取决于转子内部的线路，以及转子在轴上转动的位置。因此，在初始位置上时，转子实现了简易单字母替换的功能。如果键盘上的字母"B"被按下，转子上的线路就会将它与线路配置人决定的那个字母相连。

假设字母"B"与显示面板上的"Y"相连，那么如果键盘上首次按下的字母是"B"，显示面板上的"Y"就会亮起。然而，在每次输入和显示过后，转子会在轴上转动一圈的 1/26，提供一组完全不同的组合。如果此时再按下"B"，那么显示面板上与之相连的就不再是"Y"，而是另外一个字母，这个字母会在显示面板上亮起。接下来，转子还会再次向前转动，再次更换字母组合。一个转子可以让机器排列 26 个字母的组合，它能够以 26 种不同的方式加密字母表，然后才回到初始位置。

但是，如果再加一个转子，可能存在的组合数量就成为26×26，即676个，因为键盘上按下的第一个字母通过的是第一个转子，第二个字母通过的是第二个转子，第三个字母通过的又是第一个转子，每个转子都会在每个字母输入后转动一次。字母组合的数量永远是26按照转子的数量乘方。在添加了第三个转子时，这个数字是17576，添加第四个转子时，则是456976。在每天早晨或每次加密任务开始时，操作员能够选择每个转子的配置，进而确定转子上每个字母的起始位置。

恩尼格玛密码机有一项让它不同于其他转子设备的专利功能，这种功能让信息接收者能够十分轻松地解密信息，只要他们知道加密时的转子配置。除转子以外，恩尼格玛密码机还有一个叫作反射器的圆盘，它可以将电流按照同样的转子配置导回，将字母双向配对起来。如果按照特定的转子配置，字母"A"被加密成"K"，那么"K"就可以被解密为"A"，这意味着接收信息的操作员只需输入密文，就能够在显示面板上阅读明文了。很重要的一点是，明文中没有哪个字母可以被它自身加密，例如字母"A"在密文中绝不会是"A"。这在后来将被证明是一个起决定性作用的缺点。

"密钥的变化很多，"谢尔比乌斯写道，"在不知道密钥的情况下，就算拥有明文和密文，拥有密码机，也无法算出密钥，因为要尝试60亿或100万亿种转子起始位置是不可能的。"1

海军情报机构的军官宣布，他们认为这种机器即使被敌人缴获，也能拥有良好的安全性。但是，它过于复杂，过于笨重，而且也太贵。谢尔比乌斯为每台机器要价4000至5000德国马克[1]，这严重超出了新闻部的可怜预算。他们知道，如果他们为自己的部门购买恩尼格玛密码机，那么整个德国海军就需要照做。战争进展到这个地步，为整个舰队配备

---

[1] 相当于2017年的1.6万英镑或2万美元。

第一部分　德国崛起　　037

复杂的新加密通信方式太迟了。其中一名军官说，为什么不去问问外交部？他们或许会想买来为外交通信加密。所以，谢尔比乌斯想办法与外交部进行了一次会面，但他们拒绝了他。战争几乎已经失败，而他们没有时间，也没有预算。他们满足于依赖编码簿和电报，即使齐默尔曼电报被破解，导致美国在前一年加入了战争。这特别清楚地说明了德国各政府部门对不安全通信方式的依赖。

于是，亚瑟·谢尔比乌斯创建了自己的公司——密码机器股份公司（Chiffriermaschinen Aktiengesellschaft），生产恩尼格玛密码机。他决定向德国的邻国瑞士和波兰推销这种机器。

《凡尔赛条约》与德国的经济崩溃

到了1918年夏天，美国军队以每周一个师的速度进入法国。而对这样巨大的军力，德国军队的储备几乎耗尽。国家已然破产，人民只能勉强维持生计；协约国的海上和陆地封锁，意味着德国无法进口食物，也无法进口原材料来生产任何供出口的物品。尽管U型潜艇几乎让英国屈膝，但英国进行经济封锁的驱逐舰和护卫舰却几乎让德国窒息。1918年10月，德意志帝国海军在基尔的水手叛变，随后，士兵和工厂工人效仿俄国1917年革命后的情况，开始组织多个社会主义团体。

起义在德国传播开来，到了11月，暴动和巷战已经波及慕尼黑。工人们要求威廉二世退位，德国武装部队也给予支持，宣布不再有足够的力量支撑他掌权。11月9日，德国建立了共和国，威廉二世正式退位。德国武装部队投降，停战协定在1918年11月11日上午11点生效。西线战场的一名英国下士后来回忆，英军对面阵地壕沟里的德军步行穿过无人地带，站成一排，向英国士兵鞠躬。在德国内部，左翼党派和军队之间的巷战和暴动，持续到1919年1月19日德国国民议会选举开始时才停止。为避开在柏林继续发生的动乱，国民议会在魏玛召开大会，成立了由温和派民主党人领导的联合政府，并给新建立的共和国定了国名。然而，人们仍继续将他们的国家称为德意志共和国。首任总统社会民主党人弗里德里希·艾伯特（Friedrich Ebert）在1919年8月11日签署了新宪法。

一场世界大战才结束没多久，《凡尔赛条约》就要开始将德国推向第二场世界大战。《凡尔赛条约》对德国未来的信号情报机构有着巨大的影响；条约中各项条款造成的后果，对德国海陆空三军与外交部密码破译部门在"二战"前的发展方式有深远影响。1918年11月11日生效的停战协定停止了德国和协约国之间的战斗，却要等到巴黎和会上的战胜国经过六个月的谈判之后，才最终结束了这场战争。1919年6月《凡尔赛条约》的最终签订，标志着第一次世界大战正式结束。德意志帝国军队被解散。由参战老兵组成的各种右翼准军事团体——称为"自由军团"（Freikorps）——继续存在，而新的军队——国家防卫军（Reichswehr）则在1921年元旦成立。《凡尔赛条约》规定，德国最多能够拥有7个步兵师和3个骑兵师，士兵人数不超过10万名，以及10辆轻装甲车和36艘各型舰艇。国家防卫军的新领袖汉斯·冯·塞克特（Hans von Seeckt）上将立即声明，他的士兵不效忠于新成立的魏玛共和国；他责怪魏玛共和国背叛了德国，羞辱了德国人民，让英国、美国和法国因德国发动战争而惩罚德国。他直率地表示，德国人民遭到了暗算。

《凡尔赛条约》最重要的一个条款是第231条款，它将显著影响德国在接下来25年里的信号情报与密码分析能力。该条款后来被称为"战争罪责条款"。它要求德国承担战争期间所有的经济损失，支付1320亿德国马克的赔款。这相当于1919年的66亿英镑；在近一百年后的

2017 年，则约等于 2800 亿英镑。德国必须裁军，在东边和西边割让领土，控制武装力量的规模，并且支付巨额赔款。到了 1920 年 3 月，德国武装力量被减少到 10 万人，以便让德国没有实施攻击性军事行动的能力。莱茵兰地区（Rhineland）被去军事化，黑尔戈兰岛和沙丘岛（Dune）上的军事建筑——德军在这里有两个信号监听站——被勒令拆除。信号情报等机构的人员编制被大幅削减。德国海军能够拥有的战列舰、巡洋舰和驱逐舰总共不得超过 24 艘。水手的数量被削减到 15000 人。这对战时德国信号情报建制造成了剧烈和直接的影响，让它基本上不再存在。德国海军的情报机构新闻部被解散。德国陆军情报部门的 1200 名士兵被解散，而且由于德国的外交信号通信大部分由陆军负责，这方面的力量也消失了。但是，对于在瑞士、波兰和德国往返推销恩尼格玛密码机的亚瑟·谢尔比乌斯，这种去军事化反常地让他的工作简单了许多。德国武装力量中的人员越少，他们需要购买的恩尼格玛密码机就越少。如果说德国海军只有 24 艘舰艇，那么他们就只需购买 24 台密码机。然而，由于后来德国经济崩溃，德国的新武装力量想要购买这些密码机难上加难。

由于要支付巨额战争赔款，德国的经济急速下滑。1914 年第一次世界大战爆发时，德国暂停使用金本位制，犯下了巨大的政治经济错误。金本位制是指每个单位的货币，即德国马克，可以兑换成一定量的黄金。德国皇帝和国会决定通过借钱（主要是从美国借）来支持战争，他们觉得，德国能够通过在战胜后接管东西边界的新工业领土以及要求协约国支付赔款来偿还贷款。这种草率的策略在战败时产生了事与愿违的后果。他们无法出口货物，因为他们没钱生产，部分原因是他们无法承担劳动力的费用。而且，协约国对德国的经济封锁，意味着德国人无法进口食物、制成品和原材料。简单说，德国借了过多的钱支持战争，现在无法偿还。德国马克对美元的汇率从 1919 年的 48 比 1，贬值到 1921

年的 90 比 1。1921 年 5 月，伦敦发出最后通牒，要求德国使用黄金或外汇支付赔款，而这二者德国都没有。所以，德国开始大量印制钞票来购买外汇，导致恶性通货膨胀。到 1922 年圣诞节，购买 1 美元就需要 7400 德国马克了。

德国试图使用煤炭之类的硬商品来支付赔款，但是法国和比利时为强制德国支付赔款于 1923 年 1 月出兵占领鲁尔河谷后，鲁尔地区的工人开始罢工，导致恶性通货膨胀更加严重，政府印制更多钞票向这些工人支付薪水。1923 年 11 月，1 美元的价值变成 4.2105 万亿马克了。从德国流传出的照片上可以看到，人们用手推车载满马克去买一条面包，或者使用这种实际上没用的钞票当壁纸。

赫尔穆特·鲁格（Helmut Ruge）[1]生于 1917 年，是德国北部城市库克斯港（Cuxhaven）一对夫妇的大儿子，父亲当时在港口管理局工作。他回忆说：

> 我记得特别清楚，每个星期都会跟着母亲和妹妹去港口管理局的办公室。我父亲在那里工作，是船上的木工。我们带着几个篮子去，把成山的钱装进里面，这些钱是我父亲一个星期的工资。领完钱，我们就会尽快跑去商店，购买食物或其他任何所需品，因为等到第二天，这笔钱就会进一步贬值，我们买得起的食物就会更少。2

即使在这种不同寻常的经济环境中，有些商人也仍在挣钱。一位只收美元的实业家建造起拥有二百多家工厂的商业帝国，为政府生产大量的纸张，以成百万地印制支撑这场通货膨胀的钞票。

在这种艰苦的经济环境中，亚瑟·谢尔比乌斯尝试销售他那种复杂、

---

[1] 赫尔穆特·鲁格的故事在第六章还会叙述。

昂贵和革命性的通信设备。他并没有因此沮丧，而是看到了市场空白：他意识到德国公司需要与外国商业伙伴和银行机密地交流关于新发明、合同和生意的事情。尤其是银行，需要一种机密的通信形式来进行货币交易与转账。为什么不尝试让他们关注恩尼格玛密码机？在这种想法的鼓动下，他购买了另外一种密码机的专利。这种密码机由一个德国同胞设计，与他自己的类似。他决定，现在是时候真正销售它了。但是，德国的商业领袖们都在专注于更为基础的事情：拥有足够多的铜和铝，来生产电话线之类的产品，以便能够继续用电话和电报通信。恩尼格玛密码机的时代还未到来。

然而，这位来自法兰克福、发明过电加热枕头的工程师并没有灰心。他看得出来，尽管《凡尔赛条约》实际上阻止了德国在武装部队中运行情报机构，但他之前在海军情报部门的潜在客户却仍然创建了一个全新的单位。他们显然有来自某个地方的资金。旧的新闻部消失了，但现在出现了一个由威廉·特拉诺领导的小组，其中有8名军官和文官。谢尔比乌斯决定再次尝试向他们推销密码机。美国、荷兰和瑞典的其他发明家正在研制基于转子的类似设备，他不想错失为德国新武装部队供应设备的赚钱良机。而且他认识到，如果德国海军开始采购密码机，那么陆军也会采购，德国外交部可能也会。现在考虑向德国空军推销他的密码机还太早，因为《凡尔赛条约》规定德国不能拥有空军。

威廉·特拉诺和监视局的崛起

德国海军情报部门新闻部现已解散，其外国情报收集负责人关闭了位于德国北部波罗的海半岛上新明斯特的总部。然而，新闻部的职员回到柏林，惊讶地发现德国海军决定新成立一个信号情报部门，作为其新建机密海军情报机构的一个部分。他们把这个新部门称为监视局（Beobachtungsdienst，简称B–Dienst）。纸面上，这个新部门是在1919年4月创立的，几乎和德国的新海军——国家海军（Reichsmarine）诞生的时间相同，但实际上，直到1923年才开始运作。指挥这个新情报部门的海军少将阿道夫·冯·特罗塔（Adolf von Trotha）明白，该部门要在北海和波罗的海沿岸运营少数监听站，以及一个中央解密单位，仅仅需要很小的一部分预算。在海军的12艘战列舰和巡洋舰上，无线电监听与拦截工作将由船上的信号人员负责，他们使用无线电测向仪追踪别国海军舰艇发出的信息。冯·特罗塔将监视局设立在弗伦斯堡–米尔维克德国海军学院附近一个小总部里；此地就位于波罗的海沿岸德国和丹麦的交界处。这个新机构主要以四种方式开始收集信息。

监视局首先做的事情是，尝试搞清楚英国在第一次世界大战中拦截和破译德军加密信号的成功程度。特拉诺和监视局的其他7名密码人员尽可能多地阅读英国与信号情报相关的出版物，包括曾经在战争中指挥战斗舰队的多名英国海军上将的回忆录，如《海军行动》（*Naval Operations*），以及上将约翰·费舍尔爵士的自传。此外还有温斯顿·丘吉尔的系列作品《世界危机》（*The World Crisis*），其中头两部出版于1923年。丘吉尔稍微有些戏剧化地叙述了从马格德堡号缴获德国海军编码簿的事情。撇开夸张的成分，德国人开始意识到英国人对德国海军信号的破译程度有多么彻底。费舍尔上将在他1919年出版的自传《回忆往事》（*Memories*）中，以一种特别笼统的方式提及：

> 无线电报发展得很充分，让你能够测出发信人的方向，然后去追踪他。这让德国人不敢开口。但是，如果他们发送信息，那么信息就是加密过的，而对这种密码的破译，正是海军部在战争末期工作的最伟大荣耀之一。在我任职期间，从未破解失败过一次。[3]

监视局做的第二件事情是，尝试尽可能恢复新海军的无线电通信。德国海军部在北海和波罗的海沿岸设了十个监听站，包括基尔和威廉港等大港口，也包括博尔库姆（Borkum）和斯维内明德（Swinemünde）等小港口城市；这些地方冬季降雨多，夏季风力大。监视局的主要目标是英国、法国和苏联的海军，以英国皇家海军和英国商船队为重点。这几支海军的船只只要出现在北海或波罗的海，德国的监听站就会锁定它的无线电通信。德国也在尽量靠南的地方设立了监听站，监听在地中海航行的舰艇。这时是20世纪20年代早期，《凡尔赛条约》明确规定德国不得拥有任何形式的武装部队情报机构，因此南方的监测站不能设在去军事化的莱茵兰地区，除非德国海军的操作员准备好伪装他们的无线电天线。他们选择了黑森林（Black Forest）地区的一个小村庄。

他们的第三项行动是，在收集关于波罗的海、北海和英吉利海峡以外的外国海军行踪和信号的信息时，改善信息收集的方法。这些信息来自位于全球多个港口的德国特工。在第一次世界大战前，德国海军依赖于一个由外交官、海军预备军官、航运公司商人和雇员组成的谍报网络，获取关于外国舰艇，尤其是英国皇家海军和商船队的行踪信息。这些兼职的特工要么是为了国家利益而工作——这类人包括海军预备军人和外交官，要么是为了金钱——这类人则包括航运公司雇员、海运文员，以及港口官员。在战争前，他们愿意从事这项工作，因为能够获得优惠待遇，得到利润丰厚的海军货运合同。

这些特工遍及世界各个港口，从上海到特隆赫姆，从蒙得维的亚到巴士拉，从比雷埃夫斯到开普敦。在热带地区的秋天、地中海的春天、北极地区的冬天，以及红海的炙热夏天，他们使用账簿和清单，观察每艘到港、下锚、进港、停靠、装货和卸货的船只，无论是行动迅速的驱逐舰、动作缓慢的不定期运输煤炭或水泥的货船，还是可以运数千吨粮食或石油的巨型货船。他们了解船只，了解海域，也了解航运界。他们不停地观察和记录一切。所以，德国海军情报部门再次利用这个于第一次世界大战之前和其间存在的特工网络，传达他们所需的信息：每天经过港口的英国商船叫什么名字；过往英国海军舰艇的去向和来头。特拉诺和他的同事即将尝试破解英国皇家海军的密码，而这方面的信息将会是他们入门的途径。

监视局觉得能够收集英国、法国和苏联舰艇行踪信息的第四条途径，是监听它们在军事演习或战时服役期间发送的信号。局势发生大回转：德国海军在一战中丢掉密码破译方面的优势，是因为他们固执地依赖编码簿，拒绝足够高频率地更换编码；特拉诺看得出，英国皇家海军似乎决心要走这条老路，而他很渴望利用他们在这方面的失败。但是，监视局本身，以及新的德国海军，也需要安全的通信。他们要使用什么系统？又要如何购买这个系统呢？

洛曼计划

从 1923 年开始，德国的国家防卫军秘密批准了价值数百万"金马克"的资金，支持大范围的海军、陆军和空军项目，而这些项目明显违反了《凡尔赛条约》。[4] 当时掌权的是德国国防部部长奥托·格斯勒（Otto Gessler）和德国海军部总司令保罗·贝恩克（Paul Behncke）上将。德国经济仍然缺乏活力，而他们的计划违反了《凡尔赛条约》，所以未让国会知晓。例如，计划的一部分是创建和支持一个新的德国海军情报机构，另一部分负责潜艇和战舰的设计，还有一部分负责飞机的建造。支持这些重整军备项目的"黑资金"总计为价值约 3000 万美元的德国马克。德国海军提供了 2500 万，这笔钱来自他们自己的外汇储备与金马克——即由现有的黄金储备支持的德国马克,这些黄金储备有时存在不会被德国政府其他部门发现的外国银行里。相应地,这笔钱的大部分来自出售潜艇、战舰和零部件给位于意大利、斯堪的纳维亚和南美洲的第三方。根据《凡尔赛条约》,德国海军的许多舰艇都必须报废,所以德国选择了更简单的做法,假装它们已被拆成废金属,而实际上却把它们卖给了其他国家的海军。法国军队占领莱茵兰的工业区时,德国国会(Reichstag)通过投票,又给了德国海军250万。这笔所谓的"鲁尔基金"(Ruhr Funds)旨在增强德国的武装力量,让它们超出《凡尔赛条约》的约束。商人和右翼政党也提供了250万。

用于秘密重整军备的资金存于一家德国银行——柏林银行协会里。这家银行是德国海陆军与那些收钱负责执行项目的公司和机构之间的中间人。德国海军让瓦尔特·洛曼(Walter Lohmann)上校负责管理这笔钱,他是北德意志劳埃德(North German Lloyd)航运公司一名前主管的儿子,在第一次世界大战期间是一名杰出的后勤专家,负责高风险和高级别的外交任务。1920年,他乘船去圣彼得堡与俄国人谈判,让俄国释放他当时用于向德国运输食物供应的违反制裁的船只。他还会见了苏联红军的几名军官,这些军官负责管理圣彼得堡城外的特别战俘营,里面关押着德国的海军、陆军和文员战俘。

1920年10月,洛曼在位于柏林的德国海军总部接手海军运输部(Naval Transport Division);德国国家海军总司令保罗·贝恩克上将信任他,认为他是一名值得尊敬的德国同胞和海军军官,其任务将是在《凡尔赛条约》对德国造成的创伤性耻辱中协助重建和武装德国的军队。贝恩克在1923年初让洛曼负责那笔"黑资金",在其监管下,违反《凡尔赛条约》的海军、陆军和新空军项目得以规划出来,获得资助并开始实施。结果证明,洛曼是一名优秀的规划家和精明的后勤专家。最初,他谨慎地选择项目,充分和秘密地为项目提供资金,以有想象力和远见的方式推动了德国的重整军备计划。例如其中一个项目是叫作曼托尔毕朗茨（Mentor Bilanz）的公司，这家公司背后有三个秘密的德国造船厂，它们利用洛曼提供的资金，在荷兰成功地运行了一个潜艇设计办公室。随后，洛曼和海军军官威廉·卡纳里斯（Wilhelm Canaris）安排该公司设计的一艘潜艇在西班牙的加的斯（Cadiz）建造。卡尔·邓尼茨是见识过潜艇战在"一战"中有多厉害的德国海军军官之一，他下定决心，如果再次开战，要再次使用潜艇战。在他和其他海军军官的指导下，德国在专心设计一种中型潜艇，这种潜艇发射的鱼雷不会在水面留下暴露位置的气泡痕迹。

监视局攻击英国海军的密码

存于柏林银行协会的资金，还被用于尝试在以前的敌国——确切说是俄国和法国，德国不能在那里设立海军专员——建立情报特工网络，以及资助存于全球多个港口的德国海军情报网。德国海军情报人员收集英国船只的行踪信息并传送给监视局，因为威廉·特拉诺收集的信息，不止是那些船只的航行日期和停泊补给港，他还收集船只的精确位置。从1919年开始，特拉诺尝试重建的不仅是《英国商船密码》（Great Britian's Merchant Ships Code）[1]，还有英国庞大的《政府电报密码》（Government Telegraph Code），英国皇家海军的战舰就是用后者发送日常位置报告的。如果能破译这些密码，就可以计算出英国海军每艘舰艇每天在世界任何地方的精确位置。

---

[1] 在1939年战争爆发后，《英国商船密码》被更改和重命名，成为《英国及盟国商船密码》（British and Allied Merchant Ships Code），以反映英国商船队此时的跨国本质。部分文件和信号中仍然称其为《英国商船密码》。

特拉诺等人使用的加密手段和机密技术各种各样，但基本原理是一样的。尽管不同的密码分析单位涉及的语言各不相同，但无论对德语、法语、土耳其语或英语，密码分析人员都使用相同的密码技术，它们的基本原理如下：

唯密文攻击（Ciphertext–only）指密码分析人员只有一系列被加密的密文。

已知明文攻击（Known–plaintext）指密码分析人员掌握了一组密文以及与其对应的明文。

密码分析攻击（Cryptanalytical attacks）可根据攻击者掌握的信息类型分类。出于破译的目的，基本的出发点通常会假定，大体上的算法是已知的——这相当于柯克霍夫原则。

频率分析（Frequency analysis）是破解大多数经典密码的基本方法。在自然语言中，字母表里某些字母的出现频率会高于其他字母；例如英语中，"E"可能是任何明文样本中最常见的字母，"TH"是最可能出现的字母对。频率分析所依赖的，就是密码未能隐藏这类统计学特征。例如在简易替换密码中（每个字母只由另外一个字母替代），密文中出现频率最高的字母所替代的就可能是"E"。对于这种密码的频率分析相对简单，前提是密文足够长，能够让其中的字母统计数据有意义。

多字母替换技术（Polyalphabetic substitution）是一组字母由另一组字母替代。正如前文解释过的，在单字母替换中，一组明文字母由另外一组字母替换；在多字母替换中，最先被加密的字母表还会被另一个字母表再次替换，实际上是被加密了两次。

指示码（Indicators）。恩尼格玛密码机这类双向机器密码，意味着每个信息都有自己的密钥。通常，发送信息的操作员会在发送加密信息以前，通过明文和/或密文的方式将信息密钥告知接收方。密钥的术语是指示码，它传达密码机的初始设定，指示接收方如何设置机器以解密信息。

相同参数（Depth）。一名操作员发送两条或更多带有相同密钥的信息，这种流程是不安全的。对密码分析人员而言，这些信息意味着"有相同参数"（in depth）。相同参数的现象可以通过拥有相同指示码的信息监测出来。

减数表（Subtractor tables）被用于加密信息。发送信息的人能够使用多组两位、三位、四位或五位数字来代替一个单词。在编码簿中，就像在字典里一样，单词会紧挨着用于加密它们的数字。假如编码是四位数字，"6328"代替单词"巡洋舰"，那么为了加密这个单词，就要从每天的"密钥"数字——假设为"9883"——中减去代替该单词的数字，然后无线电操作员会用得数"3555"代替"巡洋舰"发送出去。第五章会更全面地介绍使用减数表加密或解密的流程。

* * *

如前所述，特拉诺在战争期间当战列舰无线电操作员时，花了些时间监听和尝试破译英国的密码。8年后，在新成立的监视局，他针对英国密码的运转和使用方式有三个特别清楚的观点。英国商船队和皇家海军的每艘船每天都会向伦敦发送无线电信息，告知其在世界上的位置。英国商船队信息发送至各自的公司和劳合社（Lloyd's of London），海军舰艇的则发送给位于白厅和朴次茅斯海军部的皇家海军指挥部。特拉诺知道，几乎所有英国商船每天都会发送同样格式的信息，内容包括船名、"位置报告"这几个字、日期以及经纬度。一艘名为"天狼星"（Sirius）的货船会在无线电信息中说："天狼星号位置报告，1919年12月25日中午，西经45°52′，北纬43°54′。"通常，船只会在离港或到港时报告。信息中的经纬度就会被港口名字代替。

第一部分　德国崛起　　049

这艘商船上的信号人员会对信息加密，然后使用摩尔斯电码发送至伦敦。监视局的监听站拥有三个可以用于破译密码的参考词，即每天都会被使用的"天狼星号""位置"，以及"报告"。参照其他数十艘每天发送位置报告的商船的名字，特拉诺及同事就有了足够多的材料，可以开始破解英国商船密码。英国在1924年拥有的商船估计为3200艘，特拉诺能获得的信号很丰富。

英国皇家海军的信号则复杂得多。政府电报密码使用的是五位数组合，这份编码簿就像字典一样，每个单词都有一个对应的五位数，如"护卫舰"对应"63399"。编码簿使用一个减数表加密。例如，轻巡洋舰伍斯特号（HMS *Worcester*）每天发送位置报告，而其中的船名和坐标会被加密成若干组数字。特拉诺知道，有一个关键因素将帮助他和监视局的密码破译团队——位于外国港口如亚历山大、比雷埃夫斯或丹吉尔的特工会告诉他们进港英国战舰的名字。这样一来，特拉诺就至少拥有两个单词可用于破译密码，即船名，以及港口的名字或坐标。通过跟踪英国海军舰艇在全球的行踪和位置报告，特拉诺知道，无论字母密钥或减数表的更改频率有多高，监视局在每艘船的信息中都能得到两个字母组"常量"，即舰艇的名字及其每天的位置。每天都有几十艘英国海军舰艇汇报各自的位置，这点也进一步帮助了特拉诺。

监视局接下来需要一种安全的通信方式，以便能够向新德国海军中的每艘在海上或港口中的战列舰和巡洋舰发送信息，以及与柏林的总部通信。特拉诺心想，为什么不直接购买恩尼格玛系统呢？监视局的预算可以提供初期购买大约20台恩尼格玛密码机的费用。如果不够，国家海军的几位高级军官和文官知道，可以使用额外的"非官方"资金来支持与重整海军军备有关的特别项目。1924年末，德国海军再次联系了亚瑟·谢尔比乌斯，问他是否可以为海军提供几台转子密码机的样品。

第三章　德国的新解密人员

威廉·芬纳坦然承认，在他最初开始做加密员时，丝毫不知道自己要做什么。但是，他从小就对顺序、明确的结构和井然有序的程序十分喜爱。他出生并成长于19世纪末的圣彼得堡，在家中七个孩子中排行第六，父亲是一份德语报纸的编辑。他的家教很严格，信仰路德宗福音教会（Lutheran Evangelical Church）的年节律（annual rhythms）；父亲在家中教了他两年，然后送他去一所供德国侨胞念书的路德宗高中学习了十年。1910年，芬纳去柏林学习建筑工程，还加入了一个兄弟会。他的大多数同学参加的学生协会，有时会采用决斗的方式来解决争论或荣誉问题，而芬纳加入的福音兄弟会则严禁成员打斗。刀剑经验的缺乏并未影响他在公共卫生和冶金学这两门课上表现出色，也未影响他从高中毕业，成为一名实习工程师。

1914年战争爆发，在他等待被召唤去一个能够发挥自己能力的军团服役时，西门子公司给了他一份工作。他的单位负责守卫火车站、铁路财产、轨道，以及铁路侧线。不过这份恪尽职守的平淡的职业生涯突然被两件事情打断：德国与俄国开战，以及他会说俄语。从此决定他人生走向的是他的出生地，而非他的教养。他在冰天雪地的前线参加了一年战斗，也在蒂罗尔阿尔卑斯山脉（Tyrolean Alps）的花岗岩山峰上打过仗，还跟着一支阿尔卑斯山队伍在塞尔维亚和俄国交战。后来，他在军队指挥部当俄语翻译，审讯囚犯。他用俄语以及相近的塞尔维亚-克罗地亚语审讯了许多饥民，他们承认被俘是为了有东西吃。他在1917年被任命为上尉，在陆军预备队一直待到1920年才退伍。他的俄语能力得到提升，这使他在战争结束后躲过了魏玛共和国成立之初那几年的失业潮。他去了柏林一家新成立的新闻机构做编辑，该机构由一名俄国军官经营。俄国军官将芬纳介绍给曾在俄罗斯帝国海军服役的一名上校，此人叫彼得·费奥多尔·诺沃帕切尼（Piotr Fedor Novopaschenny）。第一次世界大战期间，诺沃帕切尼是俄国海军的一名密码破译人员，负责破解波罗的海德国舰队的密码，他也利用了1914年从德国巡洋舰马格德堡号上缴获的《德意志帝国海军编码簿》。现在，他想为德军工作，问芬纳是否能够帮助他。

和海军一样，德国陆军也新成立了一个密码分析单位，这个单位是后凡尔赛时期新德国陆军总部的一部分。尽管德国新陆军叫作国家防卫军，新的密码破译单位则只叫作密码局（Cipher Bureau），由信号部队督察（Inspectorate of Signals Troops）领导。密码局最初的职员都是文员，尽管其中有几位曾在第一次世界大战中服过役。芬纳去找了密码局的领导——一名德国陆军中尉，他和诺沃帕切尼都得到了职位，并立即被派去参与工作，尝试解密在苏联驻柏林大使馆的军方专员发送和接收的电报。此时，苏联和波兰正在两国边境的大草原和森林里交战。苏联想知道两件事情：首先，德国是否会选边站队；其次，德国重整军备的速度有多快，以及会用到什么技术？诺沃帕切尼将他知道的一切都教给了芬纳；芬纳坦承在他观察诺沃帕切尼工作之前，他对密码学基础一无所知。密码分析和加密手段在当时仍然幼稚，处于发展初期。芬纳学习得很快，不出7个星期，他和诺沃帕切尼就可以基于一种简易替换密码阅读莫斯科的电报了。[1]

到了1922年，芬纳在密码分析部门里有了十位同事，其中九名男性，一名女性。他们当中有六人负责破译苏联密码，一人负责意大利密码，一人负责法国密码，两人负责英国密码，还有一人负责做统计学工作。他们当中有一名俄国犹太人、一名西班牙犹太人、一名德国犹太人，以及一名波兰犹太人。英国、法国和意大利的密码都容易破解，因为它们都是基于单字母替换表加密的。法国的报纸也让工作变得更简单：报上通常每天都会基于从法国驻波兰大使馆收到的信息刊载一篇文章，原来这些文章所包含的信息与芬纳同事破译的电报内容大体相同。

密码局的生活很平静：包括芬纳在内的每个人都因为五年的战争而精疲力竭；尽管邻近的苏联和波兰正在交战，他们也没觉得正在做的工作有什么特别紧急的。他们每天破译三四封外交电报。《凡尔赛条约》禁止德国有任何陆军或海军情报机构，所以芬纳和同事都在诺沃帕切尼的私人住所里工作。生活泰然，芬纳成了家，在1922年1月11日与普鲁士陆军少将彼得·冯·布兰肯塞（Peter von Blanckensee）的女儿埃莉泽·索菲·卡塔琳妮·冯·布兰肯塞（Elise Sophie Katharine von Blanckensee）结婚。他们育有一儿一女，儿子西格瓦尔特·海因里希（Siegwart Heinrich）生于1923年1月28日，五年后，女儿伊尔塞（Ilse）生于1928年7月。

1924年秋天，芬纳成为密码分析部门的主任，他开始仔细阅读德国陆军在"一战"期间的所有报告，以及德国陆军图书馆里的所有报告。东线上的新敌人波兰增加了他们的工作负担。芬纳尝试招募像他那样不热衷政治、宗教信仰坚定的职员。德国外交部开始怀疑他的工作，担心这个新的陆军机构干扰他们的事务，因此说外交电报不该由军队管。芬纳表示抗议，并最终赢得这场争执。他的团队随后增加一名匈牙利人和一名波兰人。

到了1926年，芬纳已经在研究波兰的陆军系统、捷克的陆军系统，以及罗马尼亚的密码，并且意识到一旦解决了语言障碍，正在攻克的那些密码就主要是简易单字母替换的问题了。除了天生喜欢行政管理，他现在还喜欢上了语言，觉得这二者特别相似。事情要么对，要么错，要么有序，要么无序。展现出他性格的一件事是，他在部门内实行的第一个规章制度与翻译员使用的语法规则有关。同事们因此觉得他特别迂腐。

当芬纳的机构开始扩大时，陆军总部让他把工作局限于外国军队的密码系统，外交通信将由一个新机构——外交部泽德局（Personalabteilung-Z of the Auslandsamt，简称Pers-Z）负责。1928年初，芬纳被告知密码部门将配备一种新的通信设备，用于向陆军单位和国防部发送信号。他将亲自负责测试这种设备，它就是恩尼格玛密码机。

复杂的密码学在不断发展，芬纳及其同事的世界也在变化。德国此时不仅在努力走出经济困境，还在与邻国建立关系。1922年，德国与羽翼渐丰的苏联签订了一份忠诚条约：德国向苏联提供军事技术，换取训练军事人员的许可。当然，这违反《凡尔赛条约》，因为条约特别清楚和详细地说明了德国获准拥有的军事能力。一起事件预示了黯淡的未来：与苏联签订条约的德国外交部长瓦尔特·拉特瑙（Walter Rathenau）被两名有民族主义情绪的德国陆军军官暗杀。两名军官说因为见到自己的国家尝试与共产主义国家建立关系，于是很愤怒。瓦尔特·拉特瑙是犹太人。德国的右翼势力在成长。

1923年，一个名为国家社会主义德国工人党（National Socialist German Workers' Party，简称NSDAP）的政党在巴伐利亚崭露头角，简称纳粹党，其领袖是一位怀有不满情绪的前陆军下士——阿道夫·希特勒。该党成员1923年在慕尼黑发动了一场规模不大的政变，后来被称为啤酒馆暴动（Beer Hall Putsch）或慕尼黑政变。政变本身很富有戏剧性：1923年11月8日，纳粹党成员与前德军将领埃里克·鲁登道夫（Erich Ludendorff）联合，控制了巴伐利亚州总理正在一间酒馆里主持的聚会。希特勒和鲁登道夫宣布废除魏玛政府，计划于次日在3000士兵的助力下控制慕尼黑，但是巴伐利亚当局阻止了他们。希特勒被捕，因叛国罪被判入狱五年。他在狱中待了不到八个月，狱中的生活也还算轻松，于1924年圣诞节前被释放。他在狱中口述完成了《我的奋斗》，将这本书视为他未来观念和政策的基础。见到武装起义的时机还不成熟，他决定努力通过合法的政治途径掌权。

与政变同时，监视局和德国陆军的密码分析部门也在扩大，德国仍在秘密使用来自洛曼项目的非官方资金。研发潜水艇原型的同时，自认为是坚定德意志民族主义者和爱国者的洛曼，也推进飞机研发，资助亨克尔（Heinkel）、道尼尔（Dornier）和罗赫尔巴赫（Rohrbach）这三家飞机制造公司。1926年，洛曼甚至购买了卡斯帕尔飞机公司（Caspar Aircraft），以便有场所测试商业飞机，这些商业飞机自然与波音、维克斯（Vickers）和道格拉斯（Douglas）等外国公司正在生产的歼击机、轰炸机和侦察机有极大的相似性。到了1927年，德国取得显著进展，建造了若干种成功的原型机。位于瑞士的道尼尔公司尝试建造一种拥有12个引擎的大型飞艇，让它能够在海上降落和加油。一个训练飞行员的项目也在洛曼资金的支持下展开了。

尽管洛曼的重整军备计划主要关注舰艇、飞机和潜艇的设计，但其秘密资金也给了国家防卫军的密码分析机构和海军的监视局。监视局自1922年至1928年的成立初期使用的几乎全部是秘密资金，否则就不可能从谢尔比乌斯及其子公司那里购买恩尼格玛密码机。同样，鉴于德国被禁止拥有任何形式的情报机构，这款创新性的昂贵通信设备只能通过非法、违约的途径购买。

20世纪20年代中期发展的那些陆军、海军和空军项目里包含了海上情报机构，以及在西班牙建造可以发射无气泡鱼雷的潜艇；亨克尔、道尼尔以及其他两家公司在与卡斯帕尔工厂合作建造飞机，德国海军则着眼于水上飞机和训练飞行员，同时监视局也在扩大；此外还包含被称为E型艇的鱼雷艇、给情报机构的秘密监控服务，以及给海军船厂甚至帆船学校的补贴。但是，这一切后来都出了问题。洛曼似乎在1926年前后认定，利用政府的资金支持，他能够进入商业界。他的其中两个试验项目十分不寻常：成立了一家公司来开发一种沉船打捞法——用冰包裹沉船，进而让船浮起来；还成立了一家公司来尝试从土豆中提取燃料。最极端的当属创立于1926年春天的柏林人培根公司（Berliner Bacon Company），洛曼想为英国提供一种德国培根，按照他的说法，这种培根能够让特别挑剔的英国人在吃早餐时也喜欢食用，并因此从丹麦手里抢占利润丰厚的英国培根市场。他的想法很有远见——用于运送培根的快速冷冻船也能在战时用于运送军队。但是1927年，他的公司破产了。这对德国海军及陆军的密码破译工作，及其各自信号机构的发展，都有直接的影响。尽管《凡尔赛条约》里的一些装备限制条款最终会放松，但是芬纳和特拉诺都不希望他们的机构及其在技术与人事方面的扩张受到任何关注。

洛曼在对弗布斯电影公司（Phoebus Film Company）——在1927年是德国的第三大电影制作公司——的投入中走向垮台。从1924年开始，他就一直给这家公司提供资金，明确要求该公司制作电影以展示"旨在激起日耳曼民族祖国意识的民族特性"。[2] 与德国情报和密码工作能力提升更为相关的，是洛曼想利用这家电影公司及其外办事处，在德国无法设立海军专员的前敌对国里建立情报网络。没有资料表明他使用过所谓的"黑资金"获取私利。然而能够确定的是，1924年至1927年之间，他向市值约100万美元的弗布斯电影公司提供了总计超过250万美元的额外资金：

在总共五次拨款中，他只将其中一次告知领导。这次拨款是1926年3月来自位于柏林的转账中枢银行（Girocentral Bank）的贷款，由政府担保。为了让领导在担保书上签字，洛曼想出一个计策，声称生产胶片的里格诺斯公司（Lignose Company）也为这项贷款提供了担保，如果出现违约的情况，承担损失的是这家公司，而不是政府。1927年上半年，他又安排了两项由政府担保的贷款，未让领导知晓，而是以国家的名义签了他自己的名字。[3]

弗布斯电影公司尽管拥有这笔巨额资助，仍持续亏损。1927年，该公司的经济状况十分惨淡，无法召开年度股东会议，甚至无法发布年度财政报告。到了当年8月，洛曼和这家公司都大难临头了。公司无法按期偿还款项，罚金迅速增加。洛曼的各种商业项目无有回报，而"黑资金"几乎就要用完。与此同时，德国政府也在撤回对洛曼的非正式资助，将这部分钱花到其他地方。事情的曝光说来就来。《柏林日报》（Berliner Tageblatt）的一名财经记者此前一直在调查德国电影产业的状况，他看得出来，每况愈下的弗布斯电影公司有某种外部支持。当公司的一名负责人辞职时，他将调查报道见诸报端。令人好奇的是，这件丑闻导致德国国防部长在1927年辞职，而洛曼却平安无事。

* * *

1925年，一名叫作汉斯-提罗·施密特（Hans-Thilo Schmidt）的德国陆军军官由于在战争中吸入氯气使肺部受伤，无法继续执行日常任务，离开了军队。他创建过一家肥皂厂，但是倒闭了，随后他的哥哥鲁道夫·施密特（Rudolf Schmidt）想办法为他在国家防卫军的新密码机构里找了份工作。1926年初，芬纳和同事仍在评估恩尼格玛密码机的军用型号，在此过程中，施密特联系了法国情报部门，主动向他们提供关于这种新机器的信息。法国情报部门的一名上尉——古斯塔夫·贝特朗（Gustave Bertrand）重视了他提供的信息，给他安排了一个法语代号"灰

第一部分　德国崛起

烬"(Asché），以及一个代号为"雷克斯"（Rex）的法国特工联系人。接下来的几年里，直到离开德国岗位前，施密特经常在不同的欧洲城市与法国特工会面，向他们提供恩尼格玛密码机的说明书、操作流程手册，以及重要设置的清单。然而，即使拥有这些情报，法国情报部门还是无法破解恩尼格玛密码机加密的信息。贝特朗联络的一位英国密码学家也无法取得进展。

1928年7月15日，德国陆军和海军决定采用恩尼格玛密码机。这一天，此前一直试图进入芬纳的密码系统却无果的波兰密码破译人员，发现德国密文布局中有一个特别明显的改动。德国人此前的加密系统仅仅使用德语中现有的字母，将它们打乱，但是这个新系统似乎在使用随机字母替换元音字母和辅音字母，而非元音字母替代元音字母，辅音字母替代辅音字母。德国人开始使用恩尼格玛密码机加密信息了。此时波兰人不仅在研发自己的恩尼格玛加密系统，他们或许还从亚瑟·谢尔比乌斯的推销中知道，德国人已经购买了恩尼格玛密码机。他们还通过一个意外渠道，获得了一台恩尼格玛密码机。

1927年末或1928年初，位于华沙的海关办公室收到一个来自德国的包裹，申报表称里面是无线电设备。德国公司的销售代表坚持说出了错，这个包裹不用过海关，应该送回德国，它甚至不应该被寄出来。因为他反复表达这些要求，所以海关官员联系了波兰总参谋部（Polish General Staff）密码局。密码局的人打开包裹，发现里面装的不是无线电设备，而是一台加密设备。他们检查了这台设备，然后重新打包还了回去。无法确定这个包裹是不是来自亚瑟·谢尔比乌斯。

1928年7月15日，德国陆军的无线电站开始发送恩尼格玛加密信息，波兰的监听站则拦截它们。波兰新成立的密码局在德国设有分支机构，那里的密码工作人员被要求尝试破译这些信息。然而，这种尝试最初徒劳无功。与此同时，法国人无法利用汉斯-提罗·施密特售卖的关于恩尼格玛密码机的信息,认定将它们转给敌人的敌人会更好,于是就给了波兰人。波兰数学家马里安·雷耶夫斯基(Marian Rejewski)意识到,恩尼格玛密码机的奥秘之一是,敌人即使获得实体密码机,也无法足够快地破解用它加密的信息。波兰人需要做的是尝试找到德国人的每日密钥设置,而且他们取得了成功,他们利用的是德国人认为能让信息更安全的一则技巧:信息发送人会在信息里重复两次密钥,以便接收人不会犯错。在每条信息的开头,德国人都会将三个字母(假设是"HTR")重复两次,这六个字母按照约定的转子配置被加密到每日密信中。结果,波兰人就得到了一组重复两次的字母,让他们每天都有参考词来破解恩尼格玛密码机的转子配置。这就意味着,经过长时间的数列尝试,他们能够在当天成功破译恩尼格玛加密信息。1932年12月,马里安·雷耶夫斯基成功破解了德国军队用恩尼格玛密码机加密的信息,而且在20世纪30年代持续破译。但是他们特别小心,完全没有让德国人知道他们的成果。他们没有告诉任何人。法国人不知道,英国人也不知道,德国人也没有猜测到。[4]

第四章　备战

1933年，阿道夫·希特勒成为德国总理。1935年，德国创建了一体化的武装力量，称为德国国防军，融合了德国陆军（Heer）、德国海军，以及羽翼未丰的德国空军。此外还存在一个叫作党卫队（Schutzstaffel）的准军事组织，该组织在成立之初是纳粹党的警卫队。党卫队从几百人的忠诚部队成长为新德国的重要安全部队之一，被分成两个部分：一般党卫队（Allgemeine-SS）与武装党卫队，后者是党卫队的武装分队，成立于1933年3月。这些新德国武装力量都将发展各自的信号情报机构，每个机构都有密码分析部门。原来的国家防卫军被废除，因此威廉·芬纳就职的机构有了新名字，被称为德国国防军最高统帅部密码局，简称统帅部密码局。

此时，芬纳有一个名叫库尔德·里夏德·塞尔肖（Kurt Richard Selchow）的意外盟友。此人也是新教福音派的信徒，来自上西里西亚（Upper Silesia），曾是德国陆军的一名军官，在第一次世界大战期间服役于一个信号军团。他身高六尺二，身材瘦削，长着一双灰蓝色的眼睛。他的出身很传统，父亲曾经是家乡邮局的局长。他在"一战"中看到，德国陆军信号军团做的许多工作其实都针对外交电报通信，所以劝说领导成立新的外交密码部门。他的领导并未采纳这个建议。战争结束后，他直接去了外交部工作，在外交部新成立的密码机构泽德局就职，将"一战"中的战友招募过来。20世纪30年代初期，塞尔肖已经是泽德局密码工作的负责人了。

芬纳和塞尔肖都想保持自己的机构不受纳粹主义政治影响。但是，这不可能。20世纪30年代初期，一些被挑选出来的态度激进、思想单一的纳粹党成员进入泽德局和统帅部密码局工作。1933年，内阁部长赫尔曼·戈林（Hermann Göring）创建了一个新的密码机构；戈林在"一战"中是战斗机飞行员，1935年成为德国空军的领袖。他的这个新机构叫作研究局（Forschungsamt），名义上是德国空军的一部分，但主要是为了满足戈林及其纳粹随从对情报的个人需求。德国空军后来也在适合的时候创建了一个更大的信号情报机构，外交部泽德局、海军监视局和统帅部密码局的纳粹党员渐渐离开，加入这个新机构。他们带走了对芬纳、塞尔肖和特拉诺的气愤和嫉妒；他们嫉妒这三个人的才华和学术成果，而且怀疑他们那种宗教的、不关心政治的立场，怀疑他们拒绝加入纳粹党的动机。暗中抵制第三帝国的种子正在种下。正如威廉·芬纳后来所说：

> 统帅部密码局当时忙着与数量未知的"外国"敌人斗争，这些敌人的武器是他们的密码系统；然而，造成更多烦恼的"内部敌人"则是戈林的机构。真的，我当时仍然可以雇用原则上还没有退出教会、没有加入纳粹党的人，但是我们可以称之为"态度"的东西，确实有着某种松弛。[1]

芬纳，尤其是库尔德·塞尔肖，都受到外交部长克劳斯·冯·比洛（Klaus von Bülow）的保护。冯·比洛反对纳粹党，坚持要求所有外交信号通信及其加密和解密事宜都由泽德部专门负责。塞尔肖看出政治风向的变化，于是1934年向冯·比洛提出辞职，却被说服留了下来。冯·比洛不仅热切要求泽德部不受纳粹党的政治影响，还要求其职员应该是坚定反对纳粹党原则的人。这很危险。但是，只要冯·比洛还在位，塞尔肖和芬纳就有人保护。

然而，冯·比洛于1938年去世，约阿希姆·冯·里宾特洛甫接任了他的位置。里宾特洛甫是热切的纳粹党人，试图将陆军、外交部和海军在密码破译方面的实用知识、人才和影响力尽可能多地转移至德国空军和党卫队。芬纳发现自己的处境特别脆弱和危险。有一次，他因为没有与部门里的纳粹党一起参加夜间搜查犹太人的行动，被指控是犹太人支持者。后来还有党卫队的同事散布说，偶然听到他贬低党卫队新成立的情报机构——党卫队保安处（Sicherheitsdienst）。芬纳部门里的纳粹党人会挨个派发纳粹党香烟，拒绝接受香烟就可以被当作一个人政治倾向的明证。芬纳的办公电话也被人监听。

在这种政治忠诚的雷区里，库尔德·塞尔肖在反对纳粹主义的立场上多走了一步。戈林的研究局尝试将重要的密码破译工作从泽德局拿走，以增强戈林在德国情报圈里的权力，塞尔肖和他的职员被要求分享他们破译的英国、法国、俄国、意大利和瑞士的外交密信。塞尔肖开始篡改他收集的部分信息，将假信息传给了戈林的研究局，研究局又将它们传给了党卫队。正当第三帝国领导人与陆军、空军及外交部密码分析人员之间在相互猜疑时，战争逐渐迫近。

1938年后的德国信号情报机构

各个信号情报机构及其密码分析部门都在扩大。到了1938年，德国有十个不同的专门机构，负责拦截、监听、解密和阅读存于帝国内外的敌方以及中立国的电码。它们在整个第二次世界大战期间保持不变，变化仅仅在于职员数量，以及在密码战中的相对成功和失败。这十个机构如下：

第一个是一个公开的、十分平常的官僚机构——德国邮政部（Deutsche Reichspost）。工作范围包括拦截和阅读外国公司或德国境内外国人通过邮政部发送的重要电报。邮政部的研究处（Forschungsstelle）也提供拦截服务，监听经由邮政部的注册电话线路进行的任何电话通信。

第二个是戈林的研究局。该机构并不属于德国空军，只由戈林负责。

第三个是库尔德·塞尔肖的外交部泽德局。

第四个是德国国防军最高统帅部的密码破译部门——威廉·芬纳的统帅部密码局。

第五个是国防军陆军总司令部（Oberkommando des Heeres，简称OKH）下属的两个子机构，分别是东外国军队处（Abteilung Fremde Heere Ost）和西外国军队处（Abteilung Fremde Heere West）。前者关注俄国和波兰等德国以东国家的军队，后者则关注法国、西班牙和英国等德国以西国家的军队。

第六个是由国防军最高统帅部反情报部门管理的内部密码破译机构，称为阿勃韦尔（Abwehr）。

第七个是国防军空军总司令部（Oberkommando der Luftwaffe，简称OKL）的空军新闻局（Luftnachrichtenabteilung，简称OKL Chi-Stelle）。

第八个是至关重要的国防军海军总司令部（Oberkommando der Marine，简称OKM）下属的监视局，负责海军的密码破译工作，由威廉·特拉诺管理。

第九个是由党卫队管理的密码破译和监听部门——国家保安总部（Reichssicherheitshauptamt）。

最后一个是国防军陆军总司令部的情报侦察总部（General der Nachrichtenaufklärung，简称OKW–GdNA），它是第二次世界大战之前及期间德国正规军的综合情报机构。战争爆发后，它承担了部分从统帅部密码局分出来的军事信号情报工作与密码分析工作，1940年开始被简称为7/VI督察部（Inspectorate 7/VI）。它是上述东外国军队处和西外国军队处的上级机构。1944年7月20日谋反希特勒失败后，它才被更名为情报侦察总部。尽管它的许多工作都与统帅部密码局重复，但本质上是正规军信号情报和密码分析工作的总部，工作范围涉及东西战线，以及地中海区域。

第三帝国这些密码破译机构的出现和成长，都基于坚实的、官僚的日耳曼式组织和管理之上。20世纪30年代初期，威廉·芬纳认为统帅部密码局应该是其他所有机构的领导机构，存在一个独立的密码破译"信息交流所"，共享所有信息。这没有发生。相反，尽管各个机构的组织模式都是管理效率的典范，但它们之间的关系有时是对立的。它们的关系从最初的合作共存，发展到互不信任，彼此妒忌，拒绝共享信息，甚至狭隘地互相对抗。

学者认为军人不会变通；军人则认为科学家没有纪律，不尊重做事的传统方法。而双方最根本的分歧在于是否支持纳粹党。后来显而易见，这种分歧严重损害了德国密码分析工作的运行效率。局势常因猜疑和恐惧的氛围而恶化，而猜疑和恐惧是驱动第三帝国前进的燃料。在这个国家，对领袖阿道夫·希特勒的恐惧症与高级将领们必须执行的决定之间，很少或完全没有有效的缓冲。这有时意味着，无论德国密码破译专家收集的情报有多好，将它们用于军事行动又是另一回事。

要理解各个机构做了什么，首先需要了解它们的组织形式。最大的两个机构是统帅部密码局和海军监视局[1]，二者的组织形式很相似。它们都设立和使用监听站系统，都与其他较小的机构共享信息。统帅部密

---

[1] 统帅部密码局和海军监视局的规模大，效率也更高，是本书关注的焦点。

码局是武装机构，还将自己的监听设施和收集的信息共享给阿勃韦尔和国防军陆军总司令部下属的两个信号情报部门。

统帅部密码局有两个独立的监听系统，它们的基础是一个拦截站网络。主要的拦截站有三个，第一个设在巴登-符腾堡州的劳夫（Lauf），在黑森林地区的边缘。劳夫位于一个东西走向的河谷里，紧靠法国和瑞士边界，更容易拦截这两个国家的信号。第二个设在特罗伊恩布里岑（Treuenbrietzen），在柏林西南远郊约15英里处。第三个设在罗拉赫（Lorrach）——一个生产巧克力的城镇，位于巴塞尔北部，法国、瑞士和德国的交界处。每个拦截站都有若干套拦截设备，也就是无线电天线，用于拦截法国或瑞士等国的军队、警察局、外交部、空军和海军发送的摩尔斯电码信号。战争爆发时，差不多有180人在劳夫工作。附属于德国这三个主要监听站的，还有两个位于西班牙和保加利亚，由阿勃韦尔管理的"外部站"。

位于西班牙的外部监听站于1939年雇用了约35人。起初，它被设在马德里的德国领事馆里，并且设有子监听站——一个位于塞维利亚北部的一个牧场上，一个位于丹吉尔，还有一个位于加那利群岛。佛朗哥将军的西班牙政府正式批准过德国这些监听站的工作。德国人花了很大力气，保证他们的外部监听站网络不被知晓，但西班牙的情报部门持续监视着它们。德国的工作人员要穿便装，被明令禁止与西班牙人交往；他们不得成群结队地出行，已婚男士不得与妻子联系，单身的则不能与西班牙女性结婚。德国在罗马、贝尔格莱德、维也纳和布达佩斯都设有监听站，而且战争爆发后，德国人显然将监听站扩散到了他们占领的国家。

统帅部密码局的军方领导是一位陆军上校，他和威廉·芬纳每个月都会评价各个监听站收集的最有吸引力的信息。统帅部密码局的运行中心是密码分析处，由中校弗里茨·伯策尔（Fritz Boetzel）指挥，另有一名少校做他的副手。战争爆发前，伯策尔及其副手从位于劳夫和罗拉赫的监听站去过几次中立的瑞士，在那里联系一群苏联流亡分子。他们二人都没有怀疑来自阿勃韦尔的德国同事可能在监视他们，但是阿勃韦尔的人确实在这样做。[1]

战争爆发前夜，统帅部密码局被划分为 A、B 和 X 三组，由军队统一指挥。威廉·芬纳是高级公务员，负责密码分析处。A 组的主要任务是发明自己的密码系统，以及拦截外国无线电和电报通信。B 组负责破译外国政府通信，以及研发密码分析机械设备并培训相关人员使用这类设备。X 组阅读解密电报，并将它们转发至陆军和外交部的各个部门。这三个编组都拥有若干小组（Referat），小组负责密码破译工作中任何可能的任务：想办法伪装德国的电话和无线电通信，准备编码和密码手册，负责机构内部的安全，以及调查设备丢失事件。假设在阿勃韦尔或陆军最高统帅部内部，或者在战场上的军队里丢失了一台恩尼格玛密码机，这种难以置信的情况就要由 IIa 小组（Referat IIa）负责调查。IIb 小组和 IIc 小组负责发明编码和密码，以及管理在战地中行动的阿勃韦尔特工的密码破译需求。还有一个小组负责监控外国媒体及其传送的宣传信息。

这种管理和行动上的保护圈围绕着统帅部密码局的心脏。名为密码局四处（Chi IV）的部门负责密码破译和翻译工作，他们接收并翻译来自监听站网络的信号，然后破解加密编码。自 1939 年开始，该部门由芬纳指导，但是由一名 1937 年加入统帅部密码局的资深数学家主管，他就是埃里克·许滕海因博士（Dr Erich Hüttenhain）。许滕海因博士曾经是天文学家，专门研究玛雅历史。他也有宗教信仰，父亲是一位新教牧师。在加入统帅部密码局后，他遇到了威廉·芬纳，其对玛雅历史和

---

[1] 伯策尔及其副手在瑞士的活动会在第 22 章概述。

玛雅符号的知识让芬纳很感兴趣。芬纳用一条私人密码加密的信息对他进行了一次测试，许滕海因令人满意地破解了它，因此被接受为一名潜在的密码破译者。他在统帅部密码局的职位是专家，负责组建一个密码研究部门，来辨认、调查和攻击敌人的加密系统。

许滕海因有一名忠诚的助手，名为瓦尔特·弗里克博士（Dr Walter Fricke），是一位著名的天文学家。许滕海因会将自己知道的事情都告诉他。瓦尔特·弗里克做事有条不紊、尽职尽责、一丝不苟，而且擅长观察和聆听；他被看作是统帅部密码局的史官，所以他认真地记录了密码局内部的变化和发展。但是，他也以另外一种方式做记录。陆军最高统帅部明确禁止士兵和文员接收和记录官方的行动信息，如密码分析工作的进展情况，但弗里克一直私下写日记。这件事情除了许滕海因以外，其他人都不知道。

许滕海因领导的部门主要由数学家构成。他们的主要工作是破解敌人的密信，建立和识别每封密信的加密编码。在密信被解密后，这些英语、意大利语或土耳其语信息的翻译工作就交给部门里的语言学者负责。这个部门负责密码分析工作，其他部门则负责扩张内外监听台的网络，负责无线电监听工作，照看无线电设备，运作人事管理，并维护经仔细编撰和组织的卡片系统。每有外国军方或外交信号被破解，其中的重要细节——人名、地名、军队单位、时间、加密文字——都会写到卡上，存入归档系统。

弗朗茨·魏瑟尔博士（Dr Franz Weisser）于1936年加入统帅部密码局。他本想去学校当老师，但他不是纳粹党员，找不到教师工作，便以文员的身份加入国防军。他在负责解密美国和英国密信的部门工作。20世纪30年代的后5年里，密码局的各个破译部门总共有50人，但魏瑟尔后来说，实际工作是由5个人完成的，其中就包括他自己。他回忆过那里的工作氛围，以及威廉·芬纳的性格：

芬纳的性格特别难对付。他知道旧式密码学的基础,也很会做组织工作。有人说他是个阴谋家。对他喜欢的人,他很坦诚和善良;对其他人,他却十分狡猾,就像一个外交家。芬纳特别容易受阿谀奉承和友好方式的影响。他还是一名坚定的新教徒,反对纳粹。在我加入统帅部密码局时,他告诉我,官方打招呼的话语是"希特勒万岁",但是在统帅部密码局只用说"早上好"。芬纳因为反纳粹,遇到过很多麻烦。[2]

国防军最高统帅部的密码专家忙着扩张机构,在完成工作和应对复杂的纳粹党政治之间寻找平衡,而外交部泽德局的密码破译人员也在忙着这样做。他们的密码专家负责破解爱尔兰、西班牙、英国和葡萄牙的外交密信。大家都知道战争即将到来,但是通过持续监听外交信号,泽德局明白,除了德国,没人知道战争何时到来,以什么方式到来。这些信号描述了各国政府在战前的复杂姿态。谁会联合或反对德国?谁会保持中立?日本人会做什么?盖世太保和阿勃韦尔已经开始了入室盗窃的勾当,尝试偷走或复印位于罗马、巴黎、布拉格和马德里等城市政府办公楼里的信号编码簿。统帅部密码局的德国信号情报机构人员,以及德国空军的信号情报团队,此时都在帮助佛朗哥打西班牙内战。德国海军在西班牙海岸上设立了两个监听站,监视局也开始破译英国皇家海军的两种编码。此时已官至海军中将的威廉·卡纳里斯,于 1935 年 1 月被任命为阿勃韦尔负责人,尝试说服佛朗哥加入到即将爆发的战争中。德国人甚至考虑了一种暗号为"菲利克斯行动"(Operation *Felix*)的备选方案,企图控制直布罗陀海峡,但这个方案取决于佛朗哥是否站在德国这边参战。卡纳里斯不知道的是,党卫队的领导海因里希·希姆莱(Heinrich Himmler)和党卫队保安处的领导莱因哈德·海德里希

（Reinhard Heydrich）都不信任他，所以德国空军和国防军最高统帅部的信号情报机构都受命收集他在西班牙所作所为的情报。第三帝国在监听自己人。

西班牙内战中的德国信号情报工作

费迪南德·费希特纳（Ferdinand Feichtner）来自巴伐利亚，是家中的独生子。他高中时辍学，以便能够专心成为一名电工。[3] 1922 年，在他仅仅 14 岁时，他开始学徒工作，接受在职训练，去了巴伐利亚的一家电工技术学校，并且通过考试，成了一名有资质的电工。18 岁时，他加入了军队。他的祖父和他的许多亲戚都入过伍，而对于一心钻研技术、着迷于电子设备的费希特纳，军队里的同志关系和团队精神很吸引人。他被派到慕尼黑城外的一个信号部队服役，几名上级军士立即看出了他的潜力。他行事唐突，不合群，而一旦坐到无线电设备前，他可以很快地搜寻到无线电信号。

1929 年，在被派驻到巴伐利亚的一个信号拦截站工作后，他发现了自己的专长所在。他的工作是坐在监听站里，尝试拦截由瑞士、法国和意大利政府从伯尔尼、里昂和米兰用摩尔斯电码发送的加密外交信号。他成为无线电测向专家：对来自三个外国无线电站的无线电波进行三角测量，然后往回计算出这些无线电站的地理位置。他通过了军士培训课程，成为一名军士。1930 年，他开始负责一个小队伍，在靠瑞士的边境寻找适合的山区地点设立信号拦截部队。费希特纳发现，他攀爬得越高，收到的无线电信号就越清晰。有一天他在巴伐利亚的阿尔卑斯山里发现能够收到来自非洲的无线电通信。

1935 年，希特勒上台掌权。就像新成立的德国国防军内部的许多人那样，费希特纳也觉得爱国主义和民族主义很吸引人。他也很欣赏希特勒的出身——希特勒不是来自普鲁士地主家庭，而是来自一个很简单的家庭背景，曾经也是一名地位低下的军士。20世纪30年代初期，党卫队和党卫队保安处还未将其道德和政治阴影投到费希特纳上士这种人的生活里：他忙于争取晋升，向公务员教授无线电通信知识，让他们能够在新成立的空军军官干部队伍里有地位。他没有时间去管党卫队的人，觉得他们都是自私自利的官僚，更想做轻松的工作，不想学习可能在未来有利于空军的技术。1937年，他在巴伐利亚文德尔施泰因（Wendelstein）一座阿尔卑斯山峰上4000英尺高的地方找到了完美的无线电拦截地点后，想办法调去那里工作了一年。他发现，那些从阿尔卑斯山上空飞过的无线电信号并不是来自意大利或法国；令他惊讶的是，它们来自西班牙。

西班牙内战正如火如荼，德国正在帮助弗朗西斯科·佛朗哥将军的政权。1938年初，费希特纳的指挥官将他从阿尔卑斯山上的监听站叫了下来，派他去西班牙，与德国陆军和空军的一个联合无线电拦截部队合作。

1936年西班牙内战爆发时，阿道夫·希特勒立即派遣了空军和陆军部队去协助佛朗哥将军和他的民族主义军队。苏联派了规模较小的部队去帮助共和军，英国、法国和其他24个国家签署禁运令，阻止任何军需品和士兵进入西班牙。德国也在禁运令上签了字，但是无视了它。西班牙内战为德国军方提供了在实战中使用最新技术的机会，但是也有可能让战争升级成一场德国还未准备好应对的世界大战。最重要的是，参加西班牙内战让德国人能够训练人员，测试设备和战术。在名为秃鹰军团（Condor Legion）的编制下，自1936年7月开始有7000名德国人陆续抵达西班牙。秃鹰军团的海上侦察中队采取行动，攻击共和军的船运、港口、海岸通信，偶尔还会攻击内陆目标。时任上校的卡尔·邓尼茨甚至派出了潜艇，这次小规模军事部署以其女儿命名，叫作"乌尔苏拉行动"（Operation Ursula）。

西班牙内战让一心钻研技术、遵守纪律的费希特纳很震惊。他想，像一条地下大河那样贯穿巴伐利亚日常生活的公共道德和共同利益感去哪儿了？他的所见所闻，以及他和同事们与西班牙士兵的交谈都影响了他的观点。他推测，共和党运动在西班牙到处都是。一方面，西班牙的农民尽管被地主士绅踩在脚下，但确实在很努力地劳作。另一方面他又觉得佛朗哥的观点是对的，一个欧洲国家的命运和梦想不能由缺乏纪律和政治意志的人决定。

费希特纳发现，西班牙共和军的无线电工作纪律和加密步骤特别业余和不牢靠，他能够从信号中破解任何他需要的信息：共和军的战斗指令、他们弱小空军的起飞地点，以及最重要的信息——他们补给船的靠岸地点。为共和军运送武器、志愿者、设备和食物的货船会在特定的时间停靠地中海的几个港口，以最快速度卸货，然后驶入公海，避免被德国亨克尔公司制造的那些潜伏的轰炸机抓个正着。费希特纳通过破解信息发现，那些货船停在远离岸边的海上时，西班牙海关和港务部门会给他们发送加密得很粗糙的信号，告诉他们什么时候可以安全靠岸。费希特纳的部队一旦截获这些信息，就会尽快破解它们。然后，被破解的信息就会传给德国秃鹰军团的空军基地，德国空军使用梅塞施密特公司（Messerschmitt）和亨克尔公司制造的飞机去协助佛朗哥。因此，当来自比雷埃夫斯、伊斯坦布尔或斯普利特的共和军货船满载武器或医药补给进港时，天空中就会突然出现一片黑压压的纳粹轰炸机，顷刻之间，许多重500磅的炸弹从仅仅300英尺高的空中落下来，掉到像孵卵的鸭子那样停靠在岸边的货船上。费希特纳的德国和西班牙领导对此十分钦佩——他后来便被提升为军团军士长了。

在西班牙期间，费希特纳对密码加密与破译的兴趣达到顶峰；他立即看出西班牙共和军在哪里做得不对。他们加密信息中的单词顺序从不变化，所以他可以分析出其中的明显规律。信息的内容也总是类似——"仙女座号货船将在12月8日23：00抵达巴伦西亚"——或者会给出部队进攻计划的时间和细节。共和军信息的"指示码"总是放在信息开头，由相同数量的字母组成，而且西班牙叛军使用的编码也总是相同。费希特纳心想，简而言之，这是一堂演示信息加密和发送错误方法的示范课。即使在共和军开始每个月、每个星期乃至每天更改编码后，他和同事仍然能在几个小时内破译他们的加密信息。

1938年，他的12年陆军生涯结束了。他申请回家，想离开军队，成为平民，利用他掌握的无线电技术在德律风根公司（Telefunken）换一份稳定的工作。但是，军队不同意他的申请。他提交了一份正式抗议书，陆军的人事部门接收了这份投诉，说他可以离开，但是要在他的服役档案上做记录：不能在他结束12年服役后将他强留在军队，但是他在最紧急的时候抛弃了祖国。费希特纳知道，在20世纪30年代末期的第三帝国，这无异于在职业和社交上自毁前程。

所以，费希特纳自愿去德国空军当信号教师，平级调离了陆军。他更为深入地进行钻研，新取得两门技术证书，后来德国空军将他派去位于慕尼黑的信号情报学校当警官。

战争爆发前不久，他和四名来自德国空军和国防军的同事登上了代号为"兴登堡"（Hindenburg）的齐柏林飞艇。这次航行由几位来自德国空军的文员策划，他们本来应该加入这次行动，但是他们没有出现在待起飞的法兰克福机场。费希特纳并没有感到惊讶。另外四名士兵及飞艇的飞行员也都没有担心——因为这次任务十分简单，只需要在足够高的地方测试无限电侧向设备，以确认能够拦截到法国、比利时和英国的什么信号。这本该是一次技术演习，却变成了一次乘气球飞行的度假活动。他们在春日的阳光中，缓慢地飞行在北海海岸的上空，俯瞰比利时和法国，观察英吉利海峡对面的英国。费希特纳后来回忆说，这是一次田园生活般的放松时刻。他下次见到法国将是德国入侵这个国家的时候。

德国人尝试在慕尼黑破解张伯伦的信息

签订于1939年9月30日的《慕尼黑协定》（Munich Agreement）允许纳粹德国吞并捷克斯洛伐克靠近德国东南边界的一个地区，这个地区被德国人称为苏台德地区（the Sudetenland），以德意志人为主要民族。希特勒找借口占领该地区，声称那里的德意志人口受到捷克民族主义者攻击。匈牙利和波兰都认为捷克斯洛伐克的部分领土属于自己，想要占领它们。意大利独裁者贝尼托·墨索里尼支持希特勒，苏台德地区的问题就像寒冷湖水上一层特别薄的冰。德国、法国、英国和意大利在慕尼黑协商谈判，但是没有邀请苏联。法国和英国一方面试图阻止战争再次发生，一方面又不想表现出是在姑息希特勒；鉴于此，如果希特勒能够遵守对欧洲领土安全的保证，那么他们就准备让他占领苏台德地区。

不用说，在《慕尼黑协定》签订前期，对德国人而言至关重要的是，知道英国的谈判立场在哪里，以及相较法国、波兰和捷克斯洛伐克的行动而言，英国接下来的行动方向是什么。来自外交部泽德局和戈林的研究局的密码破译人员，受命监听、拦截和解密在会议前、会议中和会议后从伦敦发给英国驻柏林使馆的一切消息。德国人还尝试解密法国的外交通信，监听政治家和外交官的电话会谈，尤其是捷克总统贝奈斯（Benes）和捷克驻伦敦大使的对话。显然，在欧洲瞬息万变的地缘政治形势中，英国的谈判立场在慕尼黑会议前就已经确定了。英国首相内维尔·张伯伦于9月15日在贝希特斯加登与希特勒会晤，希特勒说明了自己的立场：

> 已经有三百名苏台德人被杀害,这种事情不能再继续下去;这件事情必须立即解决;我决意要解决这件事;我不在意是不是会发生世界大战;我决意要解决这件事,尽快解决,而且我已经准备好,宁愿冒发生世界大战的风险,也不会让事情拖沓。[4]

双方都知道,决定自己接下来行动方向的,是德国的所作所为,而不是德国的话语。如果战争即将到来,英国亟需拿出更多时间来完成重整装备的计划;德国害怕英国皇家海军的力量,正在赶时间让至少两艘主力舰——俾斯麦号(*Bismarck*)和提尔皮茨号(*Tirpitz*)——完成建造和下水。海军的官员告诉希特勒,这至少还需要八个月的时间。显然,必须让外交部和戈林研究局的密码专家搞清楚,位于伦敦的英国政府和位于柏林的英国大使馆之间在交流什么信息。

> 1938年,据说在慕尼黑会议期间,研究局破解了英国用于将张伯伦的信息传回伦敦的加密系统。希特勒有一次为了接收解密信息,将他与张伯伦的会议拖延了好几个小时。[5][1]

英国外交部的外交编码是五位数的,编码簿含有4000个使用数字替换单词或字母的条目。慕尼黑会议前后这段时间的外交无线电活动特别多,所以这种平常的加密系统被破解是可能的:

> 可以举出无数个例子,其中一个是:英国使用的累加数

---

[1] 张伯伦与希特勒9月15日在阿尔卑斯山区的贝希特斯加登会谈,22日、23日和24日又在科隆会晤,最后于29日和30日见面签署《慕尼黑协定》。如果德国人当时破译了英国的外交密信,那么二人之间被拖延的那次会议最有可能是在科隆举行的。

（additive number）——多达 40000 项，用于加密英国的 5 位数编码，并且会在一定的时间间隔之后被替换——提供了一种总体上充足的安全保障。但是，在外交活动增加、无线电信息量是平时数倍之多的时间段里（这时候尤其应该加强安全力度），如果累加数没有以相应更快的速度替换，那么这就是一种控制不足的表现。[6]

这段话的意思是，当英国的外交官很忙（就像 1938 年在慕尼黑时那样），信号传送量很大时，如果没有足够频繁地替换加密的方式，即累加数，那么德国人就可以破译他们的密码。英国外交部对这件事做过内部汇报：

> 德国人尽管在 1938 年和 1939 年进行了大范围的破解工作，但是并未能破解用于外交部基本密码簿二次加密的长减数系统。从 1940 年 11 月到 1941 年 1 月，他们借助类似的替换表，取得了少量成功，但是并不足以在基础密码簿和替换表被再次替换前重建密码簿。没有证据表明他们后来还取得了成功，而且根据战后德国人的证词，外交部的主要加密系统并未被破解。[7]

这件事情当时就追究到这个地步。张伯伦在 9 月 30 日签署《慕尼黑协定》，回到伦敦向英国人民宣布这份协定代表着"我们这个时代的和平"，然后形势的发展迅速超过了任何实地的密码分析活动。希特勒在第二天攻入苏台德地区。战争正在迅速迫近。

第五章　德国海军开始窃听

1939年1月27日，希特勒下令开启Z计划（Plan Z），这是一项庞大的海军扩张计划，旨在1944年前建立一支能够打败英国皇家海军的德国舰队。德国海军在资源分配方面优先于德国军队的其他分支，这在第三帝国历史中是头一次，也是最后一次。德国海军总司令部（Oberkommando der Marine，简称OKM）此前设计了一项计划，其中包括十艘战列舰、四艘航空母舰，以及能够攻击英国商船队的多艘巡洋舰，却只有少数的U型潜艇。1939年9月第二次世界大战爆发时，这项计划的舰艇建造工作完成得十分少，而且配备给德国海军或计划新增给他们的主力舰的建造工作也被中断，为Z计划让路。这些主力舰也很昂贵：沙恩霍斯特号（Scharnhorst）和格奈森瑙号（Gneisenau）花费了差不多3000亿德国马克，俾斯麦号和提尔皮茨号的花费也差不多。这些资金本来可以用来再生产100艘VII-A型的U型潜艇，但是1939年9月德国海军总司令部的目标在于水面上的战争。然而，Z计划的另一个次要影响是，德国海军的信号情报部门监视局收到了数量相当多的资金。海军总司令部的战略思路是，如果海军的密码专家能够利用他们的技能侦察出英国皇家海军舰艇的位置，那么德国的水面部队就能找到并击沉它们。

1938年，战争还未开始时，威廉·特拉诺和监视局仍然面临着资金问题，无法招募来合格、合适的密码分析人员。犹太员工，或有部分犹太血统的员工，都已经主动或被动离职。1933年到1934年，德国在州和全国层面上的立法活动都限制犹太人参与公共生活的程度。《公职恢复法》（The Law for the Restoration of the Professional Civil Service）在1933年4月7日生效，宣布犹太人和"政治不可靠"的公务员和雇员要被排除在政府部门之外。这项新公务员法是德国当局首次施行所谓的"雅利安条款"——一项用于将犹太人和其他非雅利安血统者排除在公共生活和各种组织之外的规定。除了公务员以外，这项新法律对德国信号情报部门的一个影响是，犹太文员被迫离开军队。这也直接减少了潜在的合格、高素质密码分析人员的数量。而且，德国年轻人现在都被招聘或征召去德国陆军、海军和空军，党卫队此时也拥有了90000名士兵。

但是，到了战争爆发的时候，1939年10月监视局负责英国的部门里仍然只有40人在攻克一个主要目标——《英国海军密码》（British Naval Cypher）。《英国海军密码》为皇家海军的军事行动信号加密，而《海军编码》为行政管理方面的信号加密。这些密码专家对英吉利海峡、北海和大西洋海域的英军最感兴趣，所以特别关注英国皇家海军在这些区域的行动。监视局的主要招聘要求是，能够说、写和理解任意一门外国语言。新成员在入职后将接受为期六周的标准训练课程，训练重点是摩尔斯电码、密码学基础、无线电测向、信号，以及电传打印机的使用。特拉诺及其团队任务艰巨，要不断地尝试破解英国皇家海军的密码，但是他发现没有足够的人手来同时攻克所有英国密码，所以他让最优秀的密码专家集中破解英国皇家海军更普遍使用的《行政编码》（Administrative Code），这是一种五位数密码，由一个减数表二次加密。就像英国海军的其他密码那样，这也是一种基于编码簿的密码。

英国皇家海军如何加密无线电信息

就像第一次世界大战中的德国海军那样，英国皇家海军用于加密重要无线电信息的一种基础加密系统，即以减数表加密的编码簿。这些编码簿是四位数的，减数表加密则使用所谓的"左至右无进位系统"（the left to right non-carrying system）进行。英国海军的编码簿与德国在1914年至1918年间使用的编码簿没有特别大的差别，在布局和原理上与1914年缴获于马格德堡号的那三本编码簿类似。

编码簿本质上是一种字典，将四位数字组合分配给数千个单词或词组，如"驱逐舰""制烟""港口""右舷"等等。例如，编码簿中的单词"巡洋舰"可以对应"3312"，"开火"对应"2988"，"鱼雷"对应"3510"。英国皇家海军信号员要做的第一件事是从编码簿里找出与信息中各个单词对应的数字组合，然后他会使用减数表加密它们。也就是说，与单词对应的四位数将会从减数表上所谓的"密钥组"（key group）上被减去，得出不同的四位数字组合。在有些编码簿中，编码数字和加密数字都是五位数，而非四位数，但是原理完全相同：编码簿中的单词由特定的数字代替，这个数字又从加密表中的特定数字里被减去，以此实现加密。通过这种特别的方法，最终得出的那个数字不会进位。

信息发送者使用减数表加密了信息中的单词后，他会把"指示数"放在信息的开头。指示数是另外一组数字，用于告知接收信息的舰艇或部门，当天、当周或当月用于加密信息的是减数表上的哪一页、哪一行。使用这个指示数，信息接受者会在减数表上寻找到必要的信息，得到一个四位或五位数字，然后再用这个数字减去加密信息中的数字。如果操作正确，就可以得到与信息对应的编码簿中的数字，对照编码簿找出单词。毫无疑问，无论无线电信号员操作多迅速，这个过程都十分耗时。

例子如下：

当天的加密信息是"克里特岛东北发现战列舰"（BATTLESHIP SIGHTED NE CRETE）。

英国皇家海军编码簿中代替这四个单词的编码是"5213""9092""1087""3890"。

信号员使用英国《皇家海军密码一号》（Royal Navy Cypher No. 1），随机选择某页某行里的四位数序列。这些数字比信息编码数字大或小都没关系。拥有减数表的信息接收者可以从指示数中得知页数和行数。如果加密数字或密钥组是"9193 5264 8129 2005"，从这组数字中减去信息加密数字，得到"4980 6272 7142 9215"。这种"无进位减法"的过程如下：

9193-5213=4980（从左到右：9减5得到4；1比2小，所以用11减2得到9；9减1得到8；3减3得到0）

5264-9092=6272（5比9小，所以用15减9得到6；2减0等到2；6比9小，所以用16减9得到7；4减2得到2）

8129-1087=7142

2005-3890=9215

重要的是，从左到右每次只减一个数字，而且不要进位。每个数字都与相邻的数字完全独立，否则就会得出错误的结果。信息接收人得出信息的编码数字后，再去编码簿中找到对应的单词。

所以，要想解密和阅读截获的英国皇家海军信息，以及进一步重建他们的编码簿，特拉诺及其团队需要具备或部分具备三个条件。

首先是"深度"，也就是被重复的单词或信息要尽可能多。这种事情英国皇家海军做得很频繁，而且经常无法避免。例如，许多单词或词组必须重复，其中不仅包括"港口""右舷"等海军术语，还包括与舰艇相关的信号，如某艘舰艇的位置，其周围天气状况，进港还是离港，是否需要维修，以及它进入或离开的港口名字，与它编队的其他舰艇的名字，是否有潜艇或飞机一起活动。这些单词在不同信息中被重复使用，方便了德国密码破译人员的工作，他们可以用这些单词对比不同的编码，也可以对比明文广播的信息。如果他们发现某条信息既以加密形式发送，又以明文形式发送，那么他们就能对比密文和明文，这种情况叫作"平行文本破解"（parallel text compromise）。给密码分析人员提供最大帮助的，是那种相同单词或词组被定期重复的情况；这也是天气预报和监听位置信息等信号很有用的原因。这是一件寻找可靠变量的事情。

第二，如果英国皇家海军在长时间内没有改变编码簿——这种情况确实存在——那么就会给德国人提供很大方便，让他们能够搜集到足够多的重复材料，也有足够的时间试验。

第三，如果英国针对皇家海军、商船队、潜艇、护航船队等，使用若干种大致相同的密码和编码簿，都是用减数表加密四位或五位数字组合，那么德国人破解也很容易。如果英国只在不同的时间更改这些编码簿，那么德国人就可以利用一个编码簿中的重复材料，破解另一个编码簿。1934年至1943年，英国皇家海军时不时地会同时做所有这些事情，给他们带来了很大的损害。

但是，尽管特拉诺拥有Z计划提供的额外资金，并且在破解英国海军和商船队密码方面获得成功，但到1938年底，他的职员只比前一年增加约二十人。就连监视局的高级密码专家都发现，要用为数不多的人手实现定期、持续和成功的破译越来越困难。特拉诺知道，要是他有更多人手，那么他很有可能在早期就有更多成功，能够让他更快和更频繁地孤立英国水面舰队的战船，以及他们的潜水艇。

英国皇家海军的几种主要加密系统的区别，只在于代替单词的编码是四位还是五位。前面已经提过，《皇家海军密码一号》是四位数密码簿，而他们的《行政编码》则是五位数的，这两种密码从1934年开始使用，直到 1940 年 8 月。他们也有一些附属编码，如《备用编码三号》（Auxiliary Code No. 3），是一种在 1937 年至 1940 年 8 月之间由鱼雷快艇部队（Motor Torpedo Boats）等小单位使用的四位编码。这些编码是使用所谓的《备用舰艇加密表》（Auxiliary Vessels Tables）加密的。特拉诺和同事们很快就明白，这些密码和编码簿已被使用太长时间，而且英国人都懒得去更改它们。然而，特拉诺及其团队知道，在战争爆发那一刻，英国皇家海军几乎肯定会使用新的编码簿和加密表，所以他们从 1937 年到 1939 年十分努力地工作，要在英国的海军编码簿和加密表没有更改前实现破解。

德国人利用英国人的加密失误

为了破解英国海军的密码，威廉·特拉诺和监视局显然需要用于开展工作的材料。他们依赖现有的德国无线电台监听网络，获取英国海军的无线电信息。提供这些信息的监听台位于巴伐利亚州的劳夫、塞维利亚城外的牧场、加那利群岛以及西班牙海岸。监视局在 1937 年还让这些监听台跟踪英国海军在东大西洋塞拉利昂外海的活动，以及在地中海的任何部署，然后使用所截获的信息作为材料，破解英国的密码。他们是怎么开始这项工作的？首先，德国监听人员被提醒留意英国皇家海军信息开头的指示码，这个指示码旨在告知另一艘英国舰艇或伦敦海军部的接收人员，已经有信息发出。

我们可以设想这样的场景：英国皇家海军的巡洋舰赫里福德号（HMS *Hereford*），与另一艘巡洋舰及若干艘驱逐舰、护卫舰和辅助舰艇组成小型舰队，在大西洋西部练习海上加油。这是 1937 年，该舰队正在塞拉利昂首都弗里敦（Freetown）的附近海域行动。弗里敦自 1808

年以来就是英国皇家海军的一个行动基地；英国皇家海军当年负责禁止奴隶贸易的西非编队（West Africa Squadron）的总部就设在弗里敦。英国皇家海军的舰艇拦截运奴船，并释放船上的奴隶，将他们送回塞拉利昂。这也就是塞拉利昂首都名称的由来，它意味着"自由之城"。20世纪30年代末期，弗里敦港不仅是从南大西洋或者好望角而来的英国海军和商船队的中途站，也是英国皇家海军演习舰艇的中途站。赫里福德号向位于弗里敦的英国海军总部发送信息："演习完成，舰队于18：00返回港口。"

这条信息特别常规，它不会抄送给伦敦的海军部。弗里敦的海军总部照理会向伦敦发送更长的信息，汇报舰队演习的细节。由于赫里福德号的信息只发给弗里敦，所以船上当值的无线电技术员就问信号军官，这条信息是否足够重要，应该加密发送，还是明文发送。如果需要加密，那么无线电技术员就会从海军密码簿中寻找与信息中各个单词对应的四位或五位数字，然后使用减数表加密它们，再根据船上信号军官提供的当日、当周或当月规定，将必需的指示码添加到信息前面、后面或者中部，最后使用摩尔斯电码将信息发送出去。在加密的信息中，假设弗里敦海军总部收到的指示码在未加密时是"9308"，加密后是"5177"。这个指示码被添加到当天信息的开头，位于加那利群岛或塞利维亚城外的德国无线电监听员会注意收听。当听到这两个数字，他们就会立即监听完随后的整条信息。监听员会用打印机将这条由四位或五位数字构成的信息按顺序准确地打印出来，然后使用电传打印机传送给位于弗伦斯堡－米尔维克或柏林的监视局，并提醒监视局处理。当这条信息送到威廉·特拉诺面前，他和他的团队会进行分析，看它是否包含任何存于其他英国海军信息中的数字组。如果包含，那么它们就能够进一步证实，用摩尔斯电码明文发送的数字"6533"，就是英国皇家海军密码中代替"战舰"的数字。德国密码分析员将打印出来的那些数字组合，与所截获的英国海军弗里敦总部的其他往来信息并置，然后进行比较，看是否有数字组合重复出现。如果有，而且信息也可以破译，那么就交给翻译员。特拉诺和他的一名副手接下来会决定这条信息是值得转送给德国海军总部，还是仅作为材料服务于此后的密码破译工作。

*　　*　　*

威廉·特拉诺后来发现，尽管英国的战舰、潜艇和炮艇可能使用不同的编码簿，但是它们使用相同的加密表。尽管《皇家海军密码一号》或《海军编码》的破解十分复杂，但是德国能够通过加密表逆向破解它们。这就意味着，要想能够破解英国皇家海军的三份密码，只需要破解一套减数加密表。类似于拥有一组钥匙，能够打开三把复杂的锁。这对德国人而言是一个巨大的进展。此外，英国人习惯于使用《行政编码》和《备用编码》以明文发送非机密信息，这也帮助了特拉诺及其团队。英国的明文信息以摩尔斯电码发送，这种电码的最初设计是使用一系列四个以内的点与划来代替字母，划的音长是点的三倍。而数字1至9则使用由五个点或划构成的组合代替。1是"点－划－划－划－划"，2是"点－点－划－划－划"，6是"划－点－点－点－点"，7是"划－划－点－点－点"。这让德国人的工作变得更简单：他们将替换式密码的原理应用到破译英国这些摩尔斯电码信息上。例如，通过对比英国使用三份编码发送的不同信息，德国人推测出解密表中代表"港口""右舷""信号""驱逐舰"和"潜水艇"的数字分别是"2665""8120""6887""2017"和"5348"。如果英国在一条用摩尔斯电码明文发送的、说得通的信息中使用了其中某组数字，那么德国人就可以确认它。

尽管德国人显然想保密他们在密码破译方面的成果，但是他们知道，如果某个盟国——例如意大利——也在从事同样的工作，那么与之共享自己的部分发现也有意义。战争开始时，意大利人在破译英国海军密码方面也取得了进展。自20世纪30年代末，路易吉·多尼尼（Luigi Donini）上将就是意大利海军的一名高级密码分析人员。尽管我们不知道他给德国人提供的密码分析信息有多少，但是他显然与威廉·特拉诺一样在破译英国的海军密码。他的观察结论十分合理，他说英国犯下的部分重大错误是：[1]

1. 反复使用相同的密钥顺序，导致"参数相同"。

2. 加密表的有效期与无线电信息量不成比例。

3. 旧表中的数字序列有时会被添加到新表中。

4. 信息的指示码多年不加密，所以要定位"相同参数"十分容易。

5. 待到对指示码进行加密时，加密方法却很笨拙，只给意大利人造成两周的封锁。

6. 英国皇家海军的密码簿没有包含同音异义词，因为它没有给两个拼写不同但发音相同的单词——如"allowed"和"aloud"——分配两个或更多的编码组。信号也是以严格的英国方式开头的，完整写出了发信方和收信方的地址。

7. 经常会透露的信息是，"英国编码簿中的地理名称都会与开头两三个字母相同的词条搭配，以作为一种替代阐释，如：7184 = Give/Gibraltar，0921 = Last/La Spezia，4650 = Make/Malta，2935 = All Concerned/Alexandria，7714 = Left/Leghorn。一旦我们知道了搭配的词条，就更容易辨别地理方面的词语。"

8. 英国最大的失误在于未能在战争开始时使用新的编码和密码簿。"在我看来，英国人最严重的疏忽是，在与德国开战后的整整一年里仍在使用他们在西班牙内战期间既已使用的海军密码，它在1938年就已经被我们（以及德国人）破解了。"

总而言之，英国皇家海军在战争爆发前后主要使用的编码和密码是：

《皇家海军密码一号》：一份由四位数编码构成的编码簿，1934 年生效，供海军部队使用。使用时总是会再加密或双重加密，这个过程被称为超级加密，即给密码增加一个看似随机的数字。这个数字取自包含 5000 个数字组合的加密表；不过，加密表中的数字组合也可能多达 20000 个，这取决于不同的密码。海军密码的超级加密表当时只有五份：总司令表（Commander-in-Chiefs Table）、海军将官表（Flag Officers Table）、驱逐舰以下所有舰艇使用的通用表（General Table）、小型舰艇表（Small Ships Table），以及中国炮艇表（China Gunboats Table）。

《海军编码》，也称为《行政编码》：一份由五位数编码组成的编码簿，同样生效于 1934 年，供商船使用。英国海军故意让它的名称听起来与海军密码类似。它在用于发送非机密信号时没有加密，只在 1938 年以后，它才使用了一系列通用的加密表对机密信号进行加密。

《备用编码三号》：一份包含四位数编码的编码簿，生效于 1937 年 2 月，供鱼雷快艇等较小的舰艇使用。它用于发送非机密信号时没有加密，而在发送机密信号时会使用一个多字母加密表进行加密。自 1940 年 8 月 20 日开始，上面两份编码都被停止使用。

到了 1939 年 8 月，尽管威廉·特拉诺缺少人手，但据他估算，他和他的团队约有 35% 至 40% 的时间在破译上述三种编码簿。这是他人手短缺最严重的时期。幸运的是，他部门的规模即将增长一倍，甚至两倍。

监视局的组织和运作

第二次世界大战的最初四年里，监视局的总部位于柏林的蒂尔加滕区（Tiergarten），俯瞰着兰维尔运河（Landwehr Canal）。监视局的办公室位于提尔皮茨河岸（Tirpitzufer）72至76号的几栋五层楼房里。部分办公室位于本德勒街（Bendlerstrasse）的东侧，这也成为该地点后来被命名为本德勒勃劳克（Bendlerblock）的原因。在这个森严的德意志民族的中心位置，有一位威严的监视局领导人。

赫尔曼·莱奥波德·路德维希·欧根·汉斯·海因茨·博纳茨（Hermann Leopold Ludwig Eugen Hans Heinz Bonatz）是德国职业军官，1939年时已经40岁。他于1914年加入德意志帝国陆军，第一次世界大战后转岗至海军。他是海军高级中尉，指挥一艘鱼雷艇。他在1937年成为海军少校，又在1939年8月升为上校和参谋。他在副司令的参谋部门工作，这个部门负责海军在西欧的行动。1934年开始，他还非正式地在监视局兼职工作。1939年，他的职称是德国海军无线电情报主任、海军监视局三组（无线电情报、信号拦截、通信分析、密码分析）负责人。他的下属，包括特拉诺在内，都直接称他为"上校"。

威廉·特拉诺不仅是监视局的高级密码专家及英语破译部门的领导，还是监视局的高级文员（Oberregierungsrat），该职位相当于一名高级行政委员。他还管理着海战指挥部四处三组（Section III F, of 4/SKL）的英语室，负责"拦截敌方无线电通信，以及评估和破解敌人的密码"。此外他也管理无线电安全和密码分析安全方面的工作。在他下面的组织结构就和统帅部密码局的一样，有着典型的德国式效率。

一组（Section I）中有四个小组，主要负责培训、行政、人事，以及有线电报单位的设立。二组（Section II）下辖的部门负责与其他单位的联络、行动的保密工作、无线电信号的伪装、无线电干扰，以及管理至关重要的电传打字服务，保证与偏远拦截站的信号往来。二组还负责缴获文件的评估、无线电频率的分配，以及所有密码材料、密钥、密码系统和操作辅助设备的生产和研发。并且测试自己的加密材料，旨在模拟敌人的解密过程，同时也开发新的加密材料。二组还开发敌友识别系统（Identification Friend or Foe），以确保德国海军单位能够在海上识别彼此。最后，他们还负责更新和发布海军至关重要的信号书（Signalbuch）。

监视局的气象部门负责气象服务中信息传送的各个方面，包括设备的分发、气象变送器的筹备、天气传送系统的频率分配、天气报告的加密，以及天气服务有线电报的设备管理。由于德国的气象船在战时会被外派至海洋边疆——从冰岛到亚速尔群岛到西大西洋，二组是它们在技术上的军需官。

三组（Section III）是密码分析的中心——通信情报部（Communications Intelligence Department），负责追踪敌人的船舶，尤其是护航船。它还要评估英国、苏联、法国、瑞典、土耳其和美国的信号情报，以及处理、监听、破解和分析这些信号。对监视局而言，最重要的是英国的信号，重中之重则是英国皇家海军的信号。

第二部分 德国攻势

第六章　战争爆发时的两支海军

战争爆发时，德国各个密码机构的管理从单个部门看十分有序，但是从整体看却杂乱无章。正如前文所述，德国总共有十个负责密码分析和信号情报的相互独立的机构、单位和部门。其中主要的六个属于陆军、海军、空军、外交部、陆军统帅部以及戈林的研究局。它们有各自的议事日程，分别向德国军队的不同分支、外交部以及纳粹党的中央安全部门负责。威廉·芬纳和统帅部密码局设立了一个由监听站构成的焦点网络，专注于拦截十个不同国家的信号，包括法国、英国、苏联、意大利和土耳其。统帅部密码局的主要角色仍然是信号拦截和语言处理，战争爆发时，该机构已经扩大到拥有50至80名工作人员，而此时芬纳最期望的是语言能力，而非密码破译能力。杰出的数学家和天文学家埃里克·许滕海因及其信任的助手瓦尔特·弗里克为德国陆军研制了加密系统，但他们只是少数派。在外交部，泽德局已经在阅读爱尔兰、葡萄牙和挪威等中立国家的外交信息，而且已经开始破解瑞士的恩尼格玛通信。[1]但是，位于柏林的泽德局总部只有18名工作人员。泽德局的负责人库尔德·塞尔肖篡改了他们从信号中获取的部分信息，这些信息又被传送给戈林的总部——对党卫队、国家保安总部和希特勒的秘密抵抗已经开始。德国空军的信号机构——空军新闻局正在奋力传播夸大其战

---

[1] 德国和美国对瑞士恩尼格玛密码机加密信息的破解，将在第十六章中叙述。

术能力的信息；由于第三帝国当时拥有世界上技术最先进的空军，所以他们花了很少的代价就让法国人、波兰人和苏联人相信，空袭西班牙格尔尼卡（Guernica）的飞机及其飞行员近乎不可击败。在为德国国防军进攻西欧做准备时，德国常规军的密码人员和信号监听人员制定了一个全面的欺骗计划，在战略上智胜于整个法国的陆军和空军。不过，纯粹从密码分析来看，威廉·特拉诺及其监视局的海军职员是最先进的。

1939年9月到1940年3月，德国海军的信号情报机构能够充分地磨炼他们的技巧，因为这段时间的战争几乎完全是海战。英国及法国与波兰签订了军事协助条约，因此在德国1939年9月1日入侵波兰两天后，英国和法国都向德国宣了战。然而，英国和法国都没有急于攻击德国的西线，这两个国家都特别担心再次陷入一场僵持的壕沟战。它们与德国之间在几个月的时间里都没有发生重大的战斗，这段时间被称为"假战"（Phoney War）或"模糊战争"（Twilight War）。英国向德国宣战后，英国首相张伯伦任命温斯顿·丘吉尔为第一海军大臣；丘吉尔与息事宁人的首相不同，想要对德国发起更激进的军事行动。正式宣战后，丘吉尔命令英国皇家海军尽全力搜寻离开德国港口的德军战舰，并与之交战。

这些德国舰艇包括战列舰沙恩霍斯特号和格奈森瑙号，以及重巡洋舰施佩伯爵将军号（*Graf Spee*）、舍尔将军号（*Admiral Scheer*）、希佩尔将军号（*Admiral Hipper*）和欧根亲王号（*Prinz Eugen*）。这些大型主力舰比英国皇家海军的战舰都装备更少，速度更快。丘吉尔知道，如果它们闯入了大西洋船运航线，那么同盟国的补给船队就会被不加选择地击沉。而且他想开战，立即开战，如果可能的话，还要让他亲爱的皇家海军参战。

* * *

英国宣战 13 天后，1939 年 9 月 16 日上午 8：17，德国的两个监捕站都听到了来自同一艘船的紧急信号。统帅部密码局在欧洲最靠西的监听站位于劳夫，而监视局最靠西的监听站位于德国北部海岸，它们听到了同样的摩尔斯电码信息。这条信息发自国际海洋网络（International Maritime Network）上空 600 米的地方："SSS……SSS……北纬 49° 西经 38° ……阿维莫尔号（Aviemore）遭鱼雷击中……SSS……SSS……北纬 49° 西经 38° ……阿维莫尔号遭鱼雷击中……"

"SSS"是英国商船队用于船只被潜艇攻击的代码。阿维莫尔号是英国商船队的一艘汽船，排水量为 4060 吨，拥有船员 44 名，正运载着锡铁板从斯旺西去布宜诺斯艾利斯。9 月 16 日早晨，这艘船位于克利尔岛（Cape Clear）以西 220 海里，掠过爱尔兰西南端，朝凶险的大西洋驶去。它正独自航行；天破晓时，它刚从代号为"OB–4"、西去纽芬兰的护航队前方横向驶过。监视局在前一晚监听到了来自护航船队的信号，这些信号是用全球通用的护航船队编码——《国际信号规则》（International Code of Signals）传送的。德国人很快就破解了它们，然后使用恩尼格玛密码机加密，将护航船的位置传送给了位于新明斯特的总部。没过几分钟，它们又被送去了位于基尔的 U 型潜艇总部。

由于首次在战争中发现护航舰队，邓尼茨上将很激动，命令距离最近的德国潜艇前去交战。U–35 和 U–31 两艘潜艇在日落时靠近护航队，并且跟踪了它们一整夜。天亮时，两艘潜艇用恩尼格玛密码机加密发送目视报告，汇报护航队的航向、速度和船只数量。U 型潜艇总部命令英吉利海峡和大西洋东部的所有潜艇进行攻击。上午 8：10，U–31 潜艇上的约翰内斯·哈贝科斯特中尉（Johannes Habekost）将阿维莫尔号误认为护航队的船只，向它发射了两枚鱼雷。其中一枚鱼雷的声频信号和导向机制没有正常运转，所以只有一枚鱼雷击中目标，在阿维莫尔号中部炸出一个洞。一分半钟之内,阿维莫尔号就断成两截;又过了一分半钟,它沉了下去。

次日威廉·特拉诺看到,在残酷的战争时期,他努力建立起来的信号拦截与破译网络运行顺利,并且初见成效。监听盟军船只发送的关于天气、位置和紧急情况的信息,让他的部门定期获得原始材料,使得密码分析人员能够重建英国海军和商船的编码。特拉诺的无线电监听网络如果有明确目标,那么差不多在一个小时内就能监听到信息,并将信息发送至监视局。

战争爆发后的四个星期内,威廉·特拉诺及其监视局的同事在破译和重构英国皇家海军和商船队的编码方面取得了巨大的成果。战争爆发前,他和他的手下(全是男性)就想出了另外一种获取英国海军编码破译材料的方法。他们意识到,在英国港口登记注册以及在劳合社投保的英国商船,每天都会向劳合社发送无线电信息汇报位置。这些信息会被刊登在名为《劳合社船舶日报》(Lloyds List)的报纸上,在伦敦可以公开买到。在统帅部密码局及其一系列监听站的协助下,特拉诺他们持续破译英国外交部、殖民地事务部、自治领事务部、印度事务部以及海陆空三军之间用于通信的《部门间密码》(Interdepartmental Cypher)。但是,他们的关键性成果是能够继续破译英国《皇家海军密码一号》——这份编码是他们的主要目标,被英国海军的所有舰艇用于彼此之间以及与海军部的通信。

战争刚刚爆发,英国就更换了编码,开始使用新编码——《皇家海军密码二号》(Naval Cypher No. 2)。然而,不出六个星期,特拉诺的人就开始重建这份编码了,因为其加密和解密系统与前一份相同。它拥有若干备用版本,被整个英国皇家海军使用。当战争爆发时,英国皇家海军是世界上最庞大的海军,拥有1400艘舰艇,包括7艘航空母舰、15艘战列舰和战列巡洋舰、60艘巡洋舰、60艘潜艇、184艘驱逐舰,以及许多在建造中的舰艇。

尽管英国更改了主要的海军编码，特拉诺还是立即注意到一个瑕疵，可以帮助他们破解英国海军的这份关键密码。计谋多端的特拉诺发现，英国潜艇部队仍在使用《皇家海军密码一号》的一种变体。他们有单独的加密系统：每艘潜艇都使用一个叫作《通用再加密表》（General Recyphering Table）的单字母替换系统加密信息。英国海军有若干个加密表供战舰、潜艇和海军部使用，《通用再加密表》只是其中的一个，潜艇部队仍在使用它。潜艇艇长和信号官员知道单字母替换系统十分容易破解，便利用旧海军密码的减数表进一步加密。

尽管英国海军的水面舰艇在战争爆发时就开始使用《皇家海军密码二号》，但潜艇部队却没有使用。他们每天发送的位置报告会被监视局的监听站截获，特拉诺及其同事能够利用这些报告来重建《皇家海军密码二号》。例如，一艘英国潜艇或战舰发送的加密信息中，如果包含了德国人已经知道的细节（因为其中含有与德国某艘战舰发送的信息相同的内容），那么德国人就有了参考词。如果一艘德国巡洋舰在某日某个时间点位于特定的经纬度，且英国舰艇发送了一份对该巡洋舰的加密目视报告，那么这份报告按道理就会包含德国人已经知道的细节，如地点和日期。在以阿维莫尔号为开端的大西洋海战中，利用盟军舰艇发送的位置报告和目视报告来破译密码的本领，给监视局带来了好处。

* * *

拉瓦尔品第号（HMS *Rawalpindi*）是英国铁行轮船公司（P&O）的一艘远洋客轮，排水量近 17000 吨，得名于英国在印度的一个驻屯地。从 1925 年开始，它在伦敦与孟买的往返航线上每次都能运载 600 名乘客。1939 年 8 月底，英国海军部向铁行轮船公司征用这艘船，要将它改装成一艘武装巡洋舰，用来保卫护航船队。利物浦哈兰德与沃尔夫造船厂（Harland and Wolff）的焊工们花了不到六个星期的时间，就在这艘船的甲板上安装了八门旧的六英寸大炮和两门三英寸大炮。10月，它执行第三次服役巡逻，驶入大西洋，朝冰岛航行。10月19日，它拦截了一艘德国油轮，后者在战争爆发时被困在布宜诺斯艾利斯，此时正在急速返回德国。拉瓦尔品第号的指挥官看到德国船员凿孔沉船，就让无线电操作员发送了位置报告，而就在几分钟前，德国油轮发送了相同的位置报告。德国油轮的信息经恩尼格玛密码机加密后发出，使用的编码叫作"西藏"，这种编码仅供战争爆发时被困在外国港口的德国商船使用。

监视局在波罗的海的一个监听台拦截到了这两条信号。此时特拉诺及其同事已经重建了《英国商船编码》（British Merchant Ships Code），所以看出拉瓦尔品第号使用的是这种编码。德国海军总部通知该地区的所有舰艇，有一艘英国武装巡洋舰在冰岛附近行动。11月23日，拉瓦尔品第号在法罗群岛以北、靠近北极圈的寒冷海域巡逻。它破浪航行，前甲板上的炮手每四个小时换一班，在猛烈的风雪中站岗。温度很低，士兵粗呢外套的风帽和前襟会结冰，围在脖子上挡汗的毛巾也会被冻住。罗伊斯顿·阿尔弗雷德·利百特（Royston Alfred Leadbetter）在战前是铁行轮船公司的乘务员，战争爆发几天后被调到拉瓦尔品第号上。他的弟弟也在这艘船上服役，负责操纵两门三英寸大炮。

1939年11月23日下午3点，在我们的第三次巡逻进行到一半时，警铃响了起来，我跑到甲板上。天空几乎一片漆黑，寒冷刺骨。在微弱的光线里，可以看到大约五海里远的地方有两个灰影。突然，几码远的地方有水喷了起来。没有声音，所以我们起初以为是自己人的船把我们误认为敌人。肯尼迪上校和一位海军学校学员走过来，告诉我们附近有一艘德国船，我们要放烟幕。烟囱里冒出了浓黑的烟，但是天气太冷，发烟浮筒没有生效！没过多久，德国舰艇就开火了。[1]

此前，桅杆瞭望台的观察员看到海平线上有船只的桅杆和上部结构在浮动。拉瓦尔品第号的指挥官爱德华·科弗利·肯尼迪（Edward Coverley Kennedy）是一名退休后复出的60岁皇家海军上校，肯定不缺勇气。他用双筒望远镜观察，认为那艘船是德国战列舰德意志号（Deutschland），于是向英国本土舰队（Home Fleet）发送无线电信息汇报了自己的位置，随后利用一道雾堤航行至四海里外的一个大冰山后面掩护。科弗利·肯尼迪命令炮手靠拢，让船上的人各就各位，然后发送简单的信号："观察到敌方舰艇。准备交战。"不幸的是，他们面前有两艘德国战舰——战列舰沙恩霍斯特号和格奈森瑙号，与之同行的还有两艘巡洋舰和五艘驱逐舰。肯尼迪再次让无线电室发送信号，汇报他们的位置，而这就意味着监视局也知道了他们的确切位置。因为两艘德国战列舰也在用无线电发送自己的信息。格奈森瑙号使用亮光向拉瓦尔品第号发送摩尔斯信息，让它停船和停止无线电传送，否则就要开火。科弗利·肯尼迪拒绝了德军的要求，并且在达到最远射程的时候向炮手下达了开火命令。他们的第一颗炮弹击中了沙恩霍斯特号，但13分钟后，沙恩霍斯特号将拉瓦尔品第号击沉了。有238人丧命，包括那位过于勇敢的上校；还有37人被德军俘获。罗伊斯顿·利百特的弟弟在船上牺牲，但是他自己成功逃上了救生船：

> 我们慢慢地漂远，看着拉瓦尔品第号爆炸，最终沉下去。一艘德国船看到我们，在我们漂向它时停了下来。船上的人用英语朝我们喊话，说什么天气很冷，船上有热茶，以及他们的"血统"来自

我们。后来他们突然又朝我们喊："抱歉我们不能停，你们有船过来了。晚安，祝你们好运。"然后他们的船就离开了，造成的涡流差点把我们淹死。[2]

营救的战舰——吉德拉尔号（HMS Chitral）也是由客轮改装的，很聪明地等德国人驶离了视野才去营救。尽管海水的温度几乎在零下，还是有 11 个人奇迹般地幸存。其中便有利百特。

  一个星期后，我们在格拉斯哥登陆，随即被送去伦敦接受询问。接下来，我们得到一张火车乘车证和五英镑，被安排回家。我的母亲从教堂回到家，看到了门垫上的两封电报，一封说她的一个儿子牺牲了，一封说另一个儿子幸存下来。她先打开的是哪一封电报，这点她从未说过。[3]

这次军事行动向监视局证明，他们的战时信号拦截和破译工作很顺利，速度很快。

    *   *   *

10 月 1 日，英国海军部给全世界的所有英国商船发送了一条信息，说一艘德国"贸易"袭击船在南美洲以东海域活动。万吨级的商船多立克星号（SS Doric Star）正在印度洋上，通过四个不同的无线电台收到了这条信息。信息是用国际信号规则广播的，有一个海军附录。最先收到的信息来自开普敦附近西蒙镇（Simonstown）的海军基地，紧接着又从福克兰群岛（Falkland Islands）和塞拉利昂的弗里敦收到了它，最后收到的则来自位于沃里克郡拉格比（Rugby）的海军部广播站。海军部觉得那艘德国船可能是装甲舰或袖珍战列舰舍尔将军号，后者装有六门十一英寸大炮，速度和武器均优于英国皇家海军在南大西洋的任何舰艇。到了 12 月，这艘德国袭击船已经击沉了六艘货船。它每次都会用灯光向目标商船发信号，带走船员，然后用炮火击沉货船。被俘虏的船员会被转移到为袭击船提供供给和加油的阿尔特马克号（Altmark）上。

12 月 1 日，在连日晴空下，多立克星号在南大西洋位于圣赫勒拿（St Helena）东南约 660 海里处，正航行在温暖的海水里。它朝着西北方向的赤道和大不列颠前进，船上装着冷冻的羊肉、牛肉、黄油和奶油，还有大包大包的羊毛。海上风平浪静。突然，一颗炮弹在船头右侧 100 码的地方爆炸，紧接着又爆炸了一颗。多立克星号船长能看到的舰艇踪迹，只有左侧海平线上一艘船的上层建筑的顶部。他命令无线电操作员发送遇袭信号，又命令机舱全速前进，并且向北转向。紧接着，他看见敌船用光亮发送日间摩尔斯信息，让他关闭发动机，停止发送无线电信息。他关了发动机，但是没有停止发送无线电信息。他让轮机长准备把船凿沉，与此同时看到施佩伯爵将军号驶入视野，就像一只身子很长的灰色猎豹。他命令无线电室立即发送紧急信息——"BBB"，意思是遭到战列舰袭击。德国船只立即又发来摩尔斯信息：“停止发送无线电信息，否则我方将开火。"

几秒钟过后，阿贾克斯号（HMS Ajax）重复回应说，收到了多立克星号的紧急信息。多立克星号船长取消凿船的命令，下令将船上的编码簿、武器和无线电设备扔进海中。施佩伯爵将军号派出一艘汽艇，载着由 3 名军官和 30 名水手组成的登船队。他们搜查了多立克星号，查明多立克星号发送过一条遇险信号，并且检查了船舱中的羊毛捆。他们没有查看装满冷冻肉的船舱，没想到几个月后他们的德国海军同事在海上会缺少新鲜食物。多立克星号船员得到十分钟的时间收拾救生带、毯子和个人物品；德国人抢走了船上的六分仪、计时器和双筒望远镜，并带走了船员。他们专门搜寻了无线电编码簿和无线电发射设备。一个小时后，施佩伯爵将军号发射一枚5.9英寸炮弹和一枚鱼雷，炸沉了多立克星号。[4]

多立克星号发送的两次遇险信号，被五个不同的无线电操作员接收到。第一个是位于阿根廷外海的轻巡洋舰阿贾克斯号，第二个是一艘希腊货船，第三个位于西蒙镇，第四个是阿尔特马克号，第五个是施佩伯爵将军号。德国海军监视局此前决定扩大其信号监听系统的基础和全球覆盖范围，将无线电监听设备安装到巡洋舰以及已经下水的九艘主力舰上——俾斯麦号、施佩伯爵将军号、提尔皮茨号、希佩尔将军号、德意志号、欧根亲王号、舍尔将军号、沙恩霍斯特号和格奈森瑙号（提尔皮茨号和俾斯麦号要等到1941年才完全可用）。多立克星号的两条信息是使用摩尔斯电码发送的，所以施佩伯爵将军号和阿尔特马克号不用破译它们，也不用将它们传送回基尔。

施佩伯爵将军号的无线电信号欺骗

1939年冬天，德国海军军士赫尔穆特·鲁格年仅22岁。他来自德国北部的库克斯满，受过无线电操作员专业培训。他在20世纪20年代的经济萧条中长大，后来加入了海军。1939年8月20日，战争即将爆发之前，施佩伯爵将军号假装进行公关之旅，驶往南美洲；赫尔穆特·鲁格此时正在这艘船上服役。到12月时，施佩伯爵将军号陆续击沉了多艘商船，而鲁格和信号部门的20位同事已经在使用英国商船队的编码进行信号欺骗游戏了。鲁格加入施佩伯爵将军号时，因为会讲一些法语，所以被安排帮助船上负责密码破译的文职人员，试图破解法国和英国的海军编码。随着施佩伯爵将军号相继驶入南大西洋和印度洋，他们俘获了英国商船队的一些编码簿：

> 一艘被我们击沉的英国商船未能销毁他们的编码簿，让我们能够破解英国的一种无线电编码。当我们靠近这艘船时，警告他们不要再传送信息，否则就会向他们开火。然而，我们还是监听到这艘船在发送消息，于是将这件事告知了施佩伯爵将军号的指挥官。随后，将军号上的几台二厘米机枪朝那艘商船的舰桥射击，击伤了船上的无线电操作员，导致他无法销毁编码簿，将其藏在发射机后面。我们登上那艘船，找到了编码簿，并将它和无线电发射机带回到将军号上。
>
> 有了这艘敌船的编码簿和发射机，我们就能够发送假消息欺骗英国人，尽可能地迷惑他们。例如让他们相信我们在北大西洋，而非南大西洋。我们一直尝试使用信号灯与那些后来被我们击沉的敌方舰艇交流，因为使用无线电交流会让英国人知道我们的位置。但如果其中某艘敌船在被击沉前发出了无线电信息，我们再使用自己的无线电就不会吃亏；我们会借机将自己的信息发送回德国，告知我们击沉了哪些敌船，以及敌船运载着什么货物。[1]

在南大西洋搜寻施佩伯爵将军号的是，英国皇家海军的巡洋舰中队G部队（Force G Cruiser Squadron）：重巡洋舰坎伯兰号（HMS Cumberland）和埃克塞特号（HMS Exeter）配有八英寸大炮，轻巡洋舰阿贾克斯号和阿基里斯号（HMS Achilles）配有六英寸大炮。它们只是

---

[1] 赫尔穆特·鲁格于2009年去世，去世前一年对自己的战时经历做了很长的记述。施佩伯爵将军号自沉后，他被关押在乌拉圭，后来靠步行穿越安第斯山脉逃到智利，登上一艘前往日本的德国船，最后在日本登上前往德国的奥登瓦尔德号（MV Odenwald）。这艘船后来在太平洋上被美国人攻占。鲁格的记述可以在ww2pacific.com或uboatarchive.net上找到。

100　　破解：纳粹帝国的海军密码战

英国海军部派出搜寻施佩伯爵将军号的八个特战队之一。G部队由舰队司令官亨利·哈伍德（Henry Harwood）指挥，使用《皇家海军密码一号》发送信号。此前说过，威廉·特拉诺和监视局在1934年就开始破解这份编码，并在1938年最终成功。他们的这些努力是值得的。监视部，以及施佩伯爵将军号，几乎能够确定英国战舰发送的信息内容。

1939年12月3日下午1∶15，哈伍德向英国皇家海军"南美洲分部"（South American Division）的其他舰艇发送了信号，其中多次提及G部队里的舰艇——巡洋舰坎伯兰号、阿基里斯号和埃克塞特号。信号内容如下：

> 鉴于有关小型战舰的报告，修改此前的部署。坎伯兰号按照此前安排，在福克兰群岛自行整修，但需随时待命。阿基里斯号离开里约热内卢，以便在12月8日6∶00（+2时区）抵达蒙得维的亚。埃克塞特号离开福克兰群岛，在12月9日上午前往拉普拉塔（Plate），掩护载有归国志愿军的拉弗尼亚号（S.S. *Lafonia*）。阿贾克斯号和阿基里斯号在12月10日16∶00（+2时区）到南纬35°、西经50°会合。埃克塞特号在12月12日7∶00经过距梅达诺思灯塔（Medanos Light）150海里的90度位置。如果阿贾克斯号和阿基里斯号的会合在此时没有实现，那么埃克塞特号会收到进一步指令。奥林索斯号（*Olynthus*）油轮不要继续前往福克兰群岛，继续留在海上会合地点，直到情况明晰。[5]

在发送完这条信号后，哈伍德执行了严格的无线电禁声，但是这条信号已经足够。位于柏林提尔皮茨河岸的监视局总部，甚至施佩伯爵将军号，一直在等待的就是这样一条信号。他们是否几乎同时破译这条信号，知道施佩伯爵将军号面对的敌舰只有三艘，而不是四艘？假设施佩

第二部分　德国攻势　　101

伯爵将军号的汉斯·朗斯多夫上校（Hans Langsdorff）收到了这条消息，他就知道自己有一线机会。他决定进行战斗，说明他确实收到过信号，但是施佩伯爵将军号无线电室和监视局都没有档案证实这一点。

12月12日，埃克塞特号、阿贾克斯号和阿基里斯号离开乌拉圭，坎伯兰号停在福克兰群岛的斯坦利港（Port Stanley）整修。哈伍德为英国皇家海军战争学院（British Royal Navy War College）写过关于巡洋舰攻击战列舰的教材，所以当他的特遣部队看到施佩伯爵将军号时，他立即知道自己要做三件事情——立即进攻，分散施佩伯爵将军号的火力，以及阻止它撤回德国。如果坎伯兰号在身边，那么他就有与施佩伯爵将军号相同的火力，但是坎伯兰号在1100海里之外，他只有埃克塞特号及两艘轻巡洋舰。按照他自己写过的规则，如果在白天开战，那么要让配有更重型的八英寸大炮的埃克塞特号背对东方，在太阳升起时开火。施佩伯爵将军号配有十一英寸大炮，射程比埃克塞特号远4000米，哈伍德知道自己必须靠近施佩伯爵将军号。阿贾克斯号和阿基里斯号则行驶到施佩伯爵将军号的两侧，这意味着它的两个炮塔要么只能攻击左侧和右侧，要么只能攻击前面和后面。如果哈伍德在晚上进攻，那么三艘英国战舰将排在施佩伯爵将军号的一侧攻击。

哈伍德知道，要赢得这场战斗，他必须做到一件事：击沉施佩伯爵将军号，逼迫它投降或自沉，或者给它造成足够大的损伤，让它无法长途航行返回德国；就算返回德国，也会在英吉利海峡或北海面对英国本土舰队的夹攻。况且在艰难返回德国的途中多半会沉没。因此，在缺失坎伯兰号的力量悬殊的情况下，哪怕哈伍德以损失三艘战舰为代价破坏了施佩伯爵将军号，也可以算作在战略上获得了胜利。德国人仅有八艘主力舰，假如在开战三个月内就损失其中一艘，可谓代价惨重；而对于英国皇家海军而言，损失三艘巡洋舰则是可以接受的。哈伍德看清了这个残酷的现实，准备好进行战斗。

1939年12月13日上午6:14，阿贾克斯号发现了烟雾，哈伍德命令埃克塞特号调查。两分钟后，埃克塞特号的信号灯通知："我觉得是一艘小型战舰。"埃克塞特号将信号旗"N"挂到桁端，说明"看见敌人"。又发送信号给海军部，说看到一艘战列舰，即将交战。紧接着，朗斯多夫发起攻击，全速朝英国舰艇驶去，于6:18在相距约11海里远的地方开火。埃克塞特号上的火炮军官是少校理查德·詹宁斯（Richard Jennings），他仍穿着睡衣，经过罗盘平台去作战位置。船长向他喊了话，喊的不是"在某个方位发现敌人"这样常规的话，而是"他妈的舍尔号来了！"在正常战斗中，埃克塞特号的船员都以为敌船是舍尔将军号。然而，那艘船其实是施佩伯爵将军号。[6]

拉普拉塔河口海战（Battle of the River Plate）变成了一场恶战。埃克塞特号在36个小时内被多次击中，但是它三个炮塔在使用火炮方面技艺精湛，能够在7海里远的地方以每小时20海里的速度进行半圆行驶，同时还能持续向施佩伯爵将军号开火，命中目标。有三件事妨碍了朗斯多夫。首先，同时也是最重要的，施佩伯爵将军号的燃油系统被击中，一个炮楼无法开火。其次，英国舰艇的火炮技术十分精湛，而且英国舰艇尽管更老，却能够承受大量的打击而不沉。他们的士兵也十分坚毅。埃克塞特号的少校詹宁斯一度站在船尾炮塔上，这是船上最后一个还能作战的炮塔。他因为离持续炮火很近，一只耳朵的耳膜被震破，另一只耳朵在流血。尽管如此，他仍然在炮塔上侦察目标，朝打开的舱门里喊火力控制命令。

在整场战斗中，三艘英国舰艇都在急切地等待坎伯兰号从福克兰群岛赶来。准将哈伍德知道，他必须让汉斯·朗斯多夫以为坎伯兰号就快要到来。但他知道，坎伯兰号将马力开到最大，也要36个小时才能从福克兰群岛向北赶到蒙得维的亚旁边的拉普拉塔河口。与此同时，在施佩伯爵将军号的无线电室里，赫尔穆特·鲁格差点丧命：

战斗已经持续四个小时,当我在无线电室值班时,一枚来自敌方巡洋舰的炮弹穿过无线电室,落到隔壁舱室的铺位上。难以置信的是,它居然没有爆炸。我很走运,那艘英国巡洋舰的船员失误,发射的是一枚用于训练的、不会爆炸的炮弹。如果那枚炮弹带有可爆炸的弹头,我肯定被炸死了。我幸免于难。我因为在无线电室里,所以对战斗的进展不太清楚,但是雷达室的一个人能够看到外面,会持续告诉我一些信息。[7]

汉斯·朗斯多夫做了一个决定,让他输掉了这场战役。他决定驶向中立的可能安全的蒙得维的亚港,而不是停止战斗,朝北大西洋驶去。如果朝北大西洋走,它的更强火力就能让哈伍德的舰艇无法靠近,等坎伯兰号到达时,它就已经跨过了赤道,而更重要的是,能够得到邓尼茨上将派往蒙得维的亚的四艘U型潜艇支援。

可是,他选择驶向拉普拉塔河的入海口,同时仍在与只有一个炮楼可用的埃克塞特号交战。埃克塞特号仅存的八英寸火炮发射出炮弹,幸运地击中施佩伯爵将军号,穿透它的两层甲板,在一个烟囱下面爆炸,严重损毁了其柴油供给系统。它此时无法回到德国,也没法在海上整修;它能去的海港只有蒙得维的亚。

英国人只需等待朗斯多夫离港。为了在等待增援时阻止他离港,英国人聪明地利用了管理中立港口船舶活动的国际海洋法。按照这些法律,来自交战国(如德国)的舰艇必须在其敌国(如英国和法国)的无武装商船离港24小时候后才能离开。这显然是为了阻止它们追击商船。所以,英国驻蒙得维的亚使馆设法让港口当局拖延部分英国和法国商船的离港。三天后,1939年12月17日,朗斯多夫凿沉了施佩伯爵将军号。按照其书面记录,他这样做的原因是十一英寸主炮弹药不足,无法战斗二十分钟以上，而且英国人试图在坎伯兰号和声望号（HMS Renown）到达后，将他封锁在蒙得维的亚港内。他说得没错。

从利用信号情报上看，这次战役算是一场胜利：从多立克星号被击沉到施佩伯爵将军号自沉，这段时间里监视局一直在监听、拦截和破译英国的商船和海军信号。虽然这并没能让德国海军赢得战斗。12月19日，朗斯多夫上校因为无谓地损失了一艘德国主力舰而忧心忡忡，用手枪朝头部开枪自杀。德国此时只剩下七艘战列舰和巡洋舰，而战争才开始仅仅四个月。不过，尽管德国人在大型战舰的数量上不占优势，但在潜艇方面却绝不处于劣势。德国的每艘潜艇都配有恩尼格玛密码机，他们自认为拥有技术进步和隐蔽通信的最高水平。相较于另一场已经在进行的战役——大西洋海战，拉普拉塔河口海战对监视局及其密码破译人员而言只是一次小型的演练。

第七章　罗马尼亚密码和罗马尼亚石油

20世纪30年代下半叶，罗马尼亚驻巴黎大使馆的军事专员使用了一种德国人多次尝试破解未果的密码。罗马尼亚驻法国大使馆发送的信号经过编码加密，发送给位于布加勒斯特的军队总部，再由军队总部转发至外交部。德军统帅部密码局的监听站在1936年开始截获部分这类信息，但是一直无法破解密码。1939年2月，罗马尼亚驻巴黎大使馆发送了一条长得不同寻常的信息，让威廉·芬纳的监听站感到惊讶。后来，监听站的工作人员又注意到，有一条从布加勒斯特发往巴黎的信息与此前那条长度完全相同。这条信号由两组较长的内容构成，每组内容里有若干部分，每个部分由五个罗马尼亚语字母组成。

难处在于罗马尼亚语有31个字母；它的A有两个额外的变体，I、S和T各有一个变体，区别在于字母上面或下面的附加符号。所以，除了26个罗马字母以外，罗马尼亚语的最常用四个字母总共还有五个变体。统帅部密码局的劳夫监听站拦截了往返巴黎的信息，通过辨认文本开头的"指示码"来识别它们；位于布加勒斯特的罗马尼亚国防部的信息发送员就要使用这种指示码，将解密信号的密钥告知巴黎的信息接收员。如果操作员使用像恩尼格玛密码机那样的机器，那么这个指示码就能告诉他如何设置机器上的转子。如果罗马尼亚的每日密钥来自编码簿，那么操作员就要去查阅每日加密设置，而这种设置只有拥有编码簿的人才会知道。劳夫监听站的拦截员在截获这些消息后，会立即使用电传打印机将它们传送给位于柏林的统帅部密码局总部。埃里克·许滕海因和瓦尔特·弗里克会直接收到它们。许滕海因和密码局的操作员发现，罗马尼亚在1939年2月和3月分别发送的那两条信息，除了十个数字以外，其他内容都是完全相同的。许滕海因此时看到了机会。他的优势在于可以利用"相同参数"，因为罗马尼亚人在发送和接收两条或更多信息时使用了相同的密钥。尽管他只拥有密文，但是他能够进行他所谓的"密文至密文破解"（Geheimtext–Geheimtext–Kompromiss）。他辨别出来这是一种"数字蠕虫"（Zahlenwürmer）——一长串使用替换方法重写过的数字和一个五位数编码。按照第一次世界大战期间英国伦敦40号房以及德国监视局特拉诺破解替换文本的原则，他开始进行他所谓的"剔除式解码"（Streifenverfahren）。例如，假设加密人员有一条由五个字母组成的加密信息——"ANTPK"，他们可以在信息前后加上其他字母，让它变得更复杂，难以破解。加上其他字母后，这条信息就可能成为"VBQANTPKMME"。在解密时剔除开头的三个字母和结尾的三个字母，就叫作剔除式解码。也要记住，如果"ANTPK"这条信息是罗马尼亚语，那么因为字母A有三种形式，字母T有两种形式，所以这条字母链就有六种不同的排列方式。

被记录下来的所有罗马尼亚信息，其中的多余内容都被成功地"剔除"，用于加密它们的编码也被破译。许滕海因在做这项工作时发现了"密文至密文破解"为什么能够实现。罗马尼亚驻法国军事专员在上个月的第一条信息中提议罗马尼亚国家爱乐乐团（Romanian National Philharmonic Orchestra）在巴黎开一次音乐会。他说，毕竟匈牙利国家管弦乐团最近才在巴黎举行过音乐会，而罗马尼亚要是不想被邻国或部分敌国超过，就应该去巴黎举行音乐会。在这条信息中，罗马尼亚驻巴黎军事专员提到某本杂志的第15期。这期杂志完整地列出了匈牙利管弦乐团前一年的音乐节目单。德国人截获的第二条长信息是从罗马尼亚发往法国的，它有着完全相同的"明文"，但是有一部分重要的附加内容。它包含了一个重要的询问，因为位于巴黎的罗马尼亚密码人员犯了一个简单的错误，在发信息时把数字"15"写成了"17"。位于布加勒斯特的接收者对这条消息很迷惑。他们在那份杂志的第 17 期上没有找到关于匈牙利国家管弦乐团的音乐节目单。或许是巴黎那边弄错了？确实是这样的，而且有两个错误。第一个错误是音乐节目单其实在第 15 期杂志里；第二个错误与文化无关，与密码学有关。布加勒斯特方面两次联系位于巴黎的罗马尼亚密码人员，说找不到节目单。巴黎的密码人员在回复时却将信息全部重复了一遍；他们没有直接以加密形式说"是 15，不是 17"，而是发送了一长串数字，也就是数字蠕虫，其中包含了完整的原始信息。所以，许滕海因就拥有两组完全相同的明文可以对比，并由此破解了罗马尼亚的军队编码。从 1939 年初开始，统帅部密码局就至少能阅读罗马尼亚海外外交机构军事专员发送和收到的部分信号。[1]

随着战争临近，这些信息越来越清楚地说明罗马尼亚在战略、经济和地缘政治上对德国以及邻国匈牙利的姿态。许滕海因及同事受命密切关注罗马尼亚人发送的每条信息，因为这个遥远、崎岖、首都被称为"东欧巴黎"的国家对德国及其战争计划有决定性影响，因为它拥有特别丰富的石油资源。

为什么德国需要罗马尼亚的石油

1938 年，德国消费了 4400 万桶石油，而且德国人知道，这个数字在战争到来时会急剧升高。简单说来，德国如果无法保证稳定的石油供应，就没法打运动战。德国的石油产品主要有三个来源：依靠国内油田生产；从美国、波斯湾和罗马尼亚进口原油和精炼石油；以及利用煤炭合成石油产品。第三帝国的装甲运动部队无法靠空气打仗；他们知道，当他们在欧洲宣战时，石油进口能力将至关重要。英国将关闭或管制苏伊士运河，美国几乎肯定会对德国施行燃油禁运，所以罗马尼亚很重要。

1938 年，德国每年 60% 的石油供应来自海外，进口量约为 2700 万桶。此外，有 400 万桶经由陆运进口自罗马尼亚，400 万桶由国内生产，另外还有 900 万桶由通过合成获得。到 1938 年底，德国储备了 1500 万桶石油。德国可以在 1940 年入侵挪威、荷兰、比利时和法国，从它们的储备中再获得 500 万桶，并且已经确保能够在 1940 年从苏联进口 400 万桶。尽管如此，要在全欧洲以及有可能在苏联开战，德国每个月需要 725 万桶石油，但它每月的国内产量和进口量只有 535 万桶，所以缺口还很大。第三帝国的军队谋士知道，要在经济封锁的情况下支持欧洲、苏联甚至北非的运动战，支持潜艇和海军的军事行动，那么显然需要保障石油供应。他们可以在北非开战，控制苏伊士运河，摧毁英国皇家海军在印度洋的舰队，控制巴士拉附近的波斯油田。他们可以入侵苏联，派出装甲运动部队进攻高加索地区，顺路控制乌克兰的小麦和煤炭，最终抢占巴库和格罗兹尼的油田——这些油田每年能生产两亿桶石油。然而，显而易见的是，这些选项并非一定都能够成功。

德国人仅有的外部可靠石油产品供应来自罗马尼亚，来自布加勒斯特以北 35 公里处普洛耶什蒂（Ploiesti）周围的油田。这些油田位于蒙特尼亚地区（Muntenia）的麦田和山谷里。世界上首座大型炼油厂就是于 1855 年在普洛耶什蒂城外建造的。第一次世界大战期间，英国人曾派人去破坏这些油田，以免德国人预先控制它们。负责这项任务的是约翰·诺顿–格里菲思（John Norton-Griffiths）中校，他是一名有个性的工程师和建筑设计师，曾在南非参加过第二次布尔战争，还在"一战"中将挖地道的方法推行到西线，以反击德军的布雷活动。他组建了一支由曼切斯特下水道工人组成的队伍，能够挖地道至德国的战线下面安置炸药。在普洛耶什蒂，这位古怪的中校往油井里倒水泥，放火烧油井，朝储油罐里扔钉子，最终毁掉了 80 万吨原油和几十个炼油厂。他因为做出贡献而受封爵士，尽管一位高级英国外交官指出，在破坏行动后不到六个月，那些炼油厂就又完全恢复了生产。

德国人知道，利用奥地利的落后石油工业或许可以让国内产量增加两倍，但是他们需要把罗马尼亚这张经济王牌握到手里。他们很清楚，如果罗马尼亚将年产量的一半赠送或售卖给德国，那么德国每年就能得到至关重要的 1300 万桶石油。德国不希望罗马尼亚与英国联盟，进而不将石油储备出售给第三帝国，而将这些重要的燃料用于与匈牙利换取特兰西瓦尼亚地区（Transylvania）割让的领土，或者阻止德国利用多瑙河或利用与普洛耶什蒂相连的铁路线。所以，德国人集中精力巩固与罗马尼亚的经济联系。他们在这方面的工作相对顺利，因为他们开始破译部分罗马尼亚编码，能够监听和阅读其部分外交与军事信号，衡量罗马尼亚的意图。这也让破解罗马尼亚的不同密码成为第三帝国信号情报和密码机构在 1938 年和 1939 年的最优先事项。为了让两个国家的关系正式化，德国和罗马尼亚于 1939 年 3 月 23 日在布加勒斯特签订了《德国-罗马尼亚经济关系发展条约》（German–Romanian Treaty for the Development of Economic Relations）。这项双边经济条约让德国特别方便和有效地控制了罗马尼亚经济的大多数方面。它还有一个副作用，即迫使了罗马尼亚政府与德国和意大利结盟。美国的《时代》杂志说这份条约实际上将罗马尼亚变成了德国的附属国，还说"现代从来没有哪个国家向别国做出过如此具有羞辱性和深远影响的经济让步"。[2]

这项条约计划在签订十个月后的 1940 年 1 月 20 日生效，并被登记为一项国际联盟条约（League of Nations Treaty）。它的主要规定是，罗马尼亚向德国提供木材、农产品，以及最重要的是石油，换取军事设备和训练，同时位于罗马尼亚的德国企业能够进入自由贸易区经营获利。

英国人自然对这项条约的签订很担心，所以提议为布加勒斯特的政府提供安全保障。1939年4月13日，在布加勒斯特拒绝苏联红军入境，进而导致罗马尼亚和苏联之间的类似谈判失败后，法国和英国决定要保障罗马尼亚王国的独立。

但是，希特勒在9月1日入侵了波兰。华沙期待英国和法国提供军事支援，想要尽可能地把军队、黄金储备和平民转移到罗马尼亚。然而，尽管罗马尼亚仍然是中立国，却受到来自苏联和德国的压力，所以流亡的波兰政府工作人员在9月17日进入罗马尼亚后就被关押了起来。第二次世界大战此时才开始几天，国王卡罗尔二世（King Carol II）治下的罗马尼亚决定正式采取中立姿态，但是这很快就被证明不可行，因为国内暴力的、受欢迎的法西斯群体，如铁卫团（Iron Guard），要求政府与德国和意大利结盟。

英国和法国在战前是罗马尼亚领土完整性的主要保障国，在罗马尼亚受到外国入侵时要提供军事支援，但是按照实际情况来看，铁卫团和轴心国结盟的力量要强大得多。另外，罗马尼亚还希望德国能够帮助保障罗马尼亚边境不受苏联和匈牙利的侵扰，但布加勒斯特并不知道，根据德国已经在1939年和苏联签订《苏德互不侵犯条约》（Molotov-Ribbentrop Pact），允许苏联侵占罗马尼亚的领土。德国知道，罗马尼亚如果受到莫斯科的威胁，就更可能会将其巨大的军事资源和重要的石油供应奉献给德国。

然而，这种领土侵占还未发生，罗马尼亚的法西斯分子和军方就发动了政变，扬·安东内斯库（Ion Antonescu）元帅掌权。然后，在1939年9月21日，罗马尼亚总理阿曼德·克利内斯库（Armand Calinescu）被人暗杀。罗马尼亚政府此时明白战争已经开始，与英国和法国结盟远不如与德国签订合约，无论这份条约有多么不公平。所以，罗马尼亚政府决定与柏林合作。虽然罗马尼亚等到1940年11月23日才正式加入轴心国联盟，但它实际上早就已经是轴心国成员。布加勒斯特的新军事政权并未更换他们的军事或外交编码，所以在石油方面和密码破解方面，德国人再次取得了胜利。

在这种复杂的政治和经济交易中，罗马尼亚人未能成功抓捕三个特别重要的人物。这三个人在波兰被德国入侵后进入罗马尼亚，但是罗马尼亚人并不知情。在德国军队到达波兰首都前，波兰密码专家马里安·雷耶夫斯基（Marian Rejewski）和其他几位波兰密码工作人员被转移到罗马尼亚。在穿过边界后，雷耶夫斯基和另外两个人刚好没有被送进难民营，然后想办法去到布加勒斯特。他们在布加勒斯特先后联系了英国和法国的大使馆，得到帮助，乘火车逃去了巴黎。9月底，波兰战火纷飞，这三名重要的波兰密码学家抵达法国首都，加入了法国、波兰和西班牙的联合密码破译部队。这个部队驻扎在巴黎城外的维尼奥勒斯城堡（Château de Vignolles）。两个月后，他们协助破解了德国人的恩尼格玛信息，而与此同时，德国人仍然没有意识到自己的机密信息已经被破解。

第八章　入侵欧洲期间的信号和欺骗

战争爆发时，德国的各个密码破译机构暂时忘掉内部恩怨，共同入侵欧洲。要拦截和破译的信息成千上万，陆军、海军、空军和外交部的信号情报机构都应接不暇。9月1日，德国在没有正式宣战的情况下入侵波兰；挪威、瑞士（尽管调动了军队）和爱尔兰宣布中立。9月3日，由于纳粹德国未按期从波兰撤军，英国也对德国宣了战。法国、澳大利亚、印度和新西兰也在数小时内向德国宣战。9月3日午后不久，雅典娜号（SS Athenia）在爱尔兰以西海域被鱼雷击沉。美国和日本宣布不插手欧洲的战争；南非罢免总理，推选副总理扬·史末资（Jan Smuts）上台，不久后便向德国宣战。英国在宣布对德国进行海上封锁后，空袭了停靠在基尔运河外的德国战列舰石勒苏益格-荷尔斯泰因号（Schleswig-Holstein），但是英国皇家空军击中这艘战列舰的炸弹全都未能爆炸；华沙被德国军队包围，然后在9月19日，苏联和德国军队在布雷斯特-立陶夫斯克（Brest–Litovsk）会合。9月28日，苏德两国的外交部长莫洛托夫（Molotov）和里宾特洛甫签订《德苏边界及友谊条约》（German–Soviet Boundary and Friendship Treaty）；8月23日签订的《苏德互不侵犯条约》提出了瓜分波兰，这项秘密协议则具体说明了瓜分的方式。9月28日，华沙的波兰军队向德军投降。

在新战争爆发的这种背景下，由于监视局破解了英国皇家海军的部分编码，所以德国人在1939年9月11日能够发现并攻击一支组建中的英国商船队。在西班牙，佛朗哥将军仍然在犹豫是否参战，所以希特勒派了威廉·卡纳里斯去劝说他。外交部的密码破译部门和戈林的密码破译人员都在监听佛朗哥的部分信号，同时还在监听卡纳里斯的所有信号，因为即使在战争初期，希特勒就已经很担心有人会暗杀他，然后用一个中庸的德国人当第三帝国的元首，与英国求和。1939年底，英国和法国是纳粹德国的主要对手，也是其首要军事目标。日本和美国仍未参战。

1939年底，威廉·特拉诺和监视局正在成功破解英国《皇家海军密码二号》，但是也只有在它被英国潜艇部队使用的那种加密表加密时才能破解。监视局现在还能够破解英国海军部发送给驻外大使馆海军专员的部分每周情报总结，因为这类信息是利用英国皇家海军和海军部那种编码的另一种变体——部门间密码加密的。特拉诺及其团队仍然在破译塞拉利昂首都弗里敦附近海域上英国海军发送的信息。英国商船队和护航船队朝南去开普敦或朝西去加勒比海时，中途会在弗里敦停留。这些被破译的信息让德国人知道了商船队及其护航驱逐舰和护卫舰的动向。英国海军部还与位于塞拉利昂等国家的英国外交官交流，这些外交官会提供中立国家商船和护航船队在大西洋上的行踪。在破译敌国外交和空军通信方面，德国空军新闻局的密码破译人员此时也能够阅读位于近东国家、葡萄牙、瑞典和瑞士的空军专员的通信。根据德国空军首席密码专家费迪南德·福格勒（Ferdinand Voegele）后来的陈述，德国空军每天破译的这类信号最多可达100条。[1]

德国、德国密码人员以及挪威战役

在1939年战争爆发后，挪威决定保持中立，同时动员了陆军、海军和空军来保护中立状态。挪威租了150艘商船给英国，因为两国都认为自己的海上补给线会受到德国人威胁。两国都自知会依靠横跨大西洋或北海的商船队来保障补给。挪威对德国而言很重要，因为挪威港口和海岸线具有战略意义，而且挪威的铁矿石产量大，而德国的军工业正好需要大量的矿石。挪威还能够保护德国的北方，而且在冬天大部分波罗的海都结冰时，挪威的港口可以让德国海军在北海活动。此外德国空军的活动范围能够从挪威覆盖到北海、大西洋，以及冰岛和法罗群岛之间的至关重要的丹麦海峡。1939 年 1 月底，苏联攻击芬兰，挪威与英国、瑞典联合支援了芬兰。但是，1940 年初，在可能遭到苏联攻击时，挪威只能动员 9500 名士兵来自保。

英国也想要挪威的铁矿石。他们认为，如果派部队以帮助芬兰的名义去占领挪威和瑞典的部分区域，就定能获得挪威的矿物。法国人也对这个计划特别满意，因为它意味着德国人在欧洲会有其他的军事任务，不会向西进攻。同时，德国的 U 型潜艇部队正在着手攻击同盟国在大西洋上的船运，而且他们能够阅读英国商船队的编码，极大地帮助了这方面的军事行动。监视局成功破译英国信息，至关重要地揭露了英国和法国远征挪威的计划，即"斯特拉特福德行动"（Operation *Stratford*）。所以，德国人先发制人，在 1940 年 4 月 9 日入侵了挪威。紧接着，德国海军密码破译人员两次走运：在挪威于 1940 年 5 月初投降时，参加纳尔维克战役（Battle of Narvik）的英国驱逐舰勇敢号（HMS *Hardy*）在奥福特峡湾（Ofotfjord）搁浅，船上的几份文件被缴获，然后送到了监视局。英国人不慎丢失重要文件的情况不仅这一次：在撤出卑尔根（Bergen）时，他们落下了大量的密码文件。这些文件在 1940 年 5 月就被德军发现，其中包括一份《行政编码》、一份《外交部部门间密码一号》（Foreign Office Interdepartmental Cypher No. 1）、当时在使用的《商船编码》及其加密表，以及《备用编码》及其加密表［包括呼叫信号和发交代字（delivery groups）］。对特拉诺和监视局而言，这无异于一次

第二部分 德国攻势 115

性收到圣诞节、复活节和生日的礼物。它们在军事行动上的作用将会远超出挪威，远超出北海。

入侵法国时的无线电欺骗和密码破解

在第一次世界大战中，法国陆军使用了一种基于编码簿的四位数密码。这份编码簿包含10000个字母组合，可以加密几乎所有类型的军事指令或信息。该编码要使用所谓的"有限增添密码"（finite addition cipher）增添加密内容。因此，在数字或字母加密内容的开头、中间或结尾可以增添字母和数字。法国人犯了错误，没有频繁更换增添密码，所以在20世纪30年代初，德国人在对比大量信息后，能够识别增添密码。增添密码是7至31个数字和字母。对埃里克·许滕海因而言，这项工作很简单，因为以这种方法加密的信息在第二次世界大战爆发前的几年里就已经完全被统帅部密码局破译。1940年2月，马奇诺防线另一边的法国陆军发送了数千条信息，只有两条被统帅部密码局拦截。马奇诺防线是立在法国与德国、意大利、卢森堡以及瑞士边界上的加固防御屏障。它由防御工事和武装阵地构成，建有军队生活区，部分基地里还有小型铁轨，可用于快速向各处运送食物、士兵和弹药。在法国人认为德军可能进攻的地区还配有可转动的重型枪炮。马奇诺防线的北部没有延伸至英吉利海峡，因为英国和法国都希望能够进入比利时去反击，同时马奇诺防线本身可以抵挡德军足够久，让同盟国的军队能够联合进攻。

在研究收集到的密码文本材料时，许滕海因发现两条信息含有很长的数字序列，数字序列几乎完全相同，唯一的不同之处在于开头两行的数字顺序。精明的前天文学家许滕海因明白这是一种以移位方式（transposition process）增添内容的替换加密过程，叫作"维费尔"（Würfel），意为"矩阵"或"立方体"。信息中的数字或字母通过一个简易替换过程重新排列，致使加密信息的各个部分移位，并以不同的次序循环替换。许滕海因发现替换密钥是一个四位数的编码。原来，在这两条导致加密系统被破解的信息中，有一段跨度几行的较长内容是完全一致的。这又是平行文本破解的一个例子。他还发现，移位加密文本各部分的编码和密钥之间有联系。未编码的部分文本包含着移位密钥。所以，如果一条信息是"四军于8月11日从意大利边境的萨瓦移动至阿尔萨斯，无接替部队"，那么信息中的某个单词，如"无"（without），就会包含移位密钥。这个单词有七个字母，也就意味着加密信息每隔七段就要移动七位和七次，直到下一个移位密钥字母被使用。关于移位密钥的知识也帮助了德国人重建和识别新的编码组。许滕海因说：

> 我们把它称为"4ZCüWü"。到了1939年中期，法国战争部和意大利边境上的法军之间所有的"4ZCüWü"（一种使用"维费尔"加密的四位数编码）通信都被我们破译了。1939年9月3日法国与德国开始战争时，法国战争部命令其他所有军区都使用"4ZCüWü"。编码仍然相同，他们只在每个月月初稍微修改指示密钥。这些更改很快被我们识别，甚至在几次后还能够被我们预测出来。这种情况一直持续到法国战役的结束，法国的每条信息都被德国阅读，德军领导总是知道法国陆军的所有重要行动：被破译的信息让德军不仅知道了法国陆军的结构，还知道了单个法国部队的装备、马奇诺防线最脆弱的地点，以及法国士兵、法国人民和法国殖民地人民的气氛和态度。英国军队在欧洲大陆上的部署和行踪也被德军知晓。[2]

在闪电战开始时，统帅部密码局还从法国陆军的加密消息中得知了大量关于英国远征军（British Expeditionary Force）军事活动的信息。首先，他们发现，英国空军十分缺少燃油，想要把飞机省下来防御英国本土。其次，德国人通过阅读法国和英国的信号，发现英国远征军不会奋死保卫法国，而是会在必要时组织撤退。德国人能够破解法国海陆空三军的主要加密系统，而且正如许滕海因证明的那样，他们已经特别成功地破解了法国战争部那份包含10000个编码组、使用增添序列加密的四位数编码。

在统帅部密码局为许滕海因管理文员的威廉·芬纳说：

> 甚至是在对法国展开军事行动前，我们就已经破解法国高层官员的军队加密系统。他们使用的是一份四位或五位的编码，并且有体系地进行移位加密。我们在密文中发现了少数重复的平行段落。这些段落之间的间距是恒定的，因此肯定像密码学证明的那样与移位框的宽度相对应。如果我没有猜错，移位框的密钥就取自同一本编码簿。尽管这个加密系统很精明，但出现较短的平行段落很致命。借助这些被破解的信息，我们甚至可以密切监听法国本土陆军的通信。[3]

德国空军信号情报机构的费迪南德·费希特纳此时是军官，也同样在忙碌工作。法国与德国边境上的监听站正拦截由在边境上空巡逻的法国战斗机发送的大量无线电信号。费希特纳立即明白法国飞行员显然在彼此通信，于是通过一本缴获的法国空军手册，搞清楚了法国空军在使用的无线电类型。然后，他将会说法语的无线电测向小组派去了靠近法国边界的两个监听站。德国人发现，法国飞行员几乎完全不遵守无线电纪律。所以，法国战斗机每次起飞巡逻边境时，费希特纳的监听站与德国战斗机基地之间预先安排的无线电联系就会激活。这就意味着，在法国飞机即将或已经起飞时，德国战斗机就知道了它们的确切位置，会紧急起飞去歼击它们。

德军对法军的欺骗

1939年10月，德国陆军信号部队的库尼贝特·兰德维格（Kunibert Randewig）上校收到国防军最高信号官弗里茨·提艾利（Fritz Thiele）少将的命令，要准备一套无线电欺骗方案。兰德维格负责的三个信号拦截连队在德国西部边境进行监听，因为德国人在战争刚爆发时认为法国会尝试入侵德国。这套针对法国的无线电欺骗方案是在1939年10月至1940年2月之间制定的。兰德维格被要求与C集团军群（Army Group C）的首席信号官一起确定细节。最初的计划是骗法国军队情报部门相信一支全新的由十个师或三个军组成的德国陆军正在移动到齐格菲防线上，部署在第二军和第七军之间。这个计划的目标是，让法国将其战略后备部队留在法国东部城市南锡（Nancy）和梅斯（Metz）周围的区域，让他们相信德国即将对马奇诺防线发起全力进攻。德国人认为，法国如果过早调动这些后备部队，就会在德国按计划入侵西欧时对德国的左翼构成重大威胁。

然而，上校兰德维格认为，因为这支假军队要去的区域有大量的电话通信，所以法国人会轻松地发现这整个计划是一次聪明的情报欺骗。不过，为了维持这种欺骗，德军决定只让莱茵河中下游和黑森林以东区域的训练部队使用无线电。实际上，他们的计划是在前线实行无线电寂静，在东部的训练区域则大量使用无线电通信，让法国人相信有大规模的部队在去往前线。德军要使用法军无线电测向人员重点关注的波长发送信号，而且无线电设备要足够强劲，能够让信号从德国的训练区域抵达法国。就在被指定为入侵日的 5 月 10 日前，德国的这支假军队会关闭无线电信号，让法国人相信这支军队在往作战区域移动。这支虚假军队及其虚假训练活动的集中区域在德国西部的格林斯塔特（Grunstadt）和巴特迪克海姆（Bad Durkheim）之间。德国人在 5 月 5 日开始发送无线电欺骗信号，还创造了虚假的铁道交通路线，然后使用德国邮政局和警察局的一种国际编码，发送虚假无线电信息制造军队在通过公路和铁路移动的假象。这些关于行军的信息加密得很差，技能不高的法国无线电操作员应该也能够拦截和破译它们。由于要使用民用网络来发送这些信息，所以德国陆军应该不会发现安全漏洞。最后，在这支假军队移动的过程中，无线电信号里还要提及军队此前训练场地所在的市镇和区域。德国人还故意制造一些安全漏洞——无线电操作员在秘密对话时不小心说出部分细节，如这支虚假军队在朝新前线的移动情况。这项计划特别有雄心和想象力，德国人十分期望它最终能生效。

但是，这项计划实施的几个月前，在 1940 年 1 月 10 日，现实和欺骗意外地交织在一起了。一架德国 Ju-52 运输机在比利时的梅赫伦（Mechelen）附近迫降，比利时人俘获了飞行员、机组成员和一名德国国防军参谋，这名参谋携带了一整套真实入侵法国的文件。但是，比利时人，以及从比利时那儿得到这些地图和计划书的英国人，都觉得这件事情美好得难以置信，所以怀疑它们的真实性，认为它们是故意的欺诈招数。英国人和法国人坚信德国会直接攻击马奇诺防线，甚至怀疑德军可能也会入侵瑞士。他们没有预见到，德国人会按照那些被缴获文件，穿过阿登地区（Ardennes）发起进攻。实际上，盟军特别坚信马奇诺防线会被攻击，以至于不愿相信所看到的德军的真实战略计划。因此，德国国防军和统帅部密码局联合组织的欺骗计划最终特别有效。

比利时人准确地预测，德国人会通过阿登地区发起攻击，会尝试让伞兵空降去占领比利时的加固阵地。这种战略预测还得到多个盟国的情报支持,而这些情报又被德军统帅部密码局和泽德局的密码破译人员截获。埃里克·许滕海因已经破解了法国军队的实战编码,所以他能够跟踪比利时人在向法国国防部提供关于德军真实计划和精心欺骗计划的哪些信息。

所以,瑞士军队情报部门在 1940 年 3 月注意到德军部队在德国、比利时和卢森堡三国边界集结时,向本国外交部发送信号说观察到至多有八个德国装甲师在该区域移动。泽德局的密码分析人员在破译瑞士人使用恩尼格玛密码机加密的部分信息,所以拦截并破译了这条信号。越来越多的信息被拼起来:法国军队情报部门从位于卢森堡的特工那里得知,德国人在正德国和卢森堡交界处的奥尔河(River Our)上建造浮桥,德国国内似乎存在连续不断的装甲车、货车和马车队列。结果,统帅部密码局又破译了这两条信息,然后在 4 月 30 日,也就是计划入侵日的十天前,威廉·芬纳的团队拦截了一条由法国驻瑞士首都伯尔尼的军事专员发送的信息。这条信息说,德国人会在马斯河(River Meuse)沿岸的色当(Sedan)发起攻势。

法国陷落

德国最终在 5 月 10 日入侵西欧,入侵行动持续了六个星期,涉及 157 个师、2439 辆坦克,以及 7378 架反坦克炮和大炮。这支巨大的军队只有 1/10 是机械化部队,其余大多数都依靠马力运输,而且差不多 45% 的士兵至少 40 岁,其中半数只参加过两个月的训练。但是,闪电战就像热带暴风一样席卷了毫无防备的法国城镇。德国空军与地面部队的无线电通信特别有效;在打运动战时,德军装甲车部队的速度快过法军和英军。德国对法国的入侵包括两项主要的行动。在黄色方案（Fall Gelb）中，德国装甲部队穿过阿登地区，然后沿着索姆河（Somme）河谷进军，截断和包围已经进入比利时的盟军部队。在英国、比利时和法国的军队被德军有序的运动战逼到海边时，英国通过"发电机行动"（Operation *Dynamo*）从敦刻尔克撤回了远征军和几个法国师。在英国远征军撤离后，德国部队在 6 月 5 日开始了红色方案（Fall Rot）。法国剩下 60 个师在坚决抵抗，但是无法战胜空军和装甲力量更强大的德军。德国坦克从侧翼包抄马奇诺防线，朝法国深处推进。法国政府的逃亡造成了一段时间的混乱，进而导致法国陆军溃败，最终让德国在 6 月 14 日轻而易举地占领了巴黎。德军指挥官在 6 月 18 日与法国官员会面，企图逼迫新的法国政府接受等同于投降的休战。6 月 22 日，法国和德国在贡比涅（Compiègne）签订第二次停战协定。这项协定导致法国被瓜分，中部和南部被中立的维希政府控制，北部和西部由德国控制。

第九章　空中的战斗——"少数人"的密码

　　1939 年 10 月初的一晚，一架英国惠灵顿轰炸机执行完任务，在返航过程中飞越德国中部的爱尔福特（Erfurt）。德国空军的一个防空部队发现了这架飞机，开火攻击，导致它坠毁燃烧。火焰熄灭后，德国军队搜查了机身里的无线电操作员位置，发现了一批卡片。这些卡片上印有水平和垂直排列的随机字符。搜查飞机残骸的士兵觉得它们可能很重要，于是将它们交给了部队长官，部队长官转而又将它们交给情报官员。最终，它们被送到德国空军的情报机构——空军新闻局，摆在德国密码分析人员、语言及语文学家费迪南德·福格勒的面前。[1] 他认出了这些卡片：它们是英国皇家空军使用的英国西科（Syko）加密机的每日密码。西科加密机使用看似随机选择的字母和数字来加密信息，而且密码卡每 12 个小时就会更换，所以英国人认为这种密码应该不可能破解。它确实无法破解，除非敌方密码分析人员能拥有一批缴获的西科加密卡，同时还要能够拦截此前 12 个小时内使用当天西科密码卡加密的无线电信息。但在 1940 年的这个时候，德国空军的密码分析人员已经能够做到这两点了。他们在十分努力地破解英国皇家空军的密码，为不久后入侵欧洲做准备。

　　来自巴伐利亚的福格勒在这一年 44 岁。在第一次世界大战中，他志愿担任过无线电技术员。他后来学习了几门东方语言，为一家出口公司工作，然后在 1935 年夏天成为德国空军部的口译员。他接受了摩尔斯电报和加密流程方面的培训，在1936年被派到斯图加特附近的陆军信号拦截站。他负责翻译法国陆军和空军的明文信息，后来还在空中工作过两个月，在德国空军的一架拦截飞机上当无线电操作员。他后来去到慕尼黑，在一个拦截站翻译法语、意大利语和塞尔维亚–克罗地亚语。他是在战前被陆续招募进密码分析界的职业人士之一。语言学家、职业译员、数学家、逻辑学家、电子学专家和无线电专家，在隐秘的通信世界里都是新的先锋派；这个通信世界的发展和进化速度，与它监控的陆军、舰艇和飞机的移动一样快。哪一方能更快、更娴熟地发展自己，适应敌人的科技，哪一方就能占据上风。但是，情报技术或情报人员的作用，与组织者将情报用于实战的能力成比例。破解敌国轰炸机的密码是一项大成就，但是如果己方没有飞机或高射炮来击落敌方轰炸机或摧毁敌国境内的空军基地，那么通过破解密码获得的信息就毫无价值。这种关于情报工作和军事行动的可信赖观点是正确的，因为战争首先是人与人的对抗。

　　1937年元旦，安静、勤奋的福格勒被派去负责德国空军新建的密码部门。他有一名助手负责分析苏军密码，另外还有11名同事。福格勒过得很开心：他喜欢自己的工作，与同事合作愉快，对纳粹主义没有特别的喜欢或厌恶，而且脾气也很平和，特别有好奇心。他可以说是一位完美的密码分析人员，被称为"拥有会计师灵魂的贝多芬"。[2]

　　"福格勒在德国空军中很杰出，"统帅部密码局的分析人员弗朗茨·魏瑟尔博士说，"他的生活不稳定，但是他工作很努力……我觉得他比许滕海因更优秀，因为他对这项工作有真感情。他会亲力亲为。"[3]

　　福格勒曾负责破解费迪南德·费希特纳及其同事从西班牙内战中发给他的西班牙共和军的密码，还在战争爆发前尝试集中精力破解捷克斯洛伐克的信号。但是，他的主要目标是英国皇家空军以及他们的四位数《皇家空军编码》(RAF Code)、《飞机行踪编码》(Aircraft Movement

Code）和《轰炸机编码》(Bomber Code）。大家都说英国空军的几种编码无法破解，但是福格勒不同意；他认为，只要是人制作的东西，就能被人破解。这只是一个寻找参考词来逆转编码的简单问题。1939年冬天，他只有四名密码分析人员可以分析法国、英国、西班牙和意大利的编码，而且他觉得他们能力不够强。他需要更多人力。

德国空军信号部队的指挥官沃尔夫冈·马提尼（Wolfgang Martini）上将救了急，从陆军的信号部队调了50人给他，帮助他研究英国皇家空军那份四位数编码里的字母组排列。福格勒询问过威廉·特拉诺是否能够提供任何针对《英国政府电报编码》(British Government Telegraph Code）的工作成果，因为他怀疑这两份用减数表加密的四位数编码的布局特别类似。马提尼给他派来的那些人被当作人力"炸弹"（bombe）机，[1]写下可能与截获信号相匹配的任何排列，以及可用作解密参考词的为数不多的单词。然而，帮助福格勒实现首次进展的却是他在德国空军的同事。

在第一次世界大战中加入信号部队以前，埃里克·许布纳（Erich Hübner）是一名吹玻璃工学徒。[4]他在部队的第一位指挥官是当时还是上尉、后来成为高级坦克指挥官的海因茨·古德里安（Heinz Guderian）。许布纳最初是无线电操作员，后来是信号分析员。在"一战"结束后，他在新闻行业工作过，还当过银行经理，最后才加入了德国空军。1938年，他作为秃鹰军团信号监听队伍的成员，被派去了巴利阿里群岛（Balearic Islands）。他的工作地点是没有德国那种寒冬的马略卡岛（Mallorca）。英国和法国正在演习，将飞机调往北非，或者从北非调回，谨慎地避开战争中的西班牙。英法和德国都知道自己不会直接参与战斗，但是都知道更大规模的冲突即将到来。法国和英国希望准

---

[1] "Bombe"这个词成为布莱切利园那类解密机器的统一名称，它们是最早期的计算机原型，能够处理大量数据，分析明文和密文信号中所有的数字和字母排列。

备好飞机，将它们部署在正确的位置。他们的频繁信号让许布纳及其同事拥有大量的材料，而且双语信号会造成误解，所以英国皇家空军和法国空军经常要重复发送信息，让许布纳和他的同事直接拥有能进行平行文本破解的材料。

从马卡略岛回到德国后，许布纳和同事继续研究英国《皇家空军编码》。他发现，英国皇家空军每个月都会在英格兰发布《空军目录》（Air Force List），在伦敦的书店可以买到。《空军目录》里尽管没有英国飞机的技术参数，如速度、军备、爬升速度或耗油量，但是确实有英国皇家空军每架飞机的编号和名字。如果德国空军的信号情报人员专注于拦截英国飞机在英吉利海峡对岸训练时发送的信息，那么他们就能够大致搞清楚英国人的飞机类型、飞机基地所在地，以及飞机的行踪。这意味着德国人能够从每条使用《皇家空军编码》发送的信息中破解出部分单词。许布纳后来回忆时举例说明过这是如何实现的。

英国皇家空军使用的是一种名为"巴特尔"（Fairey Battle）的单引擎轰炸机。这种飞机可容纳三名机组成员，只有两架用作防御的机枪，速度为每小时100英里，低于梅塞施密特Bf109（Messerschmitt Bf 109）战斗机。在战争爆发时，这种飞机落后且过时。然而，具有讽刺意味的是，英国皇家空军在1939年9月取得了首场空战胜利，一架巴特尔轰炸机在亚琛（Aachen）上空用后机枪击落了一架梅塞施密特Bf109。在"模糊战争"期间，英国派十个中队的巴特尔轰炸机去法国支援英国远征军。其他部队仍然留在英格兰执行训练任务。许布纳发现，英国皇家空军频繁发送这样的信息："K7954号巴特尔轰炸机于9∶00运载人事军官E.C.马克斯韦尔（E.C Maxwell）离开伯彻姆牛顿（Bircham Newton）……"

伯彻姆牛顿是英国皇家空军在诺福克的基地;《空军目录》上有飞机的型号和基地。所以，如果上面这条信息是用《皇家空军编码》发送的，那么许布纳、福格勒和他们的同事现在就有了至少一个可协助解密的参考词语，即"巴特尔"。研究《空军目录》，他们就可以发现有两个中队的巴特尔轰炸机停在伯彻姆牛顿。这又给了他们两个参考词，即"伯彻姆"和"牛顿"。由于这些词都不是英语里的常用词，要在加密信息中找到重复出现的它们很容易。飞机的编号也是参考词：如果两架巴特尔轰炸机的编号分别是"K7801"和"K8050"，那么德国人就可以推断这两个编号之间的飞机都是巴特尔轰炸机。首先，德国人可以据此知道英国特定飞机的数量；其次，他们还可以知道提及了巴特尔轰炸机及其编号的每条信息都能直接对应位于英国或法国的某个中队。如果两架编号分别为"K7954"和"K7964"的巴特尔轰炸机都以伯彻姆牛顿为基地，那么这就意味着 54 和 64 之间的飞机都属于同一个中队。德国人知道英国空军的每个中队里都有 12 架巴特尔飞机，所以这就意味着他们可以破解从 54 至 64 的每个数字，以及 1、2、3、4、5、6、7、8、9 和 0。以这种方法，福格勒、许布纳和德国空军的密码分析人员开始估算英国皇家空军的飞机数量、飞机类型，以及飞机基地所在地。

第二种可以让德国人破解密码的参考材料是英国皇家空军的天气报告。这类报告有时每天发送两次，详述风速、云量、地面的外部温度、5000 和 10000 英尺高空的外部温度、晴雨状况，以及其他详细的预报，如雷暴或晴天时间段。这些报告是使用五位数编码加密的，它使用的减数表加密与《皇家空军编码》十分相似。报告中的用词特别有限，所以重复用词和平行文本很常见。由于这两种不同的编码都被破解，德国人在 1940 年初就能够阅读英国皇家空军用西科加密机加密的信息了。

增员的到来促进了工作进展：福格勒的部门在 9 月底有 15 至 30 名可以破解所有外国密码的职员，但是在 12 月有了 50 人。所以，到了 1940 年 1 月和 2 月，英国皇家空军发送的西科加密信息在每天有 300 条被德国人截获，这些信息的相同参数让德国人在当天下午两点就可以破译第一条信息。福格勒在日记中用了很长的篇幅说明他是如何做到这一点的。就像统帅部密码局瓦尔特·弗里克写日记那样，福格勒写日记也是不符合规定的，但是福格勒为了把工作做得更好，还是会不遵守纪律，而且他认为德国国防军的死板标准有悖于优秀密码分析工作所需的那种自由和求知精神。在下面这段日记中，他解释了如何破解使用非进位减法加密的四位数编码，这种方法与威廉·特拉诺破解英国皇家海军密码的方法相同：

> 1939年10月末，我开始基于10月截获的信息分析英国皇家空军的四位数编码，手底下只有20名对解密工作毫无概念的士兵——没时间培训他们。四个星期过后，我得到了第一批结果：– 2222 take–part 2, 1111, main code, 1584 from a.s.o. Shifting from relative numbers – for 2222 I had 9711 – 1111 was 0822 was done by 0983 = read following 5 figures in clear。我知道旧军士工资簿上的前面几位数是5或6，所以我用了5，其他几位数字我用000来填充，例如"0983 57643000"。作为证据，我发现了12月24日有五条信息是使用明文编码发送的，没有加密。后来我又得到两条使用西科密码加密、用英国皇家空军四位数编码重复的信息。在1940年底，我们完全重建了一些再加密表——100页，每页20行，每行5个四位数编码组。在1939年至1940年的冬天，大约30%的这类四位数编码信息都以2222开头。1941年1月，许多信息开头的文本后面都是放在括号里的地址——所以更容易发现相互重叠的消息了。[5]

由于英国皇家空军的信息会重复出现相同参数，而且他们每天会发送多达600条信息，所以空军新闻局能够破解和阅读（或理解）截获的无线电通信，知道英国全国的轰炸机和战斗机部署情况。

1939年12月18日，英国皇家空军的24架惠灵顿轰炸机飞去位于德国北海海岸上的威廉港，攻击港口里的一支海军舰队。他们在路上时被德军的两个雷达站发现。德国空军信号情报人员拦截并破译了他们的无线电信号，知道了他们正"飞跃敌国海岸"。与柏林、维也纳，以及罗马尼亚普洛耶什蒂的油田一样，威廉港也是德国在欧洲大陆上防卫最严密的地方。高射炮部队和战斗机等待着英国惠灵顿轰炸机的到来。24艘英国轰炸机中有12艘被击落。这场胜利说明了德国空军新建的信号情报基础设施是有用的。

然而，德国人在不列颠战役（Battle of Britain）中并未获胜。德国人开发出监听、拦截、解密和利用英国皇家空军重要行动密码的方法，但是这并不意味着德国的飞机、飞行员或战略更好。理论上，事先或及时知道英国人的军事计划，本应该给德国人带来战术优势。空军新闻局此时在欧洲有24个移动的和固定的监听站，而且在法国陷落后建立于加来海峡（Pas de Calais）附近的那个监听站离英国肯特郡的福克斯通（Folkestone）只有40英里。英国在1939年12月空袭威廉港受挫，说明了德国人的装备很有效，而且德国人也知道英国皇家空军的大部分作战力量，知道英国的战斗机和轰炸机以何处为据点。这么说来，德国在1940年6月至9月之间肯定能够在战术和战略上胜过英国皇家空军吗？理论上能够胜过，但实际上并没有。

德国的信号情报基础设施本质上是防御物，旨在监测英国战斗机和轰炸机即将进攻德国时的迹象，并且这个信号情报基础设施属于一个由雷达站、监听基地和密码分析组织构成的综合网络。重要的是，密码分析还很花时间：在最快的情况下，一条使用《皇家空军编码》加密的关于英军即将进行轰炸任务的信号，假设在8∶00被巴黎附近的阿涅尔（Asnières）监听站拦截，在8∶15被转写下来，在8∶35通过电传打印机发送至波茨坦，波茨坦在 9∶00 接收成功，在 9∶15 传送给两名密码分析人员，然后在 12∶30 成功破译。英国皇家空军的惠灵顿轰炸机中队在晚上 11∶00 从剑桥郡的基地起飞，前往鲁尔地区发动夜间空袭。它们将在凌晨 1∶30 飞到目标区域上空，而早在 12 个小时前，德国情报部门破解的信息就已经传送给夜间战斗机和高射炮基地了。德国人进攻英格兰时的情况则完全相反：德国空军就算拦截到英国皇家空军宣布某个中队从汤米尔（Tangmere）或比根希尔（Biggin Hill）紧急起飞的信号，以最快的速度开始破解也来不及——费迪南德·福格勒的手下还在用他们精心重建的加密表中的密钥词减去四位数字母组合时，英国皇家空军的战斗机就已经在攻击德军的轰炸机了。破解英国皇家空军的密码有重大的战略意义，极大地帮助了德军拦截飞跃英吉利海峡的英国轰炸机和战斗机，但是它对不列颠战役结果的影响却很小，因为这场战役对德国空军来说，本质上是一场进攻战。

不列颠战役的胜与败

不列颠战役中英国人获胜，德国人落败，其中有多个原因。下面大致列出几点关键因素，解释为什么第二次世界大战中最先进的密码破译工作和最优秀的密码破译人员未能帮助德国人赢得在英格兰南部的空战。

首先，与赫尔曼·戈林相比，英国皇家空军战斗机军团（Fighter Command of the Royal Air Force）的领袖空军上将休·道丁（Hugh Dowding）是一名更加有能力的领导者和战略家。就像德国人那样，英国人也拥有优秀的监听机构。"链向"（Chain Home）网络的雷达站和皇家观察军团（Royal Observer Corps）的工作人员可以充分预警德军飞机的袭击，道丁和他的空军大队指挥官能充分利用了这些预警来部署战斗机。

其次，英国的飓风战斗机（Hurricane）和喷火战斗机（Spitfire）非常优秀。而且，英国和英联邦的飞行员训练有素，奋力保卫家园；即使飞机被击中，他们也往往会降落到肯特郡的啤酒花土地里，不会降落在敌人的领地，以便在未来还可以参战。甚至在被击落后，他们也能够在德国人看不见的地方修复飞机。所以，受损的飞机实际上经常能够在一个星期后再次飞起来。英国皇家空军不仅可以利用英国飞行员，还能利用波兰、捷克、新西兰、澳大利亚、美国和南非的飞行员，而且这些飞行员许多都有飞行经历。当然，单独来看，飓风战斗机和喷火战斗机的表现并不总是高于Me-109战斗机之类的德国飞机，而且执飞的德国飞行员可能在西班牙或芬兰有过实战经验。然而，通过集体部署和搭配，英国战斗机在对抗德国战斗机和轰炸机时却能够占上风。飓风战斗机和喷火战斗机上安装了八架勃朗宁303机枪，所以有时要使用大量弹药击落一架轰炸机，但是部分英国飞行员十分擅长迎头攻击技术，能够将机枪的火力最大化，同时通过正向交战，避开德国轰炸机上的防御武器。8月30日，253中队（253 Squadron）的中队长汤姆·格里夫（Tom Gleave）使用这种战术，在一场近距离空战中击落了四架Me-109战斗机——在他开火时，被击落的第三和第四架飞机离他分别只有六十码和七十五码远。此外，德国轰炸机的负重更大，速度更慢，编队也更紧密，这让它们比单独的战斗机更容易被攻击。

尽管英国皇家空军的飞行员和飞机有能力，但让他们在1940年整个夏天保持不败的却是飞机的部署方式。在第一次世界大战中，40号房能够监听德国海军的信号，但是没法将监听结果应用于军事行动。在第二次世界大战中，英国人的信号情报对军事行动有了积极的影响，而德国密码破译人员尽管在工作上获得成功，但并没有什么办法来减弱这种影响。

实际上，费迪南德·福格勒及其在德国空军的密码破译团队并不知道，英国人已经在阅读德国空军使用恩尼格玛密码机加密的信息了。1940年夏天，布莱切利园的英国密码分析人员在阅读德军从军队调动，到驳船集结的各类信息。德国空军受命不轰炸英国码头，以便在陆军部队入侵时使用它们。到了7月中旬，布莱切利园甚至破解了戈林向"海狮行动"（Operation *Sealion*）里多名将军发送的通知。英国人后来又破解了更多信息，知道德国各个中队的实力，以及它们在荷兰、法国和比利时的位置。1940年9月，德国人在不列颠空战中落败，于是开始轰炸行动，企图削弱战时英国的经济。

第十章　大西洋海战——第一段美好时光期间的"戴安娜"与"胡伯特斯"

1939年9月1日，当时是海军准将的卡尔·邓尼茨与海军上将埃里克·雷德尔（Erich Raeder）开了一次会议。根据第一次世界大战期间的经验，邓尼茨说如果有一支由300艘U型潜艇组成的舰队，他就能发动海战，打击英国的海军运输线，削弱英国的经济，阻止商船队将食物、军备和重要的燃油运送到英国岸边。问题在于，德国此时只有57艘潜艇，而且其中只有27艘可以下海服役。邓尼茨最少也需要90艘U型潜艇，才能开始实施计划。雷德尔和邓尼茨都知道，德国海军的重整军备计划正处于高峰；德国计划在该年年底新下水30艘U型潜艇。所以，雷德尔让邓尼茨利用现有的资源发动海战。于是，大西洋海战就开始了。

*　　*　　*

就在他们开会的当天，雅典娜号客轮离开格拉斯哥，前往蒙特利尔。船上共有船员315人，载有1103名乘客，其中500人是犹太难民，其余的是加拿大、美国和英国的公民。和大西洋两岸的其他船长一样，雅典娜号的船长也知道战争随时会爆发，但尽管如此，雅典娜号还是在9月2日午餐时间离开了利物浦，驶入大西洋公海。9月3日，它位于爱尔兰西北200海里处的海域。当天下午4：30，德国海军中尉弗里茨－

尤利乌斯·伦普（Fritz-Julius Lemp）发现了雅典娜号。伦普是U-30潜艇的指挥官，这艘潜艇是一艘600吨VII-A型U型潜艇，是在德国的秘密重整军备计划——Z计划中规划和建造的。它属于第二U型潜艇队（the 2nd U-boat Flotilla），以威廉港外海为基地，自战争爆发前的8月22日起就在海上行动。伦普认为以曲折航线前进的黑色雅典娜号是一艘运兵船、武装商船巡洋舰或Q型船（Q-Ship）。Q型船是以伪装方式装备了火炮的商船，用于引诱U型潜艇到水面发动攻击。因此，伦普和U-30潜艇跟踪了雅典娜号三个小时，然后他下令发射两枚21英寸鱼雷。一枚鱼雷在雅典娜号的左舷爆炸，炸穿了轮机舱，让它的船尾开始下沉。伦普在水下以最快速度驶离，三艘英国驱逐舰、一艘挪威邮轮、一艘瑞典游艇和一艘美国货船救起了约1300名乘客和船员，总共118人遇难。[1]从纽约驶往莫曼斯克（Murmansk）的德国邮轮不莱梅号（SS *Bremen*）无视了雅典娜号的求救信号。英国及其盟国对雅典娜号被击沉极其愤怒。

加拿大的《哈弗利克斯先驱报》（*Halifax Herald*）在9月4日刊登了头条文章《雅典娜号邮轮遭鱼雷击沉》。这家报纸头版的中心位置还印着红色的通栏大字标题——"帝国进入战争状态"。

海军上将雷德尔听说此事后，强烈要求知道相关情况。他询问U型潜艇总部，后者说曾经离雅典娜号最近的潜艇也在70海里以外。雷德尔正式告知美国驻柏林使馆的代办专员，说雅典娜号不是其手下击沉的。德国宣传部甚至声称击沉雅典娜号的是一艘英国潜艇，企图以此激怒美国参战。海军中尉伦普在回到德国后向邓尼茨汇报，说他将雅典娜号误认为运兵船，所以才将它击沉的。邓尼茨派伦普去见了雷德尔，雷德尔后来又因此事见了希特勒。

---

[1] 英联邦国殇纪念坟场管理委员会（Commonwealth War Graves Commission）列出的死亡人数是64人。

按照《海牙公约战利品规则》（The Hague Convention Prize Rules）此时的规定，船只或潜艇的指挥官在击沉民用船只前必须先让船上的乘客坐上救生船。邓尼茨做出了三种反应：篡改U-30潜艇的航行日志，就雅典娜号击沉事件说假话，命令德国舰艇遵守《战利品规则》到1939年12月。后来，邓尼茨在年底改变了策略，要求尽可能多地击沉敌方船只，无论船上有没有人员。他告诉U型潜艇的艇长："谁也别救，谁也别带走。不要在意那些船的救生艇。"[1]

1939年10月14日，上尉君特·普里恩（Günther Prien）指挥VII-B型U-47潜艇穿过反潜艇网络，进入了英国皇家海军在斯卡帕湾奥克尼群岛（Orkneys）的锚地。邓尼茨和雷德尔都认为，攻击停泊在锚地的英国本土舰队能迫使它们移动到其他地方，远离英国的东海岸，让德国人有更大的自由活动空间，可以攻击大西洋上的商船队，避开北海上的封锁。英国皇家海军想让由战列舰、巡洋舰和驱逐舰构成的本土舰队参加更具攻击意义的行动，打击大西洋里的潜艇，但英国陆军和政府的立场却截然相反，他们希望本土舰队能够保护英格兰东部和南部的港口，以防敌军入侵。英国此时在英吉利海峡里的海军资源减少，所以必须从大西洋护航任务中调来更多的舰艇保护港口。所以，普里恩的攻击旨在让英国人知道其国内锚地也有可能被潜艇攻击，以此分散英国皇家海军的资源。

君特·普里恩指挥他的U-47潜艇在被极光照亮的海面上航行。岸上有一辆苏格兰出租车迅速驶过，前灯的光线也短暂地照亮了潜艇的线路。U-47潜艇进入斯卡帕湾，斜对着"一战"时期的战列舰皇家橡树号（HMS *Royal Oak*），朝它发射了八枚G-7a鱼雷。最先四枚鱼雷来自船头的发射管，其中一枚卡在发射管中，两枚因为深水制导系统和磁电雷管系统的问题而出现故障。G-7a鱼雷由十氢化萘驱动，这种燃料在燃烧舱中燃烧，加热淡水产生蒸汽，为一个四缸小引擎提供动力。鱼雷配备的是机械磁性雷管，而这种雷管并未在实战中检测过，所以经常发生故障。在手下为船头发射管重装弹药时，普里恩调转潜艇，又从船尾发射筒发射出一枚鱼雷。这枚鱼雷也没有命中目标。但是，在船头发射管的鱼雷重新装填完成后，他又发射了三枚鱼雷，全部命中了目标。它们炸穿了皇家橡树号的装甲甲板，引燃了其中一个弹药库。皇家橡树号朝一边倾斜，在被击中13分钟后沉入了水并不深的锚地。它沉没后，四周的海面上覆盖了一层又厚又黏的燃油。许多跳船的船员只穿着睡衣。海水特别寒冷，而且船上的那些中青年男性船员尝试游半海里到岸边，游泳时将黏稠的燃油吸进了肺部和胃部。许多人都没能游上岸。总计有833人死亡，其中100多人是未满18岁的青少年水手。普里恩和U-47潜艇回国，被视为英雄欢迎。希特勒很开心，授予了普里恩铁十字骑士勋章（Knight's Cross of the Iron Cross）。

那年秋天，另外两次U型潜艇袭击事件也对英国战舰在大西洋上的行动造成了直接和重大的影响：9月14日，一艘U型潜艇差点击中皇家方舟号（HMS Ark Royal）航空母舰；9月17日，一艘U型潜艇在爱尔兰外海击沉了勇气号（HMS Courageous）航空母舰。结果，英国海军部认为以航空母舰为据点的反潜艇巡逻风险太大，可能会损失皇家方舟号这样的珍贵战舰。

次年夏天，法国已经陷落，不列颠战役正如火如荼。德国U型潜艇此时能够从法国西部大西洋沿岸的据点向外行动。在1940年7月至10月之间，有超过260艘同盟国和中立国的船只在英国附近水域和大西洋被击沉。由于德国以这种速度不断地击沉盟军舰艇，德国U型潜艇的船员开始把这种成功称为"美好时光"（Die Glückliche Zeit）。[1]在7月的七天时间里，船只被击沉的速率、盟国海军对U型潜艇的反攻，

---

［1］后来被称为"第一次美好时光"。

以及国际船舶被袭击的范围,在一定程度上表明了这段时期最先几天里的激烈战况。这只是大西洋海战的开端,这场海战的战场将会是北大西洋那些面积广阔、波涛汹涌、阴暗和残酷的海域。这些海域位于赤道以北,在被称为旧大陆的欧洲及非洲与被称为新大陆的美国之间,面积超过 1600 万平方英里。这些海域很深,许多地方深约 1.2 万英尺。这片海洋很大,所以对德国和同盟国来说,在 U 型潜艇、补给船队和护航船队之间的任何攻防行动中,一个重要部分就是探测敌人。这也是无线电通信(无论是否加密)至关重要的根本原因之一。驱逐舰和小型护卫舰要寻找和追踪潜艇,潜艇要寻找商船队,商船队则要尝试避开实行狼群战术(wolfpack)的 U 型潜艇。商船、潜艇和护航舰都要依靠无线电通信来通知自己人敌方舰艇在过去、现在或未来可能的行踪,因此无线电通信量十分巨大。如果某一方能够破解对手发送的加密信号,就可能获得至关重要的战术和战略优势,甚至决定战争的走向。但是,在这场战役的初期,许多军事行动都集中在爱尔兰、苏格兰和英格兰以西的航道上。德国潜艇会袭击来自和前往英伦三岛的任何商船,无论它们是何国籍。从一个星期内被击沉或损伤的船只清单来看,我们就能大致了解大西洋海战初期的激烈程度。

7 月 1 日凌晨 4∶00,在布雷斯特以西 300 海里的地方,U–30 潜艇击沉了与其他船只结队航行的英国商船贝格能号(SS *Beignon*),U–102 潜艇击沉了克里尔顿号(SS *Clearton*)。反过来,英国驱逐舰范西塔特号(HMS *Vansittart*)利用"潜艇探测器"(Asdic)发现了 U–102 号,用深水炸弹将它炸沉。与此同时,U–65 潜艇击沉了荷兰货轮阿姆斯特兰号(*Amstelland*),U–29 潜艇用鱼雷击中了希腊船只亚当马斯托斯号(*Adamastos*)。在爱尔兰附近海域,U–26 潜艇损毁了英国船只扎利安号(*Zarian*),然后被英国花级轻型护卫舰唐菖蒲号(HMS *Gladiolus*)用深水炸弹炸伤,还遭到一架由皇家澳大利亚空军人员执飞的桑德兰

（Sunderland）飞艇轰炸。

7月5日，U-34潜艇在兰兹角附近击沉了英国驱逐舰旋风号（HMS Whirlwind），U-99潜艇用鱼雷击中加拿大商船梅戈格号（*Magog*），将它炸成了两半。它的船尾立即沉入了大西洋，但是由于船上装有大量木材，它的前面部分浮在水面上，让船员得到营救。7月6日，U-35潜艇击沉了爱沙尼亚运煤船瓦珀尔号（*Vapper*），而在它的南边，已经晋升为上尉的弗里茨-尤利乌斯·伦普指挥U-30潜艇击沉了埃及货轮安格勒马布罗号（*Angele Mabro*）。7月7日，U-99潜艇击沉了英国商船海洋荣耀号（*MV Sea Glory*），后来又在克利尔岛附近击沉了瑞典的比森号（*SS Bissen*）；U-35潜艇用鱼雷击中了荷兰邮轮卢克雷西亚号（*Lucrecia*）。

1940年7月初，上尉威廉·罗尔曼（Wilhelm Rollmann）指挥的U-34潜艇正在进行第七次巡逻。这艘潜艇参加过西班牙内战，其间击沉过一艘共和军的潜艇。1939年9月至1940年8月1日之间，这艘VII-A型U型潜艇击沉了近10万吨盟军船舶，其中包括20艘商船、2艘盟军护航舰，以及1艘英国皇家海军潜艇。

与此同时，U-99潜艇击沉了总计超过25万吨的船舶。这艘潜艇由另一名德国潜艇英雄——奥托·克雷齐默尔（Otto Kretschmer）指挥，他后来成为"二战"中德国最成功的U型潜艇指挥官。他对袭击中幸存者的人道对待很有名。几名水手描述过自己的商船被U-99潜艇鱼雷击中后的情况。在他们跳海或登上救生船后，克雷齐默尔潜艇上的水手给湿透、寒冷的他们递过罐装饼干或烈酒。[1]克雷齐默尔被称为"沉默奥托"，既因为他在军事巡逻中不愿意发送任何多余的无线电信息，也因为他使用"潜航"的方法进行袭击。他会在夜晚从水面上驶入敌方船

---

[1] 在他的潜艇最终被英国皇家海军的深水炸弹严重炸伤时，一名英国士兵从船的一侧放下攀爬网，将他从海里救了起来。这种做法也是恰当的。

队,尝试只向每艘目标船只发射一枚鱼雷。英国人觉得他的这种勇猛近乎疯狂。

在7月8日早晨7:57击中英国商船亨伯湾号(Humber Arm)后,克雷齐默尔遭到英国护航船的猛烈攻击;英国护航船会在他们预测的潜艇行动方位扔深水炸弹,在14个小时的时间里,它们在克雷齐默尔的潜艇周围扔了104枚深水炸弹。U型潜艇进在入或离开其袭击区域时被潜艇探测器、昵称为"哈夫达夫"(Huff-Duff)的高频测向仪[1]或目视发现的风险最大。护航舰会将鼓形的炸弹从船头推下去,或者使用发射器来发射。炸弹含有300磅阿马托炸药,装有适合特定深度的雷管,可以给潜艇造成巨大的水力冲击。有些水手会在深水炸弹中添加百磅重的金属,让它下沉得更快。炸弹如果在离潜艇20英尺或更近的地方爆炸,就会炸破潜艇的耐压壳体;如果在40英尺远的地方爆炸,冲击力会把潜艇推到水面上。深水炸弹能够在至多900英尺深的水下爆炸,但是发射深水炸弹和成功命中潜艇都特别困难,因为护航舰需要离开爆炸区域;大西洋波涛汹涌,所以水下的U型潜艇会朝各个方向移动;深水炸弹的下沉速度是每秒八英尺;深水炸弹如果靠得不够近,就多次爆炸才能炸伤潜艇。[2]

---

[1] 高频测向(High-Frequency Direction-Finding)技术,由苏格兰无线电物理学家和气象学家罗伯特·瓦特(Robert Watt)在1926年发明。他试验了多种方法来追踪闪电将空气离子化后发出的无线电信号,后来意识到找一种方法来发现来自闪电的高频信号,可以很好地追踪雷暴,进而帮助飞行员避开它们。

[2] 经受深水炸弹攻击次数最多的U型潜艇是U-427潜艇。这艘潜艇的指挥官是奥地利人卡尔·加布里尔·格拉夫·冯·古登纳斯(Carl Gabriel Graf von Gudenus),曾击沉过盟军的舰艇。尽管它在一天的时间里被深水炸弹攻击过678次,但它的所有船员都活到了战争结束。

邓尼茨上将的潜艇部队

入侵法国在战术和战略上对 U 型潜艇部队有着直接的影响。一个最重要的影响是德国人可以在大西洋沿岸建立潜艇基地。比如说，位于法国西海岸上圣纳泽尔（St Nazaire）的 U 型潜艇，就要比位于基尔或威廉港的潜艇离大西洋近至少 800 海里。此外，这也意味着它们如果要攻击大西洋的船运，就不必经过英国皇家海军把守的英吉利海峡，也不用再花费大量燃油和时间绕过奥克尼群岛以北，从法罗群岛和冰岛之间穿过。最初建立的几个 U 型潜艇基地位于洛里昂（Lorient）、布雷斯特，以及拉罗谢尔（La Rochelle）的深水港拉帕利斯（La Pallice）。邓尼茨是一名经常亲自仔细指挥属下的高级军官。他的第一个行动总部位于克里尔隆别墅（Villa Kerillon），一栋建于 19 世纪的方形大楼房，位于洛里昂附近的科内维尔港（Port Kernevel）。别墅四周有花园，花园的庇护所里建有多个防爆混凝土掩体，邓尼茨会在这些掩体的阶梯状屋顶挥手向离开或返港的 U 型潜艇致意。这些潜艇会停靠在海湾对面的科罗芒半岛（Keroman peninsula）上的潜艇基地里。这个潜艇基地是德国在本土以外最大的、设防最严密的军事建筑。科罗芒潜艇基地顶部有厚达 21 英尺的混凝土，是欧洲被轰炸最多的四个地点之一，另外三个是柏林、基尔，以及鲁尔地区的军工厂。邓尼茨在 1940 年 6 月底决定建造这个基地，最终建了三个用钢筋加固的巨大混凝土建筑，可以容纳 30 艘 U 型潜艇。

即将离港开始巡逻或巡逻归来的 U 型潜艇指挥官必须亲自向邓尼茨做及时、准确的汇报。在海上时，潜艇有时会严格执行无线电静寂方案，例如在前去袭击船队或护航舰时，但是邓尼茨则要求战斗巡逻中的潜艇指挥官持续不断地提供信息。当 U 型潜艇在海上不断地上浮和下潜时，使用恩尼格玛密码机加密的信号会从克里尔隆别墅外面的掩体里发送出去,而且这些信号的传递会分别在第 2、6、12 和 20 小时重复,直到 U 型潜艇确认收到。第一条信息会从洛里昂发送,接下来会从巴黎西南圣亚西西(St Assise)的大型无线电发送器传递出去。这里曾经是法国殖民部(French Colonial Office)的信息发送中心,那 11 个电缆塔和 5 个高达 750 英尺的天线塔由法国无线电公司(Radio France)建于 1921 年,支撑着当时世界上最强大的无线电发送器。1925 年,从圣亚西西发出去的短波信号可以抵达中南半岛。

邓尼茨通过与 U 型潜艇保持联络来指挥它们,他要逐一了解每艘潜艇的巡逻进程。他每天都要开短会,向 6 名副手和参谋下命令。然后,无线电操作员会使用恩尼格玛密码机将这些命令加密成信号,发送给海上的 U 型潜艇。15 至 20 名德国海军无线电操作员轮班工作:恩尼格玛密码机上四个内部转子的设置由军官每 48 个小时更换一次。两个外部转子的设置则由军士或其他级别的人员每天更换。当天负责的军官更改内部转子的设置后,另外一名军官要检查。外部转子设置的更换流程也类似,在每日更换后由另一名水手检查。

每艘 U 型潜艇都有两个无线电网,各有六个频率。这两个无线电网的代号分别是"胡伯特斯"(Hubertus)和"戴安娜"(Diana)。圣胡伯特斯是打猎者的主保圣人。他生活在六七世纪。在他妻子死于分娩后,他据称完全沉溺于在阿登地区狩猎。一个周五的早晨,当大家都在教堂里时,胡伯特斯出去打猎。在他追逐一只巨大的雄鹿时,这只雄鹿突然停止逃跑,朝他转身,鹿角中间露出一幅焕发亮光的耶稣受难像,于是胡伯特斯放下了弓。后来,他离开了这只雄鹿,找路走出了森林,过上圣洁的生活,最终成圣。戴安娜则是罗马神话中司管狩猎、自然、月光和动物的女神。可以说,德国的 U 型潜艇在北大西洋的无垠星空和雷雨云下巡逻时,就是通过司管狩猎和动物的圣人及神灵相互交流的。所以有些潜艇才会在瞭望塔上绘制动物徽章。这种习惯始于君特·普里恩的U–47潜艇。在击沉皇家橡树号后，U–47艘潜艇的船员就在艇身上绘制了一个喷着鼻息的公牛头像。

使用恩尼格玛密码机的无线电信号传输是一个特别精确的过程。例如，如果邓尼茨或他的某位参谋想要向U–703潜艇发送信息——这艘潜艇属于代号为"灌木骑士"（Stauchritter）的攻击小分队，正在格陵兰岛以西的大西洋上执行任务——那么他发送信息的流程如下。位于洛里昂的当值军官拿到邓尼茨或他下属口述的信息，在上面盖上时间戳，交给当值的无线电技术员加密；这名技术员是轮班加密和解密信息的15至20名无线电人员之一。每天轮换的当值军官负责设定恩尼格玛密码机的转子位置，这些密码机被用于U型潜艇的"戴安娜"和"胡伯特斯"无线电网交流。此前已经解释过，只有军官才能设定内部转子的位置。他们每隔48小时，在午夜快到来时更换一次转子位置，同时要让两个"当值"密码机中的第二个继续使用前一天的设置，以防U型潜艇使用旧转子设置发送的信息到达得较晚。

在当值军官完成转子设定后，无线电技术员会按照要求配置恩尼格玛密码机的插线板，把转子转动到指定位置。在密码机配置完成后，无线电技术员就加密信息，然后立即在另外一台密码机上解密，以确保它能够被阅读。如果没有问题，这条信息就会被发送出去。信号的接收方通常是潜艇，所以发送信息的无线电操作员首先要搞清楚潜艇的位置，然后根据潜艇位置决定使用哪个无线电通信网络。他们的无线电通信网络包括用于北大西洋的美洲A（Amerika A）、用于南大西洋的美洲B（Amerika B）、非洲1（Afrika 1）、非洲2（Afrika 2），以及其他3个网络。但是，在海上袭击船队的潜艇使用的是"戴安娜"无线电网和"胡伯特斯"无线电网。前者有3个频率；根据当天时间和当地大气条件，潜艇会使用不同的频率来接收来自洛里昂的信号。胡伯特斯无线电网则有6个频率。

位于洛里昂的当值无线电技术员使用摩尔斯电码将信息发送至圣亚西西，圣亚西西接着又以预定的 2、6、12 和 24 小时[1]间隔将信号发送出去。信息如果很紧急，就会在两天后再次发送。信息有 6 种类型。第一种叫作"长"信号。这些信息被海军的恩尼格玛密码机加密成四字母组合，如"MHEV"。开头两个和结尾两个字母组合是重复的指示码，可以让接收人知道使用的是哪种恩尼格玛密码，以及转子的初始设置。信息的长度在 10 至 80 个字母组合之间，使用摩尔斯电码发送每个字母组合的时间为两秒半，那么总的发送时间在 25 秒至 3 分钟之间。当然，信息越长，被盟军的测向雷达或被英国的高频测向器拦截的可能性就越大。德国人更喜欢使用恩尼格玛密码机，原因之一就是为了避免发送可能被高频测向器追踪的长信号。恩尼格玛密码机能够将较长的信息压缩成四字母组合，优秀的摩尔斯电码操作员可以很快地发送它们。

德军在目击盟军的船队时，会先后使用《德国海军信号簿》（Signal Book of the German Navy）和海军恩尼格玛密码机加密报告。1943 年以后，德国人采用了《短信号簿》（Short Signal Book），但是上述两个步骤基本相同。U 型潜艇发送的最紧急信息，以及最有可能暴露潜艇位置的信息，是船队目击报告、关于 U 型潜艇正在进行或已经完成的袭击行动的报告，以及关于潜艇在海上具体位置的报告。所以，这些信息会被尽可能压缩成预编码字母组。这类字母组被称阿尔法信息。它们的开头是代表字母阿尔法的德语摩尔斯电码，这样做的作用是将信道里不那么重要的信息清理掉。如果要发送稍长的信息（最多 4 个字母组合，每个字母组合里包含 6 个字母，总共 24 个字母），德军在发送这些短信号时，针对关于敌军船队速度和位置等信息的报告会使用《短信号簿》，针对每艘潜艇发送的关于其所在位置当时天气情况的天气预报会

---

[1] 原文如此。前文为 2、6、12、20 小时。——编者注

第二部分　德国攻势　　143

使用《短天气编码簿》(Short Weather Code Book)。这些信息的开头是代表字母贝塔的德语摩尔斯电码，因此它们被称为贝塔信号。如果一条信息包含6个四字母组合，那么就有由5个字母构成的指示码，以及针对每艘U型潜艇的二字母无线电技术员呼号。《短天气编码簿》很像字典，其中的字母组合代替所有不同的经纬度、气压、气温、风速、云量和能见度。海军的恩尼格玛密码机被用于加密这些字母组合。战争爆发时，德国潜艇在使用14种不同的恩尼格玛密钥，其中最重要的几个包括"弗雷亚"（Freya）和"海卓拉"（Hydra）。在有线电话或电传打印机无法使用时，德国海军总部会使用"弗雷亚"来与岸上的海军部门联络；战争初期所有U型潜艇都使用的主要行动密码则是"海卓拉"。德国海军舰艇在占领区行动时使用的主要密码也是"海卓拉"。"美杜莎"（Medusa）是国防军最高统帅部用于指挥和控制地中海所有U型潜艇的主要密码。"海王星"（Neptune）是德国海军主力舰使用的主要密码。最后，也是最重要的是，德国U型潜艇总部用于指挥大西洋中所有作战潜艇的密码"特里同"（Triton）。所有的恩尼格玛密码机密钥中，最重要的3个是"海卓拉""美杜莎"和"特里同"。英国密码分析人员给"特里同"取了特别的代号。这些密码分析人员在伦敦北部的一所乡村房屋里工作，德国的U型潜艇部门甚至都不知道他们的存在。位于布莱切利园的英国政府密码学校将"特里同"称为"鲨鱼"（Shark）。

第十一章　古典的敌人，现代的密码破译

第二次世界大战开始时，希腊由扬尼斯·梅塔克萨斯（Ioannis Metaxas）统治，他所在的政党自称八四政权（4th of August Regime）。梅塔克萨斯企图维持中立立场。然而，希腊的地理位置以及它在地中海的战略地位决定了它无法中立。转折点在 1940 年 8 月 15 日早晨 8∶25 到来。希腊巡洋舰埃利号（*Elli*）停泊在爱琴海基克拉泽斯群岛（Cyclades）中的蒂诺斯岛（Tinos）。这周，在英格兰南部的上空，不列颠战役中双方的飞机激战正酣。但是，在海水呈青绿色的蒂诺斯岛上，这一天却是国家假日。8 月 15 日是东正教里的圣母升天节，庆祝圣母结束尘世生活并升天。在意大利潜艇海豚号（*Delfino*）向埃利号发射三枚鱼雷时，埃利号上的部分军官和船员在岸上，但是大部分船员都在船上。埃利号被击沉，九人死亡。这艘意大利潜艇接着又用鱼雷袭击了停泊在蒂诺斯岛港口里的两艘希腊客轮。后来，潜水采集海绵的人从港口的礁石里找到了这几枚意大利鱼雷的碎片。它们上面有意大利军队的标志，清楚地说明了鱼雷的来源。梅塔克萨斯的政府尝试假装不知道那艘潜艇的国籍，但是这种做法完全不能说服希腊民众。后来，意大利军队进入阿尔巴尼亚，在挨着意大利的边境建立了阵地，战争已经不可避免。

1940 年 10 月，意大利军队入侵希腊，朝伊庇鲁斯（Epirus）地区进攻，希意战争由此爆发。然而，希腊陆军将意大利军队逼回了阿尔巴尼亚的山区。意大利在 1941 年春天发动反攻，但是再次被得到阿尔巴

尼亚游击队帮助的希腊军队击败。希腊请求同盟国支援；英国派去了几架飓风战斗机和布伦海姆（Blenheim）轰炸机，后来又在1941年3月派出了一支由英国人、澳大利亚人、新西兰人以及部分印度人组成的完整远征部队。德军在1941年4月入侵南斯拉夫，然后迅速攻入保加利亚。接下来，德国坦克和半履带式车辆侵入希腊，但英国和英联邦军队的奋起防御，减慢了它们前进的步伐。在奥林波斯山（Olympus）和塞尔维阿（Servia）的关口，澳大利亚和新西兰军队将德国第九装甲师阻拦了三天。德国和意大利军队有1350辆坦克，希腊有20辆，英国和英联邦盟军只有100辆。德军推进得很迅速，部分原因是几乎所有希腊陆军都在伊庇鲁斯地区参战。雅典在4月30日沦陷，剩下的英国部队乘船去了克里特岛（Crete）。

意大利将它的两个密码破解部门都部署到了阿尔巴尼亚和希腊。在意大利人集中力量破解希腊密码时，德国人则在努力破解意大利人的密码，并且在继续努力破解英国军队在使用的两种战场密码。发生在阿尔巴尼亚和希腊的这场战争中，参战的有希腊、英国、德国、阿尔巴尼亚和意大利的陆军，英国皇家海军，意大利皇家海军，德国海军以及U型潜艇部队。实际上，1941年4月发生在希腊的战斗揭开了地中海区域一场规模更大、范围更广的海陆战争的序幕。这场范围更大的战争，是在盟军从德国人手里夺回意大利，以及希腊人在1944年重新控制他们的首都时才真正结束的。在蓝天上，在湛蓝的地中海上，在爱琴海群岛、伯罗奔尼撒和基克拉泽斯群岛的山区和橄榄树林里，德国、意大利和同盟国的海军、陆军和空军激烈交战。参战各方传送的信号在空中交织，就像萤火虫一样。这些信号被各国的密码分析机构和信号情报机构监听、转写、翻译和解密。地中海四千年来经历了许多战争和阴谋，但是让1941年那场战争与众不同的是其中使用的技术、金属、矿藏、电子设备和飞机。每场战争中都有新武器，还有能够扭转局势的惊奇新事物，而在这场战争中，那位粉墨登场、被误解的神秘角色叫作密码学。

* * *

英国军队 1941 年 4 月在比雷埃夫斯港登上运输船后不久，一架德国鹳式（Fieseler Storch）侦察机飞到了雅典西北部山区和平原的上空。飞行员驾驶这架飞机在空中盘旋、爬升，然后又下降到原高度，以便俯瞰地面。飞机上那名来自德国空军的焦躁乘客则扫视地面，寻找着目标。海岸线在 8 月的烈日下显得干旱，岩石被晒得发白，山谷里长满了杜松灌木丛和橄榄树，空中有许多秃鹫在盘旋，炙热的地面上还有蜥蜴在爬行。然后，这名乘客用力向飞行员打了信号。飞行员以小圈调头，两人都朝下面看那片有一条陡峭通道的平坦高地。才从法国到来的上尉费迪南德·费希特纳找到了他想要寻找的东西——一个建设监听站的完美位置，建在这里的监听站可以覆盖整个东地中海。他们后来知道，这个地方原来是希腊邮政局的一处设施，位于雅典西北 160 英里处的小镇卢察（Loutsa）的上方。精明、顽强的费希特纳知道自己的直觉没错。这片干燥、多石的山地，就位于一个用于希腊、非洲和伦敦之间无线电通信的传输站以北一公里。费希特纳上尉始终反对不必要的官僚主义，反对不称职的高级军官，他立即决定安装 20 个菱形天线。这些天线是用于拦截短波和高频信号的无线电测向设备。他还制定了方案，要建造一栋监听楼。德国空军派来帮助他的建筑工程师团队有自己预定的工作方式，所以他与这个团队进行了大量争论，导致整个工程持续了整整九个月。在建造监听楼的过程中，费希特纳只好重新训练他从法国带来的连队。这点至关重要，因为费希特纳知道，在地中海地区和北非那种炙热、空旷的荒漠里，信号拦截连队的作用极其重要。这场战争主要是运动战，基于陆地的监听部队将能够拦截敌方陆军、空军和海军发送的信号。

与此同时，意大利陆军的情报机构——陆军信息部（Servizio Informazioni Militari，简称 SIM）下面有一个密码分析部门负责攻击外国的密码系统。陆军信息部由上将凯撒·亚梅（Cesare Ame）领导，位于罗马。其密码分析部门有 50 名雇员，其中一半是密码分析人员，一半是语言学者和办事员。意大利海军的情报机构叫作意大利皇家海军特别信息部（Servizio Informazioni Speciali della Regia Marina，简称 SIS），有四个分支机构。B 分部（B Branch）负责信号情报工作，往下又分为密码分析部门、拦截与测向部门、安全部门，以及秘密无线电拦截部门。密码分析部门位于罗马，在 1940 年由海军上将路易吉·多尼尼领导。与此同时，在意大利人破解希腊海军的信息时，德国监视局发现，因为英国与希腊在通信，所以可以将希腊人的通信用作关联材料，破解英国皇家海军的密码。监视局的分析人员比对希腊人的信息，与地中海英国皇家海军每日发送的信息。他们由此得到一个双重核验系统，因为意大利人此时在与德国人共享部分海军情报。希腊空军用于通信的密码系统是一个简单换位加密系统。

监视局和统帅部密码局都看得出来，希腊接连使用的几份编码簿都以 1935 年希腊陆军的编码簿为基础。而且，在希腊战役开始前的 1939 年，特拉诺其实就问过意大利陆军信息部和意大利皇家海军特别信息部是否能够提供针对希腊密码的任何已破译材料或可以辅助破译的材料。他觉得意大利会像德国人那样在一定程度上给予回报。然后，他在 1941 年发现了一件怀疑已久但一直没有证据的事情。从希腊信号中获取的情报表明，英国在监听意大利——或许还有德国——的无线电信息。一条被破解的意大利信号这么写道：

  此外，根据英国联络信号官员的说法，在 11 月和 12 月阿尔巴尼亚的几场战役中，希腊信号军团（Greek Signals Corps）成功破解了意大利的部分信息。12月6日，一名英国中校通知上级："随信附上一批由希腊参谋部拦截的意大利信息，以及一份意大利陆军在阿尔巴尼亚使用的内部密码'O.M.'。"12月8日，回信证实了希腊人的成功："十分感谢希腊人提供'O.M.'密码。告诉他们，我不记得曾见过这份密码，但是我十分感激能够得到它，也希望他们能够再提供其他的类似文件，帮助破解意大利军队在阿尔巴尼亚的那些恐怕无法破解的信息。"[1]

这对德国人而言至关重要。这条信号的内容倒是没有那么重要，重要的是他们明白了如何可以开发出另外一种方法来破解盟国、敌国以及中立国的信号。通过破解其中一个盟国——意大利的一条信号，他们还能够发现英国和希腊对彼此密码以及对轴心国密码的知晓情况。这意味着德国人不用完全依赖某次成功的密码分析——例如，破解法国战争部的密码——就能从其他国家获取信息。通过破解某个国家（如意大利）的密码，他们能够获得关于第三方国家信号情报和密码分析工作的信息。

1941年春天，德国国防军陆军的信号情报机构也在破解希腊陆军和空军的密码。他们先后在贝尔格莱德、保加利亚和希腊设点工作，发现希腊空军的信息是简单的方框加密信息，文本在发送时会分成若干组合，这些组合需要放到正确的方框中。"指示码"是始终放在特定位置的三个字母，所以在解密时需要去掉每个组合的前三个字母，然后再把密文放入特定的方框中。德国人破解了这种加密方式，方法是将密文写成不同长度的竖排，然后滑动邻近的各排，直到几个希腊音节出现。[2] 在实现初始破解后，德国人发现大部分希腊信息的开头都是"parakalao"（意为"麻烦，我请求"）、"anafero"（意为"我提及"或"我汇报"），以及"apesteilamen"（意为"我已经发送"）。密码框的宽度通常在15至22列之间，密文需要与这个框契合。

在德国，统帅部密码局的瓦尔特·弗里克博士仍然在非常仔细地记日记，写下关于轴心国在地中海区域情况的内容。他说，德国在外交上对墨索里尼的态度表面上很简单。两个国家是盟友，盟友不会破译彼此的信息。将能够证明实际情况并非如此的技术信息记录下来，完全违反了德国的安全规定，但是埃里克·许滕海因的这位尽责副手仍然做了记录。他这样总结了意大利人早期在密码破解方面的高超技艺：

墨索里尼决定在巴尔干半岛开战。冯·巴本（Von Papen）的警告让希特勒不愿意直接在那里开展行动，但是他对墨索里尼的约束只能达到将意大利限制在与希腊进行战争的地步。在不到两个月的时间里，除士气以外在各个方面都有优势的意大利人遭到惨败。意大利的政治领袖特别惊讶，参谋长巴多格里奥（Badoglio）元帅和其他几名高级军官都被免职，但这并没有让情况有所改善。

这几个星期里，一个最具决定性的因素是意大利人运用无线电的方式。

意大利的无线电工作方式还和几年前演习时一样。他们使用开放的循环通信；也就是说，属于相同单位的一组无线电站使用统一的频率（例如，一个师里三个步兵团的无线电站彼此通信，以及与这个师的无线电站通信，就会使用统一的频率），而且每个无线电站在发送所有信息时都只使用一种呼号。呼号本来应该每天更改，但是实际上经常会连续使用若干天；呼号更改后也经常出现错误，导致更改的信息被泄露。意大利人的信息量很大，所以敌人总是有机会测明方向，确定他们的位置。他们还经常用明文发送信息。意大利第十一军（Italian Eleventh Army）几个部队的这个问题尤其突出。而且，希腊人获得了至少两套意大利陆军密码系统。他们是怎么获得的，我并不清楚，但是可以确定的是，他们在希腊战役刚开始时就能破解意大利的大部分信息了。这让他们能够及时知道意大利司令部的大部分倾向，然后采取恰当的行动。他们在这方面的优势得到聪明的运用，他们以此开展了一系列在以前绝对不可能开展的军事行动。[3]

希腊对密码破解和信号情报的使用很出色，但是他们还是输掉与意大利的战争。然而，意大利人后来做了一件大胆得让所有人惊讶的事情——开展了一次密码破译行动，这次行动的战略和战术结果几乎在北非改变了战争的进程，还让隆美尔差点攻至苏伊士运河。

第三部分　战争中的德国

第十二章　德国在地中海的战役（1941—1942）

　　1941年春，德国和同盟国都在监听彼此。同盟国已经开始阅读德国人利用代号为"特里同"（英国人称其为"鲨鱼"）的加密密码在海军恩尼格玛密码机上加密的信号。德国空军给位于法国、意大利、南斯拉夫和希腊的战斗机和轰炸机中队发送信号，使用四转子恩尼格玛密码机来编码。尽管德国空军的信号情报机构怀疑英国人能够阅读德国空军的信息，曾三次要求空军更改恩尼格玛密码机的设定，但空军并未照做。英国皇家海军充分利用了这些信息。在3月的马塔潘角海战（Battle of Cape Matapan）中，英国皇家海军利用截获的恩尼格玛信号，提前确定了伯罗奔尼撒群岛附近三艘意大利重型巡洋舰的位置，然后将它们击沉。后来，在5月发生于大西洋上的一场船队战役中，英国海军斗牛犬号（HMS Bulldog）驱逐舰的一支登艇队伍攻占了德国U–110潜艇，获得了潜艇上的恩尼格玛密码机和编码簿，让英国能够将破解部分恩尼格玛信号的时间从11天减少到5小时。但是，即使是在这些事件发生后，监视局和德国空军都仍然不相信英国人有可能正越来越有效地破解德国信息。

　　在马塔潘角海战后，安德鲁·康宁汉（Andrew Cunningham）上将告诉下属，意大利的战列舰维托廖韦内托号（Vittorio Veneto）以及巡洋舰扎拉号（Zara）、波拉号（Pola）和阜姆号（Fiume）被一架从克里特岛起飞的卡特琳娜（Catalina）水上飞机发现。几乎可以肯定的是，这条信息是使用德国人此时称为"慕尼黑"的海军密码发送回位于英国的海军部队的。在新明斯特，德国海军监视局的监听站本来可能拦截这条信息的五字母编码组中的前三个，将摩尔斯电码转写出来，然后用电传打印机将它们发送回弗伦斯堡。特拉诺和德国人相信那条关于卡特琳娜水上飞机的信息，但是为了掩盖监视局在破解"慕尼黑"密码方面的进展，他们说意大利在情报工作方面存在失误，说意大利海军的参谋人员中有告密者泄漏了意大利海军舰艇的动向。

尽管双方都在成功地破解彼此的密码，但是在准确、及时的信号情报能在战术和战略上得到恰当的应用时，灾难仍然可能来袭。这种情况在克里特岛就差点发生。双方尽管都有着相同的信号情报水平，但是都未能充分利用信号情报。英国人通过破解恩尼格玛密码，在1941年3月提前一个月知道了德国的部分入侵计划。[1] 他们破解了德国空军用恩尼格玛密码机加密的信息，以及部分使用"鲨鱼"加密的信息，密切关注了德国运兵船、Ju–52运输机和护航驱逐舰的集结，以及德国空军高射炮部队的登船程序。关于德国入侵计划的所有信息都表明，克里特岛将成为德国的攻击目标，但是英国人认为这是德国人的欺骗行动，旨在为袭击塞浦路斯或叙利亚提供伪装。在德国入侵的三个星期前，克里特岛显然就是德国人的真正目标。这让盟军有时间集结防御力量。澳大利亚、英国和新西兰的军队被船运到克里特岛南边和北边的港口。英国皇家空军尝试增强他们在克里特岛上的微弱力量，但是他们派去的飞机没有几架可以参战。德国人在空中有绝对优势，他们部署了约1200架各类飞机去入侵克里特岛。英国皇家空军在岛上有四个中队，总共拥有约60架飞机，但是由于缺乏配件和后勤支持，真正能使用的飞机只有12架。

---

[1] 后续章节会讲述英国在破解德国恩尼格玛信号方面的行动。

但是，如果说英国在克里特岛上的准备工作特别缺乏活力，那么德国人在情报反应上也是同样的情况。德国各个信号情报机构提供的信息似乎各不相同。阿勃韦尔在开罗、雅典和土耳其的特工未能提供清晰的信息。阿勃韦尔为了掩盖真相，责怪监视局和统帅部密码局没有提供足够的拦截信号。他们说，德国空军在雅典西北部新建的、由费希特纳上尉管理的信号监听站本应该截获盟军的更多信号。他们直接向希特勒和他的参谋长陆军元帅凯特尔（Keitel）汇报信息，说克里特岛上至多有5000名英军，岛上的居民大多数都倾向于支持德国人。情况当然并非如此。克里特岛上大约有48000名英国、英联邦和希腊士兵，而且克里特岛居民以及从大陆撤到岛上的希腊人，大多数都对德国人抱有公开的敌意。在克里特岛战役中，参战双方都通过优秀的情报工作相对清晰和准确地知晓彼此的意图，但是双方都浪费了这些信息，未能利用情报带来的战术优势。

但是，监视局从克里特岛战役的失败中获得了好处。3月26日，英国重巡洋舰约克号（HMS *York*）在苏达湾（Souda Bay）被意大利海军从驱逐舰上派出的两艘爆炸摩托艇击中。意大利的两艘旧战舰上安装了特殊的起重机，用于操作这类攻击性摩托艇。六艘摩托艇进入了苏达湾，每两艘袭击一个目标，总共攻击了三个目标。最先被袭击的是约克号，第二个被袭击的是油轮伯利克里号（*Pericles*），最后受袭的是另外一艘停在港口里的船只。由于极端的气温条件，其中三艘摩托艇在机械或操作上出了问题，但是另外那三艘成功袭击了目标。两艘在船头装有730磅炸药的摩托艇撞上约克号的中部，导致其一个锅炉舱和一个轮机舱被水淹没，两名英国水手丧生。

摩托艇上的意大利船员全都在袭击中活下来，被英国人俘获。约克号被故意搁浅，以免沉没。英军使用潜艇供电，以便使用巡洋舰上的火炮来防空，直到潜艇也被轰炸得损毁严重，必须被拖走维修。在发现意大利的摩托艇时，约克号的船长拿出三份《皇家海军密码二号》、减数表和移位表，小心翼翼地朝它们上面倒了一瓶硫酸。他然后跳下船，被救生艇救起来。德国在5月20日开始入侵，一个星期后，德国海军的两名潜水员潜入约克号的残骸，在船长舱里找到了那些编码簿。那瓶硫酸只起了部分作用。那些编码簿被送去雅典，然后又被送去了柏林。特拉诺的一名参谋估计，编码簿中至少半数的密码组可以被重建。然而，与阿勃韦尔、统帅部密码局以及陆军总部密码破译人员和监听人员即将取得的意外成功相比，监视局在破解约克号那些编码簿方面的成功不值一提。

早在1935年墨索里尼让意大利入侵阿比西尼亚（Abyssinia）时，第三帝国就利用了意大利的信号情报和密码机构。当时，威廉·特拉诺和监视局早期的人员将意大利海军舰艇的无线电信号用作辅助材料，破解了地中海和红海里英国皇家海军舰艇使用的部分编码。特拉诺知道意大利海军的部分编码，以及他们舰艇的名字和位置，所以拥有足够的信息，可以在英国人向伦敦的海军部汇报意大利舰艇的每日位置时破解他们发送的信息。意大利陆军信息部有几名员工在位于罗马的梵蒂冈工作。1935年夏天，陆军信息部说服一名在梵蒂冈英国外交团工作的意大利职员偷拍英国的信号密码簿。

德国的信号情报工作量因入侵西欧而成倍增加，然后在1941年初，德国正规军的信号情报和密码机构仍然在确定其存在方式和管理结构。前面已经提及，国防军陆军总司令部的情报侦察总部是德国正规军——德国陆军在第二次世界大战之前和期间的信号情报机构。它在1939年从统帅部密码局接手了部分对陆军的职责。然而，在最开始的1940年至1942年，它还没有获得其完整的冗长名称，只是被称为陆军总司令部的7/VI督察部。

德国正规军各个团的人数在800至1100人之间，每个团都有一个信号连，信号连中包括一个监听和拦截排。团或营的上级编制是旅，旅会独立拥有一个完整的信号拦截连队。六个新设立的信号情报团是德国陆军监听、拦截和破译工作的主要力量。它们都被称作"信号培训指挥部"（Kommandeur der Nachrichtenaufklärung，简称 KONA），分别附属于一个军团：第一、第二和第三信号培训指挥部被派往东线，第四指挥部在巴尔干半岛，第五指挥部在位于法国的西线，第六指挥部则是一个游动部队，覆盖地中海区域，下属的各个单位分散在整个战区。信号培训指挥部里的远程信号拦截连队叫作"信息远程侦察连"（Nachrichten Fernaufklärungs Kompanie，简称 FAK）。

1941 年 3 月，一个信息远程侦察连冒着被盟军潜艇和飞机袭击的风险，跟随补给船队穿越地中海抵达了北非。这个连队的指挥官阿尔弗雷德·泽博姆（Alfred Seebohm）上尉要在 4 月 24 日才到达。他到达时带来了另外一个无线电拦截排、一个无线电测向排，以及一组密码专家。他们驻扎在利比亚黎波里和班加西中间的苏尔特（Sirte）。这个部队有大约 300 人，被称作 56 信号营 3 连（the 3rd Company of the 56th Signals Battalion）。它后来才被称为 621 信息远程侦察连，或 621 连，在前线的两边都将获得恶名。

这个部队的人员曾经在希腊、克里特岛、法国和挪威参加过行动。他们被选到这个连队，是因为他们拥有各种不同的技术。他们被分为四个组。有人是信号拦截员，负责坐在信号拦截卡车里，扫描各个无线电频率。一旦他们拦截到敌人——如英国步枪旅（British Rifle Brigade）的某个连队——发送的摩尔斯信号，就会将摩尔斯电码转写成英语文本，记下开头的几个编码组。如果这个英国轻步兵连的信号员是在向营指挥部发送报告，说昨晚的巡逻取得成功，俘获了三名德国士兵，那么这条信息的开头就是以第八军（Eighth Army）现用密码加密的营指挥部代码。第八军的呼号曾经是"MXQ"，所以其下属的连、营或旅发送信息时会在信息最前面加上这三个字母。这三个字母通常会在最后被插入多个超加密字母串中，所以德国人监听到的摩尔斯电码信息会包含若干个四字母或五字母组合，其中隐藏着真正的信息。

如果英国步枪旅三营的单位呼号是"GBB"，步枪旅的呼号是"SDQ"，第八军的呼号是"MXQ"，那么"GBBSDQMXQ"就会出现在信息的开头，其中会插入加密字母串。所以，如果这条信息使用的是五字母编码加密，那么信息的开头就会是"GFTTU**GBB**OIYCM**SDQ**MQAE**MXQ**"，其中加粗的字母是信息内容，其余的五字母组合则是加密伪装。

德国信号拦截员从以前的信息中知道英国人使用的可能是四字母编码，所以会监听连续发送的十四字母摩尔斯电码，然后将它们转写出来。他们一旦将一连串字母写在面前的信号纸上面——纸上还有沙子、汗水、泥土和苍蝇在抢占空间——就会把信号纸递给在卡车或帐篷里与他们并肩工作的语言工作者。这些语言工作者知道他们面前的编码信息是英语，所以最先会寻找在以前消息中发现的字母组，以及那些以代码形式重复出现的最常见英语字母——E、T、A——的组合。他们尝试识别字母组时，会将拦截到的信息向上送去团指挥部，团指挥部进而使用电传打印机将它们发去 7/VI 督察部。所以，会有两队人同时研究这条信息。因为北非的陆军离德国很远，离法国或欧洲东南部等战略驻扎地也很远，所以德国陆军给实战部队配备了密码学者和语言学者。信号拦截连队第三组人员的职责是选址建立和维护无线电测向天线，这些天线可以截获无线电脉冲。第四组人员是常规步兵，负责保护其他人，保养车辆。

一方面，对信号拦截人员而言，北非是一个完美的工作环境。那里空气很暖和，在不吹沙尘暴时相对清澈，而且森林、山脉或城市之类的实体阻碍很少。由于不会被障碍物反射，无线电信号在传输过程中往往不会中断。也正是出于这个原因，费迪南德·费希特纳的德国空军拦截部队才会在雅典西南部的高地上建基地。北非的西部沙漠（Western Desert）在许多方面都与海洋类似：寻找敌人是迫切行动任务的一部分。该地区面积巨大，移动作战的各单位之间要使用无线电保持联系。但是，北非也有特别不利的条件。泽博姆上尉的许多士兵在战争爆发前都没有欧洲户外行军的经历。这些来自巴伐利亚、萨克森（Saxony）和莱茵兰地区的士兵，从未经历过北非白天的那种酷热，也不知道夜晚气温会骤降得如此厉害。白天，他们的敌人是炙热、白蛉和尘土，很少有士兵可以使用或使用过任何形式的防晒霜。一个在战争爆发前为滑雪者生产防晒霜的德军连队会向部分单位提供一定量的防晒霜，但是对大多数德国士兵来说，脖子、脸颊和手臂被晒伤是常事。水也会严格地定量供应，他们还要用这点定量供应的水洗漱和剃须，而且无处不在的沙子还会导致皮疹和皮肤感染。饮用不洁净的、经常含盐的水，还会导致轻微的肠胃炎和腹泻。有时，许多士兵觉得那种似乎日夜覆盖在他们身上的沙土是最好的防晒保护。尽管环境如此恶劣，但他们的信号拦截工作还是很突出。

移动作战也带来了自相矛盾的问题。信号部队必须跟着前线不断移动，但是在移动过程中又无法工作和拦截信号。所以，信号部队军官的首要任务就是寻找合适的位置，这个位置首先要靠近前线，其次要相对安全，第三还要让天线能够拦截信号。无线电信号员主要监听高频波段。拦截信号的一种方法是监听公开传送的对话或通信——英国第八军的部分单位经常会传送这样的通信。除了要发现敌人在做什么，德国信号情报官员还要搞清楚敌人是谁，因此他们针对排在前面的敌方部队制定了作战序列（Order of Battle）。英国人建立无线电网络的方式和德国人差不多——有一个控制站，以及若干个分站。每个站台都有一个呼号，在德国拦截员发现不同的英国无线电网络时，他们要确定应该监听哪个网络，确定监听的目的。在1941年中期，英国人不重视通信安全，并没有始终使用代码词语，所以德军拦截员的工作变得简单了很多。一名英国无线电操作员可能尝试联系第八军，而不是"MXQ"。这就意味着德国人知道"MXQ"是什么，而且英国人并不经常更换代码词语，这让问题变得更加严重。

另外几个因素让泽博姆能够知道前方敌军部队的大致情况。首先是英国摩尔斯电码操作员的"字迹"各不相同。英国不同部队之间的无线电操作员没有经常轮换，所以德国人有可能识别出各个英国单位的无线电信号员。一个部队的呼号或许会更改，但是无线电操作员的摩尔斯签名指示码不会变。德军很谨慎，纪律严明，而且很有耐心。他们监听到的所有信息都会传到上级或后方进行评估，而且只需在一个位置工作几天，一个连队就可以大致了解在他们前方行动的敌军部队。有几次，他们还罕见地获得了敌军的编码簿，这显然让他们能够阅读英国人的信息，但是也帮助他们在战术上详细地了解了前方敌军的人数和装备情况。泽博姆每天都要根据连队提供的不同资料撰写无线电情况报告。而且，为了确保他的信号工作能够跟上埃尔温·隆美尔上将不断移动的步伐，他派了一支联络队伍到总指挥部。在5月中旬，泽博姆获得了首次成功——他的手下注意到，在48小时的时间里，前方所有英国部队发送的无线电信息中突然都包含了相同的代码词语。他的连队推测英军可能发动进攻。后来，泽博姆又发现塞卢姆（Sollum）附近的英国装甲部队突然进行大规模移动。而且，在1941年6月14日晚上，泽博姆手下一名很细心的信号拦截员听到英国人再次使用那种只有一个单词的代码。泽博姆通知隆美尔，说几乎可以肯定英国军队即将发起进攻。隆美尔立即调动了部队。

代号为"战斧"（Battleaxe）的英军进攻行动在次日开始。英国人企图将德国和意大利军队逼出昔兰尼加（Cyrenaica），想要挺进去援助在托布鲁克（Tobruk）被包围的守备部队。泽博姆的连队在这场战役期间拦截了大量的重要明文信息——英国指挥官在这些信息里争论不同部队的移动方向，据称还抱怨缺少弹药。此外，在战役前期，德国人也缴获了一本英军编码簿。然而，英军立即施行了无线电静寂，让被德军严重压制的英国第七装甲师（British 7th Armoured Division）得以悄然撤离。后来，第十一轻骑兵团（11th Hussars）和第四南非装甲车团（4th South African Armoured Car Regiment）更换了他们的无线电操作员，德国信号情报部队无法确定他们在监听的是哪个部队。这次行动对英军来说是一次失败，后来泽博姆上尉和隆美尔的整个信号和情报收集机构得到了一次他们从未预料到的好运。

第十三章　恩尼格玛被攻破

从地中海到大西洋西部，从北冰洋北部的熊岛（Bear Island）到南部的福克兰群岛，从加的斯（Cadiz）到莫斯科，盟军和德国的密码分析人员和信号情报人员都在尝试监听和破解对方的信号。他们自然都知道对方在尝试，但是总的来说，他们都不知道对方成功或失败的程度。这就像是一场特殊的三维象棋比赛，双方棋手都看不见对方的棋子，也看不见棋盘远端的情况。如果德国人能够阅读英国皇家海军的密码，英国人能够阅读德国海军用恩尼格玛密码机加密的信号，英国和德国都能够阅读意大利的部分密码，而意大利也能阅读英国海军的加密信息，那么是否各方都能逆转加密破解，返回去阅读彼此的信息？如果德国人已经破解了法国陆军的密码、罗马尼亚和英国的部分外交密码，以及瑞士的恩尼格玛密码，那么是否德国人就能够利用这些破解信息？这场象棋比赛的战况在北大西洋最为激烈。在威廉·特拉诺、埃里克·许滕海因和费迪南德·福格勒尝试解码敌人的信号时，英国人反过来在采取什么行动？德国人是否知晓？他们如果知晓，又是怎么应对的？

布莱切利园的政府密码学校

1938年，布莱切利园是一栋不大的乡村住宅，靠近伦敦西北约50

英里处的布莱切利火车站。1883年,这个面积为581公顷的庄园就围绕在一座大农舍的四周,但是庄园的新主人——自由党政客赫伯特·塞缪尔·里昂爵士(Sir Herbert Samuel Leon)把这座农舍扩建成了一栋"伤感且丑陋的大楼",结合了维多利亚时期的哥特风格、都铎王朝风格和荷兰的巴洛克风格。1938年,海军上将休·辛克莱爵士(Sir Hugh Sinclair)用6000英镑买下这栋住宅及其四周58公顷的土地。他曾经是海军情报负责人,后来成为秘密情报部(Secret Intelligence Service,又称军情六处)的首长。根据军情六处内部的传言,辛克莱在购买这所住宅时使用的是自己的钱,因为政府说没有预算。他的意图是,如果发生战争,就将这个地方用作信号情报基地。布莱切利园位于中心地段,坐落在两条主要铁路线的相交点,一条连接南北的主要公路从那里经过,而且附近的芬尼斯特拉特福还有一个电报和电话转发站。辛克莱有先见之明,知道英国即将遭到德国威胁。1938年12月,他为英国首相和外交大臣收集了一套关于阿道夫·希特勒的档案。很遗憾,战争还未爆发,他就在1938年因为癌症去世了。

他这样描述希特勒:

> ……狂热、神秘、残酷、狡猾、虚荣、两极化的情绪、自以为是的极度愤恨,以及只能称之为疯狂的性格。但是,除了这些特征,他还有一种目标明确的顽固,这种性格还经常与一种特别清晰的洞察力相结合。他总是能够选择恰当的时刻和恰当的方法来"逃脱惩处",这点是出了名的。在信徒的眼里,"元首总是正确的";他自己也越来越相信这种说法。他拥有无限的自信;随着他创造的机构越来越强大,他的自信程度也越来越高。但是,这种自信近来因为耐心和克制而有所减少。[1]

第一次世界大战期间在 40 号房工作的指挥官阿拉斯泰尔·丹尼斯顿，在 1919 年至 1942 年是政府密码学校的业务主管。在英国宣战后，他便将部门里的密码分析人员从伦敦带去了布莱切利园。英国人此时已经做了德国信号情报帝国还没做的事情：选择一个中心位置，集体开展工作。布莱切利园的工作人员和德国密码分析人员在许多方面都类似，都有数学家、象棋手、语言学家，以及特别擅长填困难字谜的人。剑桥大学和牛津大学提供了很多新成员，丹尼斯顿说其中有些人像教授。与德国不同的是，布莱切利园雇用了大量女性来承担管理和文书工作，其中很多人来自皇家女子海军（Women's Royal Naval Service，简称 WRENS）。1941 年，军方《每日电讯报》（*Daily Telegraph*）组织一次填字谜竞赛，后来接洽了表现优异的参赛选手，看他们是否有兴趣以一种特别的方式为战争做贡献。

和德国人相同，布莱切利园也依赖一个监听站网络。这些监听站设在诺福克郡、莱斯特郡和贝德福德郡。监听员用手记录截获的加密信息，然后将信息送去布莱切利园——最先是让人骑摩托车送，后来则使用电传打印机发送。密码学校的解密和密码分析能力与德国的极为不同，因为英国人的这项工作全都是在属于一栋楼房的若干小木屋和附属建筑里开展的。让全国的主要密码破译人员聚集在一起，更容易确保一种安全和保密的集体氛围。布莱切利园发出的信息，其保密级别在"顶级机密"（Top Secret）之上，是"超级机密"（Ultra–Secret）。"厄尔特拉破译信息"（Ultra Decrypts）的说法就来自于此，这个词通常被盟军的情报机构用来指代密码学校破译得到的情报。每个"小屋"就像一个独立的部门。一个小屋负责破译德国陆军和空军的信息，一个负责分析德国海军的恩尼格玛信息，还有一个负责破解意大利、西班牙和葡萄牙的信息，其他的则负责德国国防军和空军的恩尼格玛信息，以及阿勃韦尔发送的加密信息。有一整栋建筑里装着用于批量处理恩尼格玛加密序列的

第三部分　战争中的德国　　165

"炸弹机"。

象棋比赛

1939年7月，在华沙南部佩里耶夫（Pyry）的树林里会晤时，波兰人向法国和英国提供了他们掌握的恩尼格玛运作方式。在波兰被入侵和法国陷落后，一些逃亡的波兰数学家和密码分析人员在法国未被占领的卡迪克斯（Cadix）设立据点，向英国提供一定量的情报。在布莱切利园，阿兰·图灵（Alan Turing）和他的团队取得了十分重要的成就；他们修改波兰的"炸弹"解密机制，研发了一种计算机化的密码分析形式。这种密码破解机制的基础是设想德国某一天原始明文的内容。炸弹机本质上是许多恩尼格玛密码机的组合，它们会尝试每个可能的转子组合，看是否能够把假想的明文变为截获的密文。如果炸弹机工作成功，那么它们测出来的转子组合就是特定密钥网络当天的密钥设定。

英国人有多种方法来靠谱地猜测德国人尝试加密的明文。有时德国人会使用两套完全不同的加密系统发送来相同的信息，其中一条会发送给没有恩尼格玛密码机或者将密码机弄丢的步兵连队。所以，如果某个部队没有获得密码机，或者丢失或损坏了密码机，那么他们就会收到一条明显不是用恩尼格玛密码机加密的信息。配备了密码机的部队会收到以一套恩尼格玛编码加密的信息。因此，一条来自同一个源头的信息就有密文和明文两种形式。明文信息可以用作参考材料来破解加密的信息。战场上的多名德国指挥官有时会在每天同一时间发送相同的明文信息，如"无事汇报""前线安宁""每日总结"和"弹药状态"。德国空军经常这样做。与陆军相比，空军的飞行员、地面人员和空勤人员特别不注重无线电纪律。最遵守无线电纪律的是德国海军，其中U型潜艇部队最严格。然而，尽管其无线电纪律严格很出名，但是 U 型潜艇每天都要发送大量信息，而这些信息的内容经常是相同的，如关于天气、位置和目击船队的报告。但是，更常见的情况是，布莱切利园除非有一系列参考词中的一个，否则就只能猜测德军明文的内容。如果一艘 U 型潜艇一天发送了三次位置报告，而且恩尼格玛密码机的设定在这一天里都没有改变，那么这些信息中至少有五个字母——即这艘 U 型潜艇的独有识别符号——是相同的。如果不存在这样的参考词，那么布莱切利园的密码分析人员就要靠猜，然后使用炸弹机测试数百万个可能的序列。

另外一种尝试获得明文的方法是尝试获取恩尼格玛编码簿、转子、信号簿，或者最好能获得整台正常工作的恩尼格玛密码机。英国皇家海军很快就想出了几个相关的计划。他们的首次成功——主要是因为运气好——在 1940 年 2 月 12 日到来。

德国的 U-33 潜艇在苏格兰西海岸以外的克莱德湾（Firth of Clyde）附近航行，执行布雷任务。英国皇家海军的扫雷艇格林内尔号（HMS *Gleaner*）用深水炸弹袭击 U-33 潜艇，将它逼到了水面上。在潜艇上的船员离开指挥塔之前，指挥官将恩尼格玛密码机的部分零件（其中包括转子）分给船员，让他们在离开潜艇时尽快将它们扔进海里。一名德国士兵忘记把他携带的零件扔进海，后来英国士兵抓获了他，在他的裤兜里发现了三个转子。当时，德国的恩尼格玛密码机上至多使用了八个转子，编号为一号至八号。德国海军只使用其中三个转子，即六号、七号和八号。在那名德国士兵口袋里发现的转子中，就包括了六号和七号转子。英国人不知道这两个转子的连线配置，所以这是一次意外惊喜。然而，在找到八号转子之前，他们离有规律地破解德国海军恩尼格玛仍然很遥远。

从 1939 年开始，德国和英国的"象棋手"在对战时的情况如下。在战争爆发前，德国人就已经开始阅读英国皇家海军的《行政编码》

第三部分　战争中的德国　167

《皇家海军密码一号》和《部门间密码》。1940年，他们又破解了《英国商船编码》和《潜艇编码》（Submarine Code）。英国人在1939年9月破解了德国商船队的密码，并且在同年10月破解了德国空军的恩尼格玛编码。1940年3月，布莱切利园第一台特制的炸弹机开始帮助英国人更快地破解用恩尼格玛加密的信息。此时，双方都没有怀疑或知道对方已经或正在破解自己的信息。英国人以为，就算德国人攻破了他们的编码簿，他们也能够通过更改或替换编码簿来纠正。至于德国人，他们不仅没有怀疑盟军已经在破解恩尼格玛方面取得进展，甚至还认为恩尼格玛不可能被破解。

英国从1934年开始就没有更改《皇家海军密码一号》，德国人重建并阅读了这份密码，直到英国海军部最终在六年后用《皇家海军密码二号》替换了它。这份新的密码也基于编码簿和减数加密表。与此同时，英国人启用了《通用再加密表》（General Recyphering Tables）——一本统一的四位减数表，搭配英国海军的所有密码使用。在对《皇家海军密码二号》进行了七个星期的分析后，特拉诺及其团队发现了800个编码组的含义、400个通用词汇，以及450个舰艇名字。这是重大进展，意味着他们能够确定几支由战列舰和巡洋舰组成的英国小型舰队的位置，以及近300艘英国商船的位置。由于这些商船都是结队穿越大西洋，所以德国人就可以确定商船属于哪个船队，从什么地方出发，以及是向西前往美洲，还是向东前往英国。从1940年10月开始，英国海军部采用了基于左右减法的再加密程序，后来又开始额外使用两份再加密表，一份用于北海和大西洋，一份用于地中海。1941年初，特拉诺已经将他破译的代码词增加到700艘舰艇名字和1200个词汇。他开始用德国城市的名字来称呼英国的各种密码。英国的《海军密码》叫作"科隆"；《海军编码》叫作"慕尼黑"，有"棕色"和"蓝色"两种变体。1940年1月20日，英国海军部开始采用伪装的起点指示码。这就意味着指示码不再出现在信息开头,而是藏在文本中某个预先确定的地方。监视局花了一个月才再次破解,但是人手短缺再次阻碍了特拉诺,他在一个月后仅仅能够阅读英国信息的 10%。

两国之间的"象棋比赛"还在继续。1941 年 1 月,布莱切利园破解了德国空军用于北非地区的密钥。而且,英国皇家海军在马塔潘角海战中获胜,在一定程度上就是因为他们破解了意大利海军恩尼格玛信息,让安德鲁·布朗·康宁汉(Andrew Browne Cunningham,昵称"ABC")上将知道了意大利重巡洋舰的位置。特拉诺很难跟上步伐:他很难留下受过训练的人员,也很难招收新人员。等到马塔潘角海战时,有 64 人被委派去破解《英国海军密码》,分作四个班次工作,每六个小时轮换一次。他至少还需要 12 名工作人员——在负责破解英国海军各种编码的一个分支部门里,就有 40 名工作人员。在整个战争期间,监视局都长期人手短缺。1941 年 4 月,总共有 64 人负责破解重要的《皇家海军编码》(Royal Navy Code),每六个小时轮一班。特拉诺估计,光是针对破解英国海军各种编码这一项工作,他就还需要 165 名工作人员,才能实现他所需的进展。相较而言,布莱切利园就完全没有人员短缺的问题。1941 年,在四名部门领导向温斯顿·丘吉尔抱怨人手短缺后,丘吉尔将他那些题为"今日行动"(Action This Day)的著名信息中的一条发给了幕僚,命令他们满足政府密码学校的所有需求。

1941 年 2 月 1 日,德国海军在他们的标准恩尼格玛密码机上增加了第四个转子,尽管这个新转子不会自动地随其他转子转动,但是它有 26 个位置可以设定。其中一个位置叫作"位置 A"(Position A),可以将密码机转变为标准的三转子,让它能够以标准模式或特殊的海军专用模式收发信息。使用德国海军专用模式发送的信息此时被英国人称作"鲨鱼"。英国人知道,要能够在破解德国海军密码方面有任何进展,他们即使没法获得有完整转子的恩尼格玛密码机,也要想办法获得 U

第三部分 战争中的德国　　169

型潜艇和德国海军舰艇使用的一本或多本编码簿。

布莱切利园的一位密码分析人员建议，要实现这个目标，可以针对德国的气象船——这些船都是拖网渔船和改造过的护卫舰，被部署在北大西洋采集关于云量、雷暴、气压锋等可能影响海军行动的气象信息。布莱切利园的工作人员说，如果我们尝试强登、击沉或俘获一艘气象船会怎样？这些船在发送气象信息时，会借助《短天气编码》将信息压缩成少数几个字母，然后使用恩尼格玛密码机加密这些字母。监视局气象部门的人员会解密这些信息，然后发送给战舰和潜艇。加密的天气信息总会包含相同的单词和信息，如舰艇的位置和名字、气压、云量，因此为布莱切利园提供了极佳的参考词。

1941年3月4日，英国派突击队袭击了挪威以北的罗弗敦群岛（Lofoten Islands），取得了进展。英国皇家海军的驱逐舰索马里号（HMS Somali）击中德国拖网渔船克雷布斯号（Krebs），然后英国海军士兵登上了这艘船。在船长舱里，一名英国士兵发现一个木箱里装着两个恩尼格玛转子、二月的密钥表和插线设置说明。这艘德国船的恩尼格玛密码机被船长汉斯·卡普芬格尔（Hans Kupfinger）上尉扔到了海里。对布莱切利园而言，1941年春天后来仍然是一个成功的季节。5月9日，德国U-110潜艇在冰岛附近袭击了一支西行的船队。这艘潜艇的艇长是曾经在1939年用鱼雷击沉英国客轮雅典娜号的弗里茨-尤利乌斯·伦普。U-110潜艇用鱼雷击中了两艘货轮，但是被一艘护航舰的深水炸弹击中，被迫浮到水面上。驱逐舰斗牛犬号被派去撞击它，但是船长觉得或许可以完整地俘获它，所以派英国士兵登上了潜艇。潜艇上的无线电操作员没有尝试销毁恩尼格玛密码机，也没有尝试把密钥扔进海里，所以英国皇家海军的登艇队找到了那个带有转子的恩尼格玛密码机，以及六月的密钥设定表。伦普发现沉艇炸药不会爆炸，于是游泳返回潜艇，在途中溺水身亡——不过，德国人的说法是英国海军将他击毙在水中。德国人没有意识到这艘潜艇被攻占，也不知道他们丢失了恩尼格玛密码机。海军少将邓尼茨收到的一份报告说这艘 U 型潜艇与全体船员都已失踪。1941 年 6 月 1 日，第一批恩尼格玛密钥被送到布莱切利园，英国在这个月解密德国海军恩尼格玛信息的所需时间从 11 天缩短到了 5 小时。

英国人截获的这些信息带来的一个直接结果就是击沉德国的商业袭击船亚特兰蒂斯号（Atlantis）。在 1940 年和 1941 年，这艘船击沉或俘获了 22 艘同盟国的船只，总计 14 万吨。其中一艘是客轮兼货轮奥托墨冬号（SS Automedon），在 1940 年 11 月 11 日被亚特兰蒂斯号袭击。当天早上 7∶00，亚特兰蒂斯号在苏门答腊西北 250 海里处发现了奥托墨冬号。8∶20，亚特兰蒂斯号升起德国海军的旗帜，揭开了藏在甲板上和船身两侧里面的火炮。奥托墨冬号立即发送信号"RRR"，意思是正遭到海面舰艇袭击。亚特兰蒂斯号在两千米远的地方开火，击中了奥托墨冬号，让它停在了水里。德国登船队在船上不仅找到了正送往英国远东司令部（British Far East Command）的机密行动邮件，还找到了几份解密表。然后，在 1941 年 7 月 11 日，亚特兰蒂斯号向客轮巴格达城号（City of Baghdad）开火，登船队发现了一本标题为《同盟国商船信号传播》（Broadcasting for Allied Merchant Ships）的编码簿，其中包含了通信编码。10 月 18 日，亚特兰蒂斯号船长接到命令，要去圣赫勒拿以南与 U–68 潜艇会合，给它加油，然后再向北去阿森松岛（Ascension Island），为 U–126 潜艇加油。这条来自德国海军总司令部的信号是使用恩尼格玛机器加密的，被布莱切利园拦截并破解。英国巡洋舰德文郡号（HMS Devonshire）被派去袭击亚特兰蒂斯号，在 22 日击沉了它。德国人获得了英国商船队的密码，却损失了高度成功的亚特兰蒂斯号，原因在于他们丢失了——并且还会再丢失——恩尼格玛密码机的机密信息。海军少将邓尼茨仍然没有变得更明智。

1941 年末，在双方这场海军密码破译较量中，德国监视局获得的最大成功是破解了英国海军部在 1941 年 1 月 20 日才开始采用的《英国综合海军密码三号》（British Combined Naval Cypher No. 3）。这份四位数编码簿利用减数表加密，美国和英国都用它来与大西洋上的船队通信。特拉诺和手下将它简称为"船队密码"，代号是"法兰克福"。与《英国综合海军密码三号》搭配使用的减数表在 1941 年含有 1.5 万个组合，并且随着大西洋海战中的信号量增加，减数表的容量也在变大，到 1942 年中期时含有 20 万个字母组合。盟军的错误在于他们会重复使用编码组，让德国人可以获得相同参数的材料，用于重建这份密码。

除了成功破解"法兰克福"以外，德国人还在 1942 年初采用了新版本的《短天气编码》，给英国人造成了麻烦。这意味着英国人从克雷布斯号和 U–110 潜艇上截获的破解参考材料没有了用。德国人的改变不止于此。他们特别担心盟军在破解他们的加密系统，尤其是考虑到在大西洋海战期间的信号传输量大幅增加，所以他们更改了海军恩尼格玛密码机的配置，并且在 1942 年新增了一个转子。这个新转子不仅让密码机能够在标准的三转子设定和德国海军设定之间切换，它还能完全融入转子系统，让现有的设置序列数量再乘以 26。盟军现在无法阅读"鲨鱼"密码。因此，从 1942 年 6 月至 12 月被德军击沉的商船数量同比翻了两番。据估计，通过对恩尼格玛信息的破解，以及随之产生的厄尔特拉材料，盟军在 1941 年下半年将海上的损失减少了 65%，但是这种情况现在被逆转了。[2]

1941 年 4 月，借助亚特兰蒂斯号截获的编码簿，德国人重建并能够阅读英国和盟军的全部《商船编码》。由于大量新人的加入，特拉诺及其团队重建这份编码的速度令人惊奇。到了 1942 年早春，监视局就几乎每天都能够阅读英国海军部关于 U 型潜艇部署的信号，而且经常是在信号发出的当晚就能破解。[3] 使用这部分信息，监视局能够预测英国的船队会走哪些路线来避开信号中提及的 U 型潜艇集中区域，然后根据预测采取恰当的行动。在这盘棋上，德国人吃了盟军的"王后"。

第十四章　优秀的上校

在美国参战的三个月前，美国驻罗马大使馆仍然是中立领土，但是在 1941 年 9 月，意大利陆军情报部门的负责人决定去那里实施盗窃。意大利陆军信息部由上将凯撒·亚梅负责。意大利正在北非和地中海与英国对抗，而且正在落败。尽管意大利与第三帝国结盟，但两个国家相互不信任。德国空军的费迪南德·费希特纳不信任意大利人，不愿意与他们共享情报。罗马的密码分析人员需要情报方面的线索，所以亚梅批准了进入美国驻罗马大使馆盗窃的行动。盗窃目标是美国人的外交和军事编码簿。入室盗窃是整个行动里最简单的部分，因为亚梅有各国驻罗马大使馆（除苏联大使馆以外）的钥匙，所以要在夜间进去很简单。他组建了一支四人队伍，两人是卡宾枪骑兵队（Carabinieri）的军官，另外两人是美国大使馆雇用的意大利人。这两名意大利人中的一人——送信人洛里斯·盖拉尔迪（Loris Gherardi），负责打开美国军事专员办公室里的保险柜。

夜幕降临，所有的美国外交职员都回了家，这四人在午夜过后才靠近位于威尼托街（Via Veneto）那栋有立柱的巨大建筑。有坡度的威尼托街上种着橙子树和棕榈树，在大门外给他们提供了所需的掩护。他们打开了盖拉尔迪此前没有锁的大门，从仍然暖和的石板上快速穿过，朝使馆的正门走去。四分钟后，他们爬到了主楼梯的顶部，转身朝军事专员的办公室走去。他们迅速走到角落里保险柜的旁边。盖拉尔迪手里的钥匙很轻松地打开了保险柜，里面装着各种文件和物品，其中有一个黑色皮革装帧的本子。这是美国的外交编码簿。它旁边还有一个本子，里面是超加密表。四人没有碰其他的东西，带着这两个本子沿原路离开了。他们把这两个本子带回陆军信息部的总部，用相机拍下了每一页的内容，然后在天亮前又将它们放回了大使馆的保险柜里。

意大利人后来说，他们只把基于这些密码簿破解出来的信息的粗略版本提供给德国人。凯撒·亚梅自己却说，他们在两天后把那两套相片交给了德国驻罗马大使馆的党卫队、盖世太保和德国外交部的代表。在战争的这个阶段，统帅部密码局的第二大拦截站位于纽伦堡北部的中世纪古城劳夫，那里随时都有威廉·芬纳的150名工作人员在值班。这个拦截站拥有六个信号拦截塔，最远的位于开罗，因为他们把位于开罗的美国大使馆作为了最重要的监听目标。威廉·芬纳说，在这件事情以前，他们从未成功破解过美国外交部门或军队的密码。然而，劳夫拦截站的负责人瓦尔特·弗里克却说，他们是在1941年7月首次破解美国的外交密码系统，尽管最初只能阅读美国的部分外交密码。

美国在开罗的新任军事专员

美国国务院在1940年向驻开罗大使馆派了一位新的军事专员——邦纳·弗朗西斯·费勒斯（Bonner Francis Fellers）上校。他是西点军校1918届毕业生，曾经在美国驻马德里大使馆工作。他在新岗位上要负责监控和报告英国在地中海和中东战区的军事行动。英国人让费勒斯参加他们的军事行动介绍会，知晓他们的前线动态，以及获得他们从德国人、意大利人甚至美国人那里收集的情报。费勒斯巡查前线部队，与英国士兵和指挥官交谈，知道最新抵达北非的坦克、飞机和装备，而且他还有通行证,可以造访位于亚历山大港和塞得港(Port Said)的海军基地。他每天都会尽职尽责地将得知的所有信息汇报给美国的上级。罗斯福总统、美国情报部门负责人以及参谋长联席会议(Joint Chiefs of Staff)都要阅读他的报告。当然,他不知道的是,由于美国驻罗马大使馆夜间失窃,德国人和意大利人都能阅读他从开罗发送到华盛顿的信号。意大利人估计,大多数关于英国军队力量、位置、损失、增援、补给、战况、计划和士气的机密数据,都能在八个小时内被德国和意大利军方掌握。费勒斯本身是优秀的军人,是忠实的爱国者,也关心安全问题。他曾经两次提及美国驻开罗大使馆与华盛顿通信的安全问题,但两次都没有得到重视。

因为费勒斯的信息让德国人知道了盟军军队调动和装备的详细数据,所以它们对于德国人在地中海上的作战成果极其重要。统帅部密码局在八个月的时间里花费了大量人力和物力跟踪费勒斯的信息,在向国家保安总部说明这些花费的合理性时,他们就说这些信息对地中海作战极其重要。隆美尔的指挥部发信息给柏林,要求保护这些信息的来源不被外部拦截。威廉·特拉诺及其在监视局的团队特别想要获取费勒斯的消息,因为他们让德国海军注意到英国船队在地中海的行动。英国船队这些行动的焦点是为英国在意大利和北非之间的重要岛屿要塞——马耳他重新提供补给。所以,从1941年1月开始,埃尔温·隆美尔上将获得了关于英国军队数量和状况的信息,并显然使用这些信息来规划了他的攻防行动。德国人把费勒斯称为"优秀的信息来源",隆美尔则称他为"那个小家伙"。[1] 这两种称呼在英语和德语里都是关于这名善意美国人的姓名的押韵双关语,威廉·芬纳和威廉·特拉诺都没有忽略这一点。

德国密码分析人员如何破解费勒斯上校的信息

  1941年夏末，一名送信人到达德国国防军位于柏林提尔皮茨河岸的信号情报指挥部。瓦尔特·弗里克后来回忆，把那包文件送来的送信人直接说"我们走运了"。[2] 美国使用替换表加密信息，而战争期间的实际加密工作表明美国密码人员经常十分粗心，这方便了德国人的工作。送信人带来的那本编码簿显然是相机拍出来的，内容和那本从美国驻罗马大使馆"借来"的编码簿相同。美国军事专员的加密系统是一种只有8000个五字母组合的编码，每个字母组代表一个不同的单词。其中有两种编码——情报编码和机密编码。在情报编码中，美国人使用了十个替换表，元音替换元音，辅音替换辅音。表明接收者身份的指示码放置在日期组后面，以明文发送。在文本有中断，以便解密信息的接收人知道切换替换表时，他们会在文本中添加另外一个指示码。尽管使用十个替换表，美国人的信息中经常有单词或词组重复。弗里克及其团队称它们为"鳄鱼"。他们寻找频繁重复单词的另外一种方法是关注专名，如亚历山大、塞得港或苏伊士。这些专名无法被密码组代替，所以必须分开，单独拼出来。飞机、舰艇和武器的名字也是这种情况。在这些名字被使用时，相关单词后面会出现一个"重复"密码组。这就意味着，在这个单词再次被使用时，它会被一个适用于所有信息的单词组代替。

  "耐心和警惕是信号拦截和密码分析工作中的最高准则，"弗里克说，"它涉及的始终是等待敌人在某一天犯错误……敌人绝对会在某一天犯错。"[3]

  到了1942年，弗里克及其团队已经在阅读费勒斯消息的大部分内容。这一年的春天，美国人的十个替换表完全被破解了。

  "最重要的是开罗和华盛顿之间的联系，"弗里克说，[4] "让德国密码分析部门特别开心的是，他（费勒斯）极其爱说话……他在两个方面帮助了德国人……提供了丰富的材料，以及优秀的情报……（解密那些信息的工作）令人激动，就像读一本激动人心的小说，想要一口气读完。密码组里的字母有了生命，成为人物、坦克、步兵团、朋友或者敌人。"

一个在很大程度上帮助了德国人的因素是，费勒斯上校在每个星期结束时都会尽责地在船运报告里提及穿越苏伊士运河的所有船只。报告中会出现那些船只的名字，有时甚至会出现三次，而且一艘从北方进入苏伊士运河的船只，可能在下一个星期从相反的方向驶入运河。这些报告会在每个星期结束时准时出现，专心致志的德国破解团队会在劳夫和特罗伊恩布里岑（Treunbritzen）的监听站日夜工作，破解每一条信息，直到它们像拼图一样被拼合起来。[5]

费勒斯是一个完美的信息源。他工作勤奋，很专注，而且有野心。他是一名天生的讲述者。他不是很喜欢英国人——他和有些美国高级军官一样，鄙视大英帝国及其帝国陆军和海军的支持者，觉得这些人傲慢和自负。他明白英国很需要美国的帮助，所以他知道英国人会尽可能满足他的要求。1944年，美国开展了一项调查，试图查清楚费勒斯到底给了德国人多少信息。在这项调查中，费勒斯上校说："如果我要成为一名优秀的观察者，写出优秀的报告，那么我最好就要将我的所见所闻都汇报上去。"所以，在他漫游英国指挥部门和前线时，他尽可能多地和士兵与文员交谈。在谈及前线时，他说在那里"容易知道很多信息"。[6]

在信号拦截官员或情报官员的眼里，邦纳·费勒斯就是完美信息源。他每天都会写下冗长、平淡的无线电信息。写好信息后，他会拿出美国外交编码，也就是他的"黑皮书"，认真地将信息加密。他在这些信息里向华盛顿汇报了他知道的一切：英国第七装甲师——著名的"沙漠之鼠"（Desert Rats）——带来了多少辆M3坦克？不同于英国瓦伦丁坦克、十字军坦克和李式坦克，德国三号坦克配备的是75毫米火炮，那么英国前线的装甲能够在900米远的地方顶住来自三号坦克的直接攻击吗？

下一支驶往马耳他的商船队运载的是什么货物？重要的是，它们是否运了燃料和飞机零件？有多少艘巡洋舰或驱逐舰会为这支商船队护航？英国皇家炮兵团的各支部队在前线存储了多少枚 25 磅炮弹？澳大利亚军队的士气是否真像报告所说的那样低沉？食物供应是否能够穿过叙利亚？南非军团的健康状态怎么样？费勒斯提供了全面的信息。他将加密过的信号交给位于开罗的埃及电报公司（Egyptian Telegraph Company），由该公司传送到大西洋彼岸的华盛顿。不出一个小时，这些信号就会被德国人截获，然后被送到德国密码分析人员的办公桌上。拦截它们的不是隆美尔上将在前线的 621 连，而是费希特纳上尉在雅典城外的德国空军信号拦截部队。任何无法破解的信号都会直接送去统帅部密码局位于劳夫的基地。然后，再过两个小时，它们就会被破解成可以阅读的英语信息。它们接下来被翻译成德语，分别送给隆美尔的指挥部、国家保安总部、戈林、希姆莱、陆军元帅凯特尔，以及希特勒。破解费勒斯上校电报的最快时间是 41 分钟。至多一两个小时，他的电报就能被破解成可读的文本，准备好用德国编码传输。因此，在费勒斯的信息发出几个小时后，信息中的数据就能送到隆美尔的手里。统帅部密码局的赫伯特·舍德尔博士（Dr Herbert Schaedel）是威廉·芬纳的档案员之一。他回忆说：\"整个部门都很热情……想要截获从开罗发出来的所有电报。\"[7]

他说，要在通信流中找到费勒斯的报告很容易。费勒斯会在加密的报告上标出"MILID WASH"（军事情报部，华盛顿）或"AGWAR WASH"（副官长，战争部，华盛顿），然后签上自己的名字。舍德尔后来回忆说，隆美尔每天在吃午饭时就知道盟军部队前一晚的确切位置。

* * *

1941 年 12 月 7 日，也就是珍珠港受袭的那天，隆美尔的非洲装

第三部分 战争中的德国　　179

甲军团开始向西南撤退,从托布鲁克撤退至的黎波里塔尼亚(Tripolitania),以便与意大利的军队重组。靠近指挥部的是阿尔弗雷德·泽博姆上尉621连的卡车、半履带车和边斗摩托。按照隆美尔的参谋长的说法,英国军队正在经历一个毫无无线电纪律的时期。他们甚至不更改他们的部队无线电代码或呼号。后来成为上将的齐格菲·韦斯特法尔(Siegfried Westphal)上校说,英国人十分愿意在战斗期间发表演讲,而德国人有可能从这些演讲中推断出重要的信息。1942年1月21日,隆美尔从费勒斯上校最近的报告中知道英国装甲部队已经从德军正面的战线撤离,于是趁英国人不备发动了攻击。他在17天的时间里进军了300英里。英国和美国仍然没有猜测隆美尔拥有哪些情报,也没有猜测他的情报从何而来。费勒斯上校仍然在积极地向华盛顿汇报隆美尔朝开罗进军的最新消息。1月29日,他发送了一份完整的分析报告,其中列出了英国装甲军队在整个中东地区的实力和不足。每辆瓦伦丁坦克、十字军坦克和李式坦克的信息,它们所属的部队,该部队的汽油和弹药数量,以及它作战准备的程度,全都写进了电报里。后来他又从一名因部队里的英国坦克被更强大的美制M3中型坦克替代而不满的英国骑兵军官那里得知,火炮更大、装甲更厚、速度更快的美国装甲部队将在2月中旬过后参战,加入盟军这一边。所以,在2月6日,他在日常电报中说英国军队和法国外籍军团已经建立了防御阵线,这个阵线有雷区保护,从地中海一直延伸到比尔阿克姆(Bir Hakeim)的绿洲。英国军队计划从这条阵线发动反击决战。隆美尔有560辆坦克,还有250辆旧式意大利坦克。英国人有700辆坦克。费勒斯的电报说盟军即将发动攻击。所以,"沙漠之狐"隆美尔先发制人,在5月26日向南进攻。他平行于英国防线进军,朝南到达比尔阿克姆,然后向北绕到英国防线后面。他珍贵的信号连——621连就跟在他身后不到半英里的地方。但是,他的后勤补给线拉得太长,延缓了他的进攻,导致他停顿在沙漠之中。

从希特勒、隆美尔和费勒斯上校到统帅部密码局和监视局工作人员的所有人都知道，英国成功拦截德国和意大利地中海补给船队的焦点是位于西西里西南端和突尼斯之间的马耳他岛。1942年中期，马耳他岛每日遭受着来自空中和海上的连续攻击。在5月和6月，德国和意大利在这个岛上扔了9000吨炸弹。费勒斯上校每天发电报给华盛顿，预测如果没有足够的飞机、食物和燃料送到马耳他岛，那么这个岛就会在8月投降。如果它投降，那么隆美尔的军队就会拥有连续不断的补给品和飞机支援，能够进军开罗，抵达苏伊士运河。如果隆美尔占领了开罗和亚历山大港，那么德国军队就可以向南推进到重要的波斯油田。德国海军将控制红海，控制前往印度洋的通道；第三帝国将抢占英国的石油，在事实上获得战争的胜利。马耳他至关重要。

所以，在1942年6月，英国决定同时派两支重要的船队去马耳他，一支从东边的亚历山大起航，一支从西边的直布罗陀出发。这两支船队行动的代号分别是"强健"（Vigorous）和"鱼叉"（Harpoon）。这两项行动要获得成功，重中之重是要在德国和意大利的战舰、潜艇和飞机靠近船队前阻止它们。英国皇家空军将轰炸北非和西西里的飞机场。英国特种部队，包括长距离沙漠部队（Long Range Desert Group，简称LRDG）和新成立的空勤特遣队（Special Air Service，简称SAS），将在德国阵地后方发动长距离袭击，攻击位于昔兰尼加和利比亚的飞机场。让隆美尔的指挥部、统帅部密码局和监视局特别震惊的是，费勒斯在报告中详细叙述了这些信息。德国情报机构甚至有人怀疑他是双重间谍，在发送差错信息。他并不是双重间谍。他在6月11日发送的11119号电报被罗马和劳夫的拦截站截获，还被621信号连截获：

> 6月12日与13日夜晚，英国破坏行动部队计划使用黏贴炸弹，同时攻击轴心国的九个飞机场。英军计划派空降兵和长距离沙漠侦

第三部分 战争中的德国　　181

察队攻击目标。[8]

长距离沙漠部队、法国突击队和空勤特遣队,以及当地的抵抗部队,按时袭击了克里特岛上和利比亚境内的飞机场。一只空勤特遣队任务小组到达突尼斯比塞大(Bizerte)附近一个德军飞机场,在他们的威利斯吉普车(Willis Jeep)开上跑道时,飞机场楼房上的反光灯突然打开,多挺机枪开始射击。德国人在等待他们。"鱼叉行动"和"强健行动"呢?"鱼叉行动"中只有两艘船抵达马耳他;"强健行动"的船队损失了11艘舰艇,然后返了航。但是,隆美尔却因为过度自信而受挫——费勒斯在一条电报中说"英国军队再承受一击便会崩溃",隆美尔于是决定倾巢攻击亚历山大,企图将英国第八军逼回埃及。1942年6月底,他的军队离亚历山大90英里,离开罗和苏伊士运河只剩这最后一站。

费勒斯上校在无线电工作上不谨慎、无纪律,要因此责怪他很容易,但是他在为自己辩护时,确实向美国国务院抗议说他使用那些不安全的密码是迫不得已。在他1942年2月2日的一封电报中说"(我)相信密码已经被破解",但是华盛顿坚持说密码是安全的。[9]布莱切利园截获的德国空军和陆军信息声称,德国非洲军团正定期从"位于埃及的一名盟军线人"那里获得信息。英国人怀疑是费勒斯。6月12日,他们告知美国人,说几乎可以肯定美国军事专员费勒斯就是向德国泄漏信息的高层人员,尽管这些信息是无意间泄漏的。这在一定程度上是虚张声势,但美国人相信了,于是费勒斯在6月29日更改了他的密码。因此,隆美尔在敌人军力部署和行动意向方面的最佳信息源头枯竭了。让包括德国人在内的许多人惊讶的是,费勒斯并没有因为他的报告被截获而受到处罚。他反而被调动到其他地方,获得杰出服役勋章(Distinguished Service Medal),升级为准将。他的继任者使用了另外一种德国人无法阅读的密码,这种密码是利用哈格林(Hagelin)M–209密码机加密的。

费勒斯获得杰出服役勋章是因为他在开罗提供了清晰、准确的分析报告。尽管正如他在战略情报局(Office of Strategic Services)的一位同事所说,他是"我遇到过的仇视英国最厉害的人",但是他关于英国第八军的报告在华盛顿受人赏识。他有一条信息的内容是这样的:

> 第八军未能保持士气;他们的战术构想总是出错,完全忽视了不同部队之间的合作;对于瞬息万变的战况,他们的反应总是很迟缓。[10]

尽管如此,费勒斯和他的报告却有着明显、广泛的作用,让美国为北非的英国军队提供了亟需的补给品和军队。在开罗工作期间,费勒斯的主张一直很简单:美国要立即为盟国给予更多帮助,提供更多武器和部队。在华盛顿,他这种认为美国应该帮助英国的立场,与美国参谋长联席会议的计划相悖。登陆北非的计划,就像后来的"火炬行动"(Operation Torch)那样,被认为毫无可能,因为参谋长联席会议在1942年考虑的是名为"博莱罗"(Bolero)的行动——一项尽早进军欧洲的宏大计划。罗斯福总统坚定地支持费勒斯的报告,并且受到了它们的影响,所以总参谋长乔治·马歇尔(George Marshall)上将写信给罗斯福说:"费勒斯是一名特别有价值的观察者,但是他并没有承担谋划战略的责任,而且他的观点与我以及整个军事行动处(Operations Division)截然相反。"[11]

尽管费勒斯遭到多人反对,但是在费勒斯从开罗回国后,罗斯福还是邀请他去了白宫。费勒斯在白宫又建议要"坚定而迅速"地增援中东的英国军队。具有讽刺意味的是,费勒斯在无意间帮助了敌人,但是他对中东局势的分析却让罗斯福最终决定支援英国第八军,实施进军北非的"火炬行动"。

621 连的终结

1942年7月，盛夏，在隆美尔阵线后方的沙漠里，阿尔弗雷德·泽博姆上尉离前锋部队仅仅半英里远。他位于叫作艾沙山（Tel el Eisa）的高地上，那里是阿拉曼附近铁路线上的一个车站。这是一个很好的位置，地势高，适合信号拦截，也适合与隆美尔身边的联络队以及中央评估部队通信。但是，英国的一架喷火战斗机在高空侦察时发现了这个连队；他们还声称截获了该连队向通常位于后方几英里处的评估部队发送的恩尼格玛信息。1942年7月10日夜晚，澳大利亚部队向621连发起突袭。在这次袭击开始时，与621连队同处一个位置的两个意大利排立即逃走了。这支澳大利亚部队拥有布伦机枪运输车、迫击炮和反坦克武器，而且在他们发动攻击时，泽博姆上尉正在巡视前锋排；他身受重伤，两天后在亚历山大的一家医院去世。这个信号拦截连队有73人被俘，他们的设备和大量工作记录文件被截获。隆美尔对于该连队被消灭十分愤怒，但是他们无法驻扎在离前线较远的地方，因为这样他们对军事行动就没有了用处。但是，损失74名特别有经验的兵将，以及文件被英国人截获，意味着这个部队不得不重头再来。在隆美尔的情报参谋人员里，有一名军官是汉斯-奥托·贝伦特（Hans-Otto Behrendt），他将621信号连被俘形容为一次"对非洲装甲集团军有严重影响的灾难"。

*　　*　　*

1942年初夏，布莱切利园无法破解德国海军的恩尼格玛信息，这是为德国人在战略和战术上创造出"完美风暴"的因素之一。在几乎每个方面，密码分析都被证明对第三帝国有战略辅助作用。得益于费勒斯上校的信号，德国非洲军团才在马特鲁港（Mersa Matruh）击败英军，隆美尔才到达离亚历山大不远的地方。在东线,由于德国人发动"蓝色方案"(Case Blue),计划横扫高加索地区,占领斯大林格勒,因此将五支苏联军队包围在哈尔科夫(Kharkov)附近。[1]在伦敦,形势不可否认地在朝着德国所希望的方向发展。丘吉尔在下议院才熬过一次不信任投票,然后在8月3日被迫告诉斯大林不会在1942年开辟"第二战场"。

---

[1] 德国对苏联的密码破解和信号情报行动见第十五章。

第十五章　苏联前线上的信号情报和密码分析

在入侵苏联之前很久，德国人就努力在苏联组建信号情报和密码分析力量了。德国国防军陆军总司令部的信号情报机构在1939年才正式成立，而且正如此前所说，它在1940年至1942年之间被称为7/VI督察部。在1942年以后，它被称作情报侦察总部。它在1939年从统帅部密码局接手了大部分纯陆军的信号工作。

中尉阿列克谢·德特曼（Alexis Dettmann）曾经在情报侦察总部工作。他从1935年开始在信号情报部门工作，在德国东北部特罗伊恩布里岑和于特博格（Juterbog）的固定无线电接收站拦截苏联的信号。[1]在战前的这几年里，他处理的大部分信号来自苏联内务人民委员部（Ministry of the Interior，简称NKVD）。

苏联内务人民委员部成立于1917年俄国革命期间，是新共产主义政权的警察部队，守卫那个即将成为苏联的国家的边境，管理全国的大量监狱和劳改营。到了1934年，它的职责范围已扩大到涵盖与国家安全有关的所有事项。监狱、铁路、火车站、政府大楼、公路网、边境，河流过境点、矿山与国营农场等经济生产中心，对共产党敌人的镇压，以及消防，这些事务都由它下属的几个部门管辖。它通过一个由政治委员会组成的网络，在从上将到列兵的军队各个级别实施政治教育。它还负责管理狙击手学校之类的秘密机构，负责训练送信犬和信鸽。苏联的反间谍综合机构叫作"施密尔舒"（SMERSH，意为"间谍死神"），其前身是内务人民委员部的分支机构——国家安全人民委员部（NKGB）。

从 1935 年到 1937 年，德国信号分析人员发现他们从苏联截获的 70% 无线电通信和无线电报来自内务人民委员部，而且它们比苏联陆军和空军发送的极简单信号要有趣得多。主要原因有三点。首先，内务人民委员部负责苏联领土的安全，其军队驻扎在苏联的边界线，所以能观察到各种情况。其次，内务人民委员部会通过一个作战指挥的直接层级向上和向下传送所有信息。第三，他们会汇报关于三个领域的信息，而各支外国军队——如计划入侵苏联的德国——都对这三个领域特别感兴趣。

这三个领域里的第一个是军事安全，涉及的信息包括苏联边界沿线驻扎的陆军和空军的数量、名称以及任务。第二个领域是基础设施安全，在这方面有连续不断的关于铁路、公路和航线的报告。第三个是政治和经济安全：各个陆军部队的可靠度，国家的工业生产情况，以及各地的物资需求情况。通过拦截和尝试破解内务人民委员部的信号，德国人能够推断出苏联的军事、政治和经济现状。

1937 年，位于柯尼斯堡（Königsberg）、布雷斯劳和特罗伊恩布里岑的德国固定拦截站在拦截和阅读内务人民委员部的无线电信息，首要目标是拦截发送自苏联内务部控制站的信号。苏联在极北地区有两个控制站，在黑海边的重要港口和城市敖德萨（Odessa）、新罗西斯克（Novorossijsk）和苏呼米（Sukhum）有三个，在高加索区域的巴库（Baku）和中亚乌兹别克斯坦的塔什干（Tashkent）也有。在乌克兰的中部和南部，德国人的目标是明斯克、哈尔科夫（Kharkov）和基辅。如果他们能够在这条长约 1600 英里、从北冰洋延伸到黑海的线上监听、拦截和破解来自内务人民委员部各个部队的信号，那么他们就能够评估苏联国内的军事准备状态。

德国人在破解苏联加密系统上开了好头，是因为他们开始得早，还因为在战争爆发前，苏联的信号加密手段还处于初级阶段。苏联最初使用的无线电加密系统叫作"PT–35"或者"35对话表"（Talk Table 35），其中的"35"表示它于1935年启用。这种密码的基础是由"系统加密框"（system square）——横向和竖向各十个数字——构成的密钥，这些密钥的使用期经常多达两年。每个加密框包含100个随机数字，由部队无线电军官保管。每个军区随时都有三四个加密框可以交替使用，与之搭配的是一本加密表。加密传输文本上会附带一个由两个数字构成的指示码，第一个数字说明加密框中的哪一行数字含有加密表里的页码和行编号信息，第二个数字说明要使用哪个加密框来解密信息。

四年后，在1939年，苏联开始采用PT–39密码，其中包含了"转换编码组"（switch group），可以让信息接收者知道他们是否应该阅读某条信息里的字母或单词。1942年初，苏联开始采用PT–41密码，这份密码也基于系统加密框和转换编码组。表上100个方框里的98个有两层意思；有两个转换编码组告诉操作员要从方框里取出哪个数字，将其与加密表进行对比。不用说，这些系统加密框里填的是西里尔字母。

* * *

从一开始，德特曼就是军队知人善用的范例：尽管他只有初级军衔，但是他的能力和责任大于他衣领上的军阶条纹数量。他很快就明白，只需尽可能频繁、在尽可能多的地方恰当地监听敌人的信息，就能勾画出敌人的情报状况。德特曼说，负责这个任务的人需要特定的技能：

在密码分析中，翻译员和翻译破解员需要良好的语言知识，分析人员需要良好的数学知识，而且两类人员都需要有充分、全面的经历，要有灵敏的理解能力、适应能力、毅力、警惕性、一定的想象力，以及一种难以说清楚的诀窍。[2]

他还坚信，密码分析人员如果不加入军队体系，工作质量最高：

> 平民雇员更好，不需要参加任何军事巡逻、演习、点名、站岗。他们所有时间和精力都可以集中于一项任务——密码分析。军方管理部门认为人手数量，而非质量，是密码分析成功的最重要因素。这种对于密码分析这门所谓"巫术"的业余观点，导致工作中的实际困难几乎没有得到关注。同时，最高指挥部不仅对密码工作的成果和评估持不认可的怀疑态度，还认为它们虚假、有偏见。[3]

内务人民委员部的各个团驻扎在苏联西部边界的沿线，是不同于苏联红军的实体。内务人民委员部军官的教育水平更高，有些军官还会讲外语。内务人民委员部的部队作为防御军力驻扎在前线后方，防止军队里有人叛逃，阻止外国间谍或军队进入；在战争爆发前的1939年，所谓的外国间谍实际上就是指任何不是来自苏联、没有获批进入某个区域的人。内务人民委员部的部队要保卫一切——前线后方的火车站、铁路线、公路、村镇入口、政治指挥部、飞机场和港口。

内务人民委员部要保障陆军的安全，在陆军部队移动时，内务人民委员部也会随着移动。所以，通过拦截内务人民委员部各个单位发送的信息，德国人能够发现苏联部队的移动情况和驻扎地点。此外，内务人民委员部还保卫苏联的铁路系统。它还通过保护国有农村和工厂，控制着经济生产中的多个大行业，而且它会持续不断地汇报关于这些经济和通信行业的信息。

苏联红军在1939年以前的信号准备工作也没有让德国人感到惊讶。例如，苏联军队会在每年5月1日阅兵前几天或前几星期发送宽频无线

第三部分　战争中的德国

电信息。德国人拦截这些信息,从中可以得知参加阅兵的部队编号、高级军官姓名,以及飞机的型号和编号。

巴巴罗萨行动前的汉斯·艾克与德国空军信号情报

对苏联而言,汉斯·艾克(Hans Eick)并非陌生人。在巴巴罗萨行动于 1941 年 6 月 22 日开始前,这名 31 岁的德国军官就已经在苏联活动了很久。在德国入侵苏联的前期,参与行动的德国军人有三百多万,但是相较于其中大多数人——无论是前线士兵还是空军士兵,无论是前线的后勤人员,还是那些在波兰、罗马尼亚或德国提供支持的人员——汉斯·艾克对苏联语言、人民和政治意识形态的了解都更丰富。他在 1889 年生于德国北海沿岸的威瑟蒙德(Wesermünde),父亲是北德意志劳埃德航运公司的一名管理者。因为工作的缘故,他父亲经常带家人去世界各地。艾克在不莱梅上学,后来学习电子技术,一直学到 1911 年满 22 岁。

艾克随父母去过挪威、英格兰和法国,并且在 1909 年去了美国。他思维敏捷,有好奇心,对其他人和新事物感兴趣。美国的种族隔离以及企业家精神都让他感到很惊讶。他在基督教青年会(YMCA)获得过游泳冠军,还造访过弗吉尼亚州的迈尔堡(Fort Myer)——莱特兄弟就在这里练习飞行。一天,他受邀前去参观西屋电子公司(Westinghouse Electric Corporation),在总经理接待室的墙上看到了一副框画,画的是一个举着左轮手枪的牛仔,下面的说明文字是:"要始终敢于无视生活中的每个人。"他后来说这幅画影响了他一生。[4]

返回德国后,他在 1914 年战争爆发时加入了步兵部队,后来在阿尔贡(Argonne)受伤。出院后,他在军事航空还处于起步阶段时加入了德国飞行队，所在的基地位于德国东南部。他负责在俄国上空执行飞行任务，直到 1916 年坠机。他坠机后陷入昏迷，被抓为战俘，在俄国待了两年，大部分时间都戴着锁链，被关在从高加索地区到西伯利亚伊尔库茨克的多个监狱和拘留中心。他三次尝试逃跑，在 1918 年被转移到莫斯科的卢比扬卡监狱（Lubyanka prison），在那里的一个月里见证了狱友被枪决。德国大使馆在 1918 年 8 月底设法让他获释，但是他不能离开莫斯科。此时，他已经学会了俄语，因为学俄语是他在监狱里能够做的少数几件事情之一。所以，他决定逃离莫斯科。他拄着拐杖，搭乘一辆医务列车回到柏林。到了柏林，他立即去看望了父母。身体康复后，他立马借来一架飞机，飞越伦敦。这是一个令人振奋和欣喜的自由时刻。

返回德国后，他发现《凡尔赛条约》造成人们普遍涣散、欺诈和缺乏勇气。他认为《凡尔赛条约》是对德国人的巨大不公。从 1920 年到 1934 年，他在多个电气公司担任管理者。纳粹主义在 20 世纪 30 年代初期出现时，他热切地接受了它。但是，他很快又将其抛弃，因为他发现，尽管政治、经济和社会上的团结在理论上是个好想法，但是实际上并没有那么吸引人。飞行的精神再次拯救了他：他加入了德国体育飞行员协会（German Sportsman Pilot Society），享受飞行的工作。他说那时只有空中的环境还是干净的。1934 年，在退役飞行员重聚时，一名同行劝他，说他的未来或许在德国的新空军。所以，从 1935 年到 1937 年，他开始正式学习俄语，并且通过了口译员考试。正在组建德国空军信号情报部队的少将沃尔夫冈·马提尼听说了这名会说俄语的资深飞行员。

艾克会加入德国空军的信号情报部队吗？答案是肯定的。

巴巴罗萨行动开始

汉斯·艾克加入德国空军信号情报部门后的首次派驻任务，是作为少校在萨克森领导一支拦截部队，监听俄国、捷克和波兰的信号。接下来他又被派去过布雷斯劳和匈牙利，监听土耳其和巴尔干地区的国家。他在1940年返回维也纳，有了自己可指挥的信号营，并且晋升为中校。

然后，巴巴罗萨行动开始：1941年6月22日，380万德国、匈牙利、罗马尼亚和意大利士兵以一条长达1800英里的阵线进入苏联。这是战争史上规模最大的陆地入侵行动。艾克和他的部队跟在前线部队后面入境。德国国防军和党卫队像一把巨大的铁铲那样向前推进，抓人、焚烧村庄，让乌克兰大草原上混乱不堪。德国特别行动突击队（Einsatzkommando）也紧随其后。特别行动突击队本质上是移动的杀戮分队，通常包含了党卫队和盖世太保的人员、德国警察官员，以及在当地招募的新兵（伪军）。他们的任务是紧随前线部队，包围、拘留和杀害犹太人、内务人民委员部的合作者、共产党人和游击队员。

与此同时，汉斯·艾克参与了审讯被俘的苏联飞行员，看到了德军对待苏联战俘的方式——他们把战俘当作低级人来处理，好像自己是超人一样。他说，苏联战俘就像苍蝇一样死去。然而，也有数千名战俘从德国人的监禁中逃脱，穿过德国人的庞大阵线，涌回同胞和军队的怀抱，特别清晰明了地讲述他们在特别行动突击队手里的遭遇。

负责开展飞行任务、为三支身处苏联的德国军团——北部、中部和南部集团军——提供支援的是三个航空队（Luftflotten）。这三个航空队下属三个来自第一和第四空军的情报旅（Luftnachrichten Regiments）。德国陆军也有类似的部署。每个陆军集团都有一个信号培训指挥部。它们的运作方式和北非的信号培训指挥部完全相同——东线上有五个信号培训指挥部，此外还有若干个下属的连队。它们监听所有信息——加密的、未加密的、明文发送的，以及公开的语音信息，然后发现了苏联人在战斗中经常密文发送信息。例如，苏联人将发信人和收信人的名字加在部分信息的开头。德国空军和陆军还发现，苏联高级军官或部队的代号是动物名称。

信号培训指挥部包括由三人组成的"窃听队"，他们会潜入敌后的无人区窃听电话。他们发现，苏联人习惯向上级汇报一切，这意味着他们的信息总是会涉及才完成的事情。在计划大型的军事行动时，苏联人总是会实行无线电静寂。德国陆军和空军配合紧密。尽管密码分析工作是在远离前线的德国和奥地利进行的，但是德国空军和陆军的信号监听与拦截都是在战场上开展的。监听和拦截人员就像621连在北非开展行动时那样紧随前线部队。

他们要覆盖的区域很广，而且从许多方面来看，在辽阔的苏联开展行动与在北非的西部沙漠类似。澄澈的空气为信号传输提供了极佳的条件；部队始终在移动，在战斗中前进或后退；所有人和装备似乎都受制于天气——下雪会阻碍装备不佳的德国军队。例如，到了1941年12月中旬，莫斯科附近前锋拦截部队里的一些德国空军士兵已经开始在手上包裹冰冷的袜子，防止手指上的皮肤被冻在无线电设备极冰冷的金属旋钮上。

* * *

阿列克谢·德特曼说，在巴巴罗萨行动开始以后，"没有哪个敌人的学习速度比苏联人快"。1941年后的密码报告特别清楚地显示了两件事——乌拉尔地区及其周围的经济生产基地在快速发展，以及大批苏联红军部队在前线集结。德国国防军最高统帅部反而忽视了这两点。德特曼说苏联人拥有"可随意支配的时间、冬天和空间"，信号情报部门持续破解的信号也表明了苏联人是如何利用或者即将利用这三个因素来取胜的。也就是说，德国国防军和陆军的信号情报军官认为，最高统帅部在 1941 年前后有意识地低估了苏联陆军和空军的实力。

德国国防军和空军从截获的信号中知道了什么？

让德国信号拦截工作变得很简单的一个因素是，内务人民委员部和苏联红军会将所有事情向上和向下传送，所以平行文本很丰富。各种军事、民事、经济和政治活动都被向下传达至列兵层级，向上传达给旅和师的指挥官。下面这些被德国空军和陆军部队截获的消息，就能够说明苏联信号汇报的情况，还能说明苏联人是如何让德国信号分析人员获得如此多情报的。[5]

陆军消息：

第 267 步兵师参谋长：

第 1032 步兵旅指挥部设于伊万诺沃（Ivanovo）东北 2.5 千米处的树林中。

旅指挥官彼得罗夫

空军消息：

第 127 空中追击团指挥官：

请派联络官到波尔塔瓦（Poltava）的第四空军参谋部。

沙帕林

内务人民委员部消息：

1944年12月8日7：50，红军士兵彼得·瓦斯耶维奇·科索夫在多尔嘎亚村（Dolgaya）南出口被捕。他于此前晚上擅离部队……

陆军消息：

第149步兵师参谋长：
一个由步兵和坦克组成的敌军团攻陷了我方阵地……

陆军消息：

第172、178和192步兵师，第73和112坦克旅指挥官及参谋长：
第172步兵师在1943年6月14日4：03派出第460步兵团朝格罗沃克进攻……

在战争早期，德国信号情报部队识别了一条信息，得知苏联派飞机反击在乌克兰越过多瑙河的德军。因为这条信息，德军拦截了苏联的轰炸机。德国歼击机击落了100架苏联轰炸机——在巴巴罗萨行动开始的第一个星期里，德国飞机就摧毁了约2000架苏联歼击机和轰炸机，其中大多数是在地面摧毁的。[6]德国几乎每天都能持续不断地得知关于苏联军队供应链、伤亡人数、士兵健康状况、军队士气和叛逃情况的准确信息。

陆军消息：

全师士兵的健康状况极其糟糕。痢疾流行，至今发病 379 例。需要医疗援助。

第 164 步兵师指挥部

红军空军消息：

飞机识别信号——5 月 23 日向下倾斜右机翼两次，在 23 日至 24 日夜晚飞机灯进行多次三秒短时间闪光。密码——暗号：塔什干，或荣耀。答复：哈萨克斯坦，以及名声。

内务人民委员部消息：

第 4、6、7、8 及 9 前哨：

10 月 4 日至 5 日夜晚，敌方已在 6211、6212、6311 区域空降特工。想办法找到他们。

第 68 团指挥部

内务人民委员部消息：

10 月 8 日，负责内务人民委员部第 68 团第 8 前哨的中尉汇报逮捕平民伊万诺维奇·耶尔绍夫。该平民无恰当的证明文件，25 岁，蓝色眼睛，深棕色头发，中等身高，体格壮硕，无特别的身份标记，身穿绿色夹克、灰色旧裤子以及黑色军靴。

苏联信号情报组织的架构

位于莫斯科的参谋部八处（Eighth Section of the General Staff）管理苏联工农红军、陆军和空军的所有密码事务。一支由忠诚共产党员组成的骨干队伍负责内务人民委员部的招募工作，还管理莫斯科和坦波夫（Tambov）密码学校的人事。一名被俘的苏联上校曾在这类学校学习，他说学校不教授关于外国密码学和密码分析系统的知识，只会简单地举例说明它们的存在。相反，学校特别重视教授"一战"之类的历史，介绍1914年8月坦能堡战役（Battle of Tannenberg）的胜与败。1943年后，参谋部八处可以雇用非共产党员，培训时间从六个月减到三个月，最后又减到一个月。参谋部八处在1943年以前有65名军官和工作人员，在1943年后只有44人，因为每个可以参战的人都被派去了前线。尽管有数学家和语言学家的支持，但参谋部八处几乎没有关注密码分析。

德军在1941年进军期间截获了大量密码材料，这些材料来自城镇、村庄、飞机场和飞机，来自已经死亡的和仍然活着的苏联军官身上，来自坦克、卡车和吉普车。德军获得的所有材料，无论是来自陆军还是空军，都被送回信号培训指挥部或附近的德国空军基地。因为在整个500英里长的陆军阵线上，苏联师级的参谋都只使用一个带累加数的基础五位数编码系统，所以截获和破解一份编码和编码簿就意味着能够阅读整个集团军的信号。所以，在1941年末，苏联人意识到必须更改编码系统。这项工作由两个负责使用军事密码系统来确保通信安全的苏联机构完成：内务人民委员部五处和苏联红军的参谋部八处。后者属于陆军主要情报部门——总参谋部情报总局（Glavnoye Razvedyvatel'noye Upravleniye，简称"格鲁乌"）。

苏联军方使用两位数、三位数和四位数的编码，同时使用多种替换方法和累加数序列来加密最为重要的四位数和五位数编码。内务人民委员部使用以替换和增数方法加密的数字编码，游击队则使用以累加数序列或单密钥词移位加密的数字编码。外交部门使用的是四位数编码簿，加密方式是"一次性便签本"加密表——在这种信息加密形式中，外交人员的加密编码和解密表只使用一次：如果只使用一次，那么它们就无法破解。但是，苏联人不细心，经常将它们使用两三次。苏联的两位数编码最初由陆军、空军和内务人民委员部的部队使用。陆军中使用它们的主要是集团军、军、师和团，此外还有战斗工程旅、机动团和炮兵部队等较小的、独立的特别单位。在内务人民委员部里，它们被靠近前线的各个团用于通信，也被用于从师级向下的通信。德国军队进行解密时，二位数系统的密码分析工作大多数由连队级别的信息远程侦察连完成，但是也由指挥部级别的 7/VI 督察部，以及后来的情报侦察总部负责处理。

德国空军和国防军在苏联的密码破译

德国人最初成功破解苏联红军的五位数主要编码，是在 1939 年至 1940 年芬兰和苏联的冬季战争期间。芬兰人自 20 世纪 30 年代以来就在尝试破解苏联的密码，德国人从他们那里得到了许多帮助。苏联和芬兰之间的战争对德国信号情报机构来说算得上一次演习——它是一场真正的战争，德国人抓住了每个机会来分析芬兰人截获的材料。其中一名从这次战争中获益的德国密码破译人员就是威廉·特拉诺。

在巴巴罗萨行动才开始不久，德国人还截获了苏联的一份编码簿——苏联人在 1942 年仍然在使用它。德国人能够用编码簿里的部队呼号和指示编码组，完整地构建红军的作战序列、战略储备位置，以及通过阅读空军密码获得的其他信息。

特拉诺在1933年开始分析苏联的密码，后来又学习了波兰语和俄语，旨在于1934年和1935年破解这两个国家的密码。当时，苏联海军在使用一种四位和五位数系统，而且让尝试破解这类密码的德国人开心的是，苏联海军会在行动前一天笼统地宣布战舰、士兵和飞机的动向。等到特拉诺在努力破解苏联密码时，苏联海军使用的是一种五位数编码，其加密方式不是减数表，而是加数表。加数表的工作原理和减数表相同。例如，在加密"驱逐舰"这个词语时，加密信息的操作员会在编码簿里查阅与此相对应的五位数编码，然后到加数表上找到当天的五位数密钥组，以不进位的方式将其与词语的编码相加——与"驱逐舰"对应的五位数编码是"27082"，加密表上当天的密钥是"94165"，将它们不进位相加就得到"11147"，也就是最终加密信息中代替"驱逐舰"的编码。

苏联人使用的这份基础五位数编码簿包含5万个编码组，每个编码组各代表一个单词。特拉诺和同事在1940年春天成功破解了它，并且设法找到了代替舰艇名字、字母或标点的编码组；为做到这点，他们每天需要80至100条信息。在他们破解了这份编码后，苏联人立即采用了一个二次加密系统。这个系统也基于加数，但是加密信息会被二次加密，或者说被"超加密"。

这样一来，原先代表"驱逐舰"的编码是"11147"，但是在进行超加密时，这个编码组还要与第二份加密表上的一个密钥组相加。假设当天的这个超加密密钥组是"28841"，那么将其与已经加密一次的"11147"不进位相加，就得到代替"驱逐舰"的编码组"39988"。

面对这个层级的加密，特拉诺在1940年暂时放弃破解苏联人的这份五位数编码，集中精力破解四位数编码。他缺少人手，而战争已经爆发，他还要紧急处理英国皇家海军的编码，而且此时德国与苏联的战争仍然还有一年多才开始。但是，在德国与苏联的战争开始时，他以前与

第三部分　战争中的德国　　199

芬兰人的合作就意味着他能够阅读苏联海军的大部分编码，因为这些编码在格式上与苏联陆军最高指挥部使用的那些编码相同。苏联海军的加数加密表基于来自一本书的编码词语。芬兰的密码分析人员在1939年告诉监视局，说可以肯定这本书要么买得到，要么对苏联人而言十分标准化——就像《圣经》对于西方人那样——以至于无论是哪个版本，操作员都能从中找到相同的行和页。例如，如果当天的参考信息是第56页、第8行、第5词，那么这个单词里的字母就会被数字替换，然后这些数字会被当作密钥与代替信息的编码相加。在信息开头或中间使用的指示码可以让接收人知道要在这本书里寻找哪一页哪一行的哪个词。

因此，如果指示码是"145176"，那么就意味着第145页第17行上的第6个单词是密钥词。假设在搭配使用的加密表中与这个单词对应的编码是"58344"，那么这个数字就会与信息编码相加。当然，信息接收人也有一本相同的书作参考。所以，实际上特拉诺和芬兰人面对的是使用一种累加数和不进位加法的四位数和五位数超加密编码。但是，特拉诺和他的德国及芬兰同行想知道，这本编码书到底是什么？在20世纪30年代的苏联有什么书如此标准化和普遍，以至于苏联陆军、海军、空军或内务人民委员部的每个无线电操作员都能够获得一本？后来，特拉诺他们走了运。

监视局的一名德国雇员当时刚好与苏联驻柏林的军事专员住在同一所房子里；在1940年与1941年相交时，这名军事专员要么是自己觉得是时候离开，要么是被召回，计划返回莫斯科。他的行李太多，将一些书留在了一个抽屉里。在他离开后，监视局的那位雇员决定阅读其中几本书，其中一本是《共产党史》(The History of the Communist Party)。在他发现这本无法在德国买到的书时，刚好芬兰人告诉特拉诺及其同事说苏联累加数编码的基础是一本书。结果，特拉诺及其手下成功破解了苏联海军的整个编码，这帮助他们确定了苏联海军在波罗的海上的雷区和舰艇动向。直到 1941 年 11 月列宁格勒围城战开始时，苏联人才最终更改了这份编码。[7]

1941 年 8 月第二个星期结束时，巴巴罗萨行动已经进行了七个星期。德国的三个集团军已经横扫了乌克兰：斯摩棱斯克（Smolensk）已经陷落；四支德国军队几乎包围了基辅；北部集团军正朝列宁格勒进发；南部的德国军队也靠近了克里米亚地区。德国人说，战争爆发时苏联红军力量的近 2/3，也就是 275 万人，已经被消灭。其中至少 2/3 是被饿死的战俘。

与此同时，德国信号情报机构已经破解了 69 种不同的密码机制，包括苏联红军参谋部使用的一种编码。这种编码叫作"40 号行动编码"（Operational Code 40，简称 OK40），是一种五位数编码，在 1941 年夏天被德国人破解。这份编码簿包含 25000 个字母组，通过拥有 300 个五位数组合的加数表加密。尽管德国人在入侵行动开始时就截获了这份编码簿，但是苏联人并不知道他们的重要编码已经被攻破。苏联红军的每个师都有这份编码簿，他们的军事组织和通信系统在巴巴罗萨行动的重压下瓦解，没人知道在长达 1000 英里战线上的某个部队弄丢了一本编码簿。所以，苏联人继续使用这些加密表。该加密系统的一个特征是，编码组的前三个数字要么全是奇数，要么全是偶数。这让德国人能够特别轻松地识别苏联人使用这种编码发送的信息。

1942 年 4 月 1 日，在特拉诺成功破解苏联密码两年后，苏联人采用了新的五位数军用编码，但是根据德国人的说法，苏联"从旧密码向新密码的转换有很大的缺陷，以至于德国在第一个星期就可以重建新编码的两千个编码组"。[8] 苏联人在 1943 年初会再次更改这份编码，为不同的军团配备不同的编码簿和加密表，而非让从北冰洋到黑海的整条战线上通用一种编码簿。这些五位数编码不仅由陆军和空军使用，也由内务人民委员部使用。随着在苏联的战役向前发展，德国陆军内部对破解

第三部分　战争中的德国　　201

这些编码是否算作成功持有不同意见。统帅部密码局的二把手梅蒂希中校说，破解这些编码是国防军陆军总司令部密码分析人员和信号情报人员的最突出成就。统帅部密码局和情报侦察总部的部分数学家说，因为他们部门里关心管理和组织的许多军官和高级军士都不了解密码学，所以他们的意见是无效的，而且苏联的五位数密码即使破解了也很少带来成果。但是，就像对于"二战"中德国密码破解工作的各个方面那样，有些人对此也持不同意见。一名密码分析人员眼里的技术成就，在另外一名密码分析人员眼里却是职业毒药。第三帝国的监听工作很优秀，但是其内部却发生着多疑的争吵。那么到底谁的观点是正确的？

破解苏联的五位数编码

苏联的五位数编码主要由阿列克谢·德特曼破解。他和团队之所以能够成功破解，有几个原因。一个原因是苏联人经常多次发送同一条信息，这种习惯是因为——就像前面的消息例子所显示的那样——上级军官总是要检查下级军官的工作。后方的俘虏是否被恰当地处理？燃料是否送到？进攻是否按计划进行？敌人是否再次突围？在哪里突围？苏联人经常使用相同的累加数或加数编码簿，如《共产党史》，所以德国人对他们五位数编码和其他编码的破解容易得多。

第二个帮助了德国人的因素是，他们在1941年夏天截获了苏联陆军的五位数编码簿，而且在此后几乎两年的时间里，苏联人都没有彻底更换这份编码簿的加密表。

有趣的是，在整个战争期间，每份密码的所有新版本都因为幸运因素被截获，而且总是截获得很及时，以至于原版本几乎总是还在密码分析人员的手里。[9]

任何在战场上无法破解的团级或旅级编码，都发送回在前线后方或在柏林工作的国防军陆军总司令部或统帅部密码局的密码分析部队。正如前面提及的，苏联人经常使用"一次性便签本"加密，其中的一次性编码被用于发送信息，而且只有接收人知道如何解密。这种加密方式如果真的是一次性使用，那么安全级别就特别高。7/VI 督察部认为这些编码无法破解。德国国防军信号培训指挥部的一名军士说，在苏联用于发送作战指令的五字母和五位数编码中，"这些编码就是所谓的便签本（Bloknot）编码，它们只被使用一次，所以无法破解"。[10]

"Bloknot"这个德语词翻译自俄语，指一叠在顶部装订、可以翻页的纸张。其中的编码都是随机的数字序列，排列在有编号的行和列里，在加密过程中被用作加数。

德特曼知道，成功的密码分析源于这样一条数学规则，即如果用在两个编码组上的加数相同，那么这两个编码组的差就会保持不变。他将这条规则应用到破解五位数编码上。下面是计算"差数"的一个示例：

编码组	加数	密码组
39214	20186	59390
98315	20186	18491
差数		
41909		41909

因此，他最重要的一个密码分析方法就是记载"差数"，将最常用编码组之间的差数列入一个有编号的表格，帮助破解编码。[11]

第三部分　战争中的德国　　203

德国的密码分析与在苏联的战略战术状况

在德国开始进攻苏联后,德国陆军和空军的密码破译人员仍然受到一些上级指挥官的质疑和嘲讽,这两个密码破译机构合作写出一份报告,估计苏联人可以使用的飞机数量。陆军估计的数量是11000架,空军估计的是10500架,二者都相对准确。德国高级指挥官却说:"完全是垃圾。"[12] 在1941年至1942年的冬天,7/VI督察部通过广泛的分析,知道了在乌拉尔地区以东集结的几乎每支苏联工农红军的情况——集结的地点和时间、部队规模和编号、指挥官姓名、驻扎点,以及计划朝战线进攻的地点和时间。后来在库尔斯克和斯大林格勒发生的情况就确认了这些信息,但是当时某些高级军官(包括德国空军的军官)的反应是这些报告"很荒谬"。[13] 然而,到了1942年春天,在东边的广阔草原上,德国陆军的几名高级军官特别认真地对待了这些报告。在苏联度过一个冬天后,他们知道自己遇到的是什么问题。泥泞季节从前一年的秋季就已经开始——这在苏联被称为"无路季"(Rasputitsa)——德国国防军的车辆、士兵和数千匹马都深陷泥泞。在战斗中,马匹和士兵都在阵亡。一名德国士兵因此写道:"这次战争将有一种不寻常的味道,混杂了烟味、汗味,以及马匹尸体的气味。"[14]

包括信号情报部队在内的德国空军野战师,按道理依靠的是卡车、吉普车和半履带式车辆,但是实际上几乎所有人都使用马匹来完成至少一半的运输任务。希特勒十分有信心迅速取得这场战争的胜利,但其实德国军队并没有针对冬天作战做好恰当的准备。1941年11月27日,德国陆军的军需处长爱德华·瓦格纳(Eduard Wagner)汇报说:"我们的人力和物力都将耗尽。我们即将面对寒冬带来的种种危险。"[15]

冬天到来后,连马匹都冻死和饿死——仅仅在1941年12月至1942年1月就有约16万匹马死亡。尽管德国士兵能够用马肉当食物,但也有士兵被冻死。一名德国士兵说，苏联的冬天太寒冷，"劈冻僵的马匹时，斧头会像砍到石头那样被弹回来。"[16]

  ＊ ＊ ＊

  在苏联的德国密码分析人员发现，信号情报部队间的合作程度与在柏林和巴黎时不同。固定和移动的陆军及空军部队都会将情报传给各自的评估中心以及位于德国的指挥部。他们的首要目标显然是苏联红军和庞大政治安全机构——内务人民委员部发送的加密信息。德国国防军最高统帅部的密码局与陆军的 7/VI 督察部合作。监视局在黑海和波罗的海上都有信号拦截部队，而规模较小、目标明确的泽德局则关注苏联共产党中央委员会——或共产国际——的加密信息。

  在巴巴罗萨行动初期，一名德国步兵军官说苏联红军的信号情报能力和无线电纪律都很差。苏联部队将无线电当作一种被美化的私人电话，他们的编码簿使用的是最为原始的对应词——例如，加密"坦克"的是"奶牛"。然而，尽管苏联人更改了他们的编码，意识到必须将加密系统现代化，但是到 1942 年春天，苏联的绝大部分加密信息仍然是先用手写出来，再用无线电传送。

  德国外交部的语言学家、密码分析专家阿道夫·帕施克博士（Dr. Adolf Paschke）发现，尽管苏联人使用多本书来编码和加密他们的信息，但正是由于人犯的错误，德国人才有可能破解这些信息，知道他们使用的是哪些书。他举的一个例子是，负责加密信息的苏联信号员经常重复使用加密书里的特定段落，导致整个系统被攻破。"一个例子尤其值得提及，"他说道，"它涉及的电报材料总长度约 200 万个数字。在破解过程中，我们发现苏联的信息是利用五本书来加密的。这五本书的加密序列总共有约 500 万个数字。显然没有希望破解，但我们还是成功了。"[17]

塞瓦斯托波尔围城战期间的德国信号情报

1941年12月，天寒地冻，进攻莫斯科的德国军队在离莫斯科11英里远的地方停了下来。苏联人在1942年1月发起反击，但是他们的攻势在3月停止了。在北方，列宁格勒在德国北方集团军的围攻下度过了冬天，而中部集团军则在可以看到莫斯科灯光的狭长掩壕里颤抖着度过了12月和1月。希特勒下定决心，不仅想让军队突围到高加索区域，还想得到黑海。所以，南方集团军在1942年5月8日继续进攻。德国第11军朝整个克里米亚战线进攻，目标是刻赤半岛（Kerch peninsula）。四个星期后，德国人开始攻击克里米亚的战术中心——塞瓦斯托波尔港（Sevastopol）。德国空军提供支援，每天出动轰炸机和歼击机多达1000架次。为了确保作战效用和任务安全，他们亟需知道苏联空军将采取什么方法来应对数量占优的德国空军。他们知道，控制了塞瓦斯托波尔的上空，这场战役就算赢了一半，因为守军无法通过空运、海运或陆运获得食物、弹药、人手或燃料的补给。他们与外部的联系将被切断。所以，德国空军找来了一个信号情报部队，这个部队要能够在快速移动的作战环境中帮忙搞清楚红军的计划，提供的情报要准确、迅速，可以的话还要超前。

这个信号情报部队的指挥官和汉斯·艾克一样，在巴巴罗萨行动开始前很久就十分了解苏联，知道苏联的所有荣耀和所有令人羞愧的暴行。这名指挥官是瓦蒂姆·赫罗尔德（Wadim Herold）上尉。[18] 他于1919年在伊朗出生，父亲在伊朗经商，母亲名叫奥尔加·萨波什尼科娃（Olga Saposchnikova），是一名来自西伯利亚的俄国妇女。在去伊朗西北部的马什哈德（Masshad）看望兄弟——一名驻扎在那里的俄国步兵军官时，她遇到了未来的丈夫。但是，瓦蒂姆18岁时，他的父亲去世，然后他和母亲搬去了德国。后来，他母亲又嫁给了一名德国人。瓦蒂姆此时已经能够说一口流利的俄语。他在德国上了大学，从事电子学方面的工作，短暂地信奉纳粹主义，后来决定加入德国空军。

1942年初，赫罗尔德与他的信号情报分队跨过了苏联东南部的边界。他们在5月2日到达塞瓦斯托波尔城外。飞机在天空中画出白色的蒸汽尾迹，城里燃烧出的黑烟也飘在空中；沉闷、巨大的炸弹爆炸声持续不断，就像一只巨型大象在愤怒地吼叫。赫罗尔德很快发现，这些响声是德国军队在朝塞瓦斯托波尔发射巨大的攻城迫击炮弹。这些迫击炮安装在铁路平板车上，其中三挺的口径是60厘米，是德国海军战舰上最大火炮口径的两倍。赫罗尔德开始安装天线，让手下深挖战壕，然后开始尝试拦截苏联空军的信号。

* * *

德国军队围攻塞瓦斯托波尔是为了获得石油。克里米亚半岛是通往高加索地区油田路上的重要垫脚石。如果德国人不占领它，那么苏联空军就可以利用它来空袭位于罗马尼亚普洛耶什蒂的珍贵产油设施。塞瓦斯托波尔是克里米亚半岛上的重要城市，而且在1942年5月是唯一一座由苏联人控制的城市。那里的苏联海军基地建造在黑海上一个特别坚固的天然防御工事周围，坐落在克里米亚半岛尖端的石灰岩岬角上，陆军部队几乎没法靠近。塞瓦斯托波尔很容易防守，因为这个位于谢韦尔纳亚海湾（Severnaya Bay）的港口四周是很高的悬崖，从海上靠近风险很大。苏联人还建造了三层圆形和半圆形的防御工事，配备了188毫米和305毫米的战舰火炮，能够朝黑海上发射炮弹，也能够朝内陆开火。有些火炮安装在加强混凝土工事里，德国人无法攻破。主要因为这一点，埃里克·冯·曼施坦因（Erich von Manstein）上将才决定从1942年2月开始围攻这座城市五个月，然后在7月初开始从海陆空攻击。这次联合行动的代号为"捕鲟"(Störfang)。

德国空军在这次进攻中扮演了重要角色,出动飞机24000架次,单单在6月就扔下了超过20000吨炸弹,在空中完全压制了苏联人。这进而使他们能够每天不间断地轰炸塞瓦斯托波尔的守军。这座城市原本有40万人,但是在德国空军完成了他们在"捕鲟行动"中的任务后,城里只剩下11座建筑没有倒塌。德军对塞瓦斯托波尔的轰炸比对伦敦、鹿特丹或考文垂的轰炸都要厉害。为了让轰炸起战术作用,瓦蒂姆·赫罗尔德指挥的信号情报部队扮演了至关重要的角色。攻击塞瓦斯托波尔的德国轰炸机和歼击机来自五个主要的空军基地,它们分别位于叶夫帕托里亚(Eupatoria)、辛菲罗波尔(Simferopol)、基泰(Kitay)、萨拉布斯(Sarabus)和萨基(Saki)。它们离塞瓦斯托波尔很近,所以德军的亨克尔轰炸机和道尼尔轰炸机只要飞到适宜作战的高度,就能够开始轰炸。

德国空军的信号部队驻扎在这些机场。他们拥有优良的设备,技术也在战争中得以完善;他们还有安全的工作环境,不担心红军的反击,也不用移动;此外,他们还有严厉的领导。这些因素让他们表现杰出。苏军中队企图飞往塞瓦斯托波尔上空,但在飞机还没有起飞时,他们的计划就会被德军信号部队截获。赫罗尔德的手下经常知道苏联空军的计划,知道他们在发动攻击一个星期前的位置。苏联空军从克里米亚东部的克拉斯诺达尔半岛(Krasnodar peninsula)上的简易机场起飞发动攻击,德国人知道他们的行踪,会派保护轰炸机编队的Me–109战斗机去攻击它们,轰炸机则可以在完全没有干涉的情况下轰炸塞瓦斯托波尔。

德国军队的火炮数量有限,德国空军还弥补了火力。德国空军部署了六种不同的轰炸机飞行联队,而且尽管在一个星期的时间里出动了3000多架次,但是只有一架Ju–87俯冲轰炸机被防空武器击落。塞瓦斯托波尔上空没有苏联的空军力量,而且瓦蒂姆·赫罗尔德的部队充分知晓了红军尝试封锁德军控制空域的所有计划。

在北方战区指挥第 172 步枪师的苏联军官伊凡·拉斯金（Ivan Laskin）上校回忆说：

> 以 20 至 30 架飞机构成的轰炸机编队对我们狂轰滥炸。它们一波接一波地来袭，将整个防御区炸了个遍。德国飞机整天都在我们的阵地上空飞。数千枚炸弹爆炸，产生的浓烟弥漫整个天空。一团巨大的黑灰色烟云越升越高，最终遮住了太阳。[19]

德军杀死、杀伤或俘获了 11.8 万名苏军；德国、罗马尼亚和意大利损失 3.6 万人，其中 2.8 万人是德国士兵。塞瓦斯托波尔在 1942 年 7 月 4 日陷落。瓦蒂姆·赫罗尔德上尉和他的部队在各个飞机场又待了两个月，然后将天线收拾好，朝高加索地区前进。留在他们身后的是一座被完全摧毁的城市。德国空军轰炸机指挥官维尔纳·鲍姆巴赫（Werner Baumbach）在战斗快结束时说，在塞瓦斯托波尔，"泥土、水、碎石、钢铁和混凝土都与流着血的尸体混合在一起。但是，苏联人继续坚守阵地，坚守他们的乡土，不屈不挠"。[20]

德国第六军在斯大林格勒对信号情报的利用

攻陷塞瓦斯托波尔后，德国陆军启动了"蓝色方案"，在 1942 年秋天开始攻击斯大林格勒。此时，德军的密码分析和信号情报工作的一种行动趋势开始在苏联战线上明显出现。在前线战壕里的泥土、积雪和灰尘中，师级和军级的德军指挥官意识到能够信任德国空军和德国国防军在信号情报和密码分析方面的技术成就。然而，在柏林或者在位于东普鲁士拉斯滕堡（Rastenburg）狼穴（Wolf's Lair）的元首指挥部，并不存在类似的、相应的信任。这在战略上意味着，无论战场上有什么密码分析成果，无论地方德军指挥官在指挥坦克、飞机和步兵时有多大的能力将电子情报转变为战术现实，但是这两方面的努力如果在顶层受阻，那么就毫无作用。

*　　*　　*

但是，1942年11月底，德国第六军被包围在斯大林格勒。1943年2月，他们被迫投降。威廉·阿诺德（Wilhelm Arnold）少将是德国国防军的高级军官，他根据第六军指挥官弗里德里希·保卢斯（Friedrich Paulus）上将及其参谋提供的信息，撰写了一份关于斯大林格勒战役中信号情报工作的报告：[21]

> 信号拦截连队，包括一个评估部门和三个排，在斯大林格勒包围圈由第六军指挥。此外，我们还有第四装甲军的两个拦截排。因此总共有五个拦截排。在我军被包围的整个时间段里，这个增强拦截连队的工作对第六军而言至关重要。

阿诺德少将说，被包围的第六军没有其他办法收集敌方情报。例如，他们曾企图派出三架歼击机去斯大林格勒包围圈侦察，但最终失败。结果，G-2军（第六军的情报部队）将整个部门转移到拦截连评估分队的掩体里。幸好，这个拦截连里已经有不少俄语口译员：

> 在这个连队建好拦截站，熟悉新任务过后，我们能够在相对较短的时间里确定对面苏军的结构和大致实力。起初，苏联无线电纪

律很糟糕，我们能够拦截和评估一系列无线电明文。在东北部，至少只有在一名明显很严格的苏军信号军官被派到那里时，这种情况才有所改变。这名军官禁止发送所有未编码的信息，违者会被立即处决。然而，苏军的加密无线电信息还是有大部分被拦截连队破解，而且破解得足够快，可以让信息得到充分利用。

在此前一年，阿诺德的部队派了这个拦截连队的许多专家去中部集团军接受深入的培训，学习如何破解苏军的三位、四位和五位编码。这项措施带来了好结果。五个拦截排的恰当部署让他们几乎每天晚上都能给弗里德里希·保卢斯上将提供完整的情报，让他知道苏军阵线在白天的变化。在激烈和严苛的战斗环境中，这种信号情报和密码分析成就极为出色。在大多数情况下，德军能够知道苏军在第二天的计划，并将剩余为数不多的坦克部署到苏军计划进攻的地方。在斯大林格勒包围圈的南部和西部，德军甚至能够定期拦截苏军坦克的准确状态报告。

1942年12月12日，德军上将西格弗里德·劳斯（Siegfried Raus）开始孤注一掷地进行突围救援，企图从南边穿过吉尔吉斯草原（Kirgize steppe）前往斯大林格勒。他指挥着拥有200辆坦克和迫击炮的第六装甲师，以及坦克数量更少的第17和第23装甲师。根据阿诺德上将的说法，在斯大林格勒内部，信号连和拦截连的几套无线电设备调频在救援军力的频道上。劳斯上将的信号频道，以及前方主攻师和团的信号频道，都被他们监听着，而且随着救援部队继续前进，前锋装甲部队的语音通信也听得见了。与此同时，拦截连队也在监听驻扎在劳斯上将对面的苏军的指挥频道。这个拦截友军和敌军信息的方法让德军能够持续不断、十分清楚地了解战况。他们会把特别重要的截获信息用无线电传送给劳斯上将。因此，阿诺德的报告说，在斯大林格勒的德国信号部队即使身处最为严峻的环境，也履行了他们的职责。保卢斯给阿诺德少将说过多次:"他们的成果极大地帮助德军在漫长、严峻的斗争中坚持下来。"

1942年冬天,在位于斯大林格勒的德军努力守住包围圈时,7/VI督察部能够特别精确地知道向斯大林格勒移动的新苏联军队的编队情况;这些苏联部队的编号从62延续到69及以上。由于这些部队各包含至少40000名新兵,所以7/VI督察部对德军的行动而言至关重要。这些信号分析结果不断得到补充和确认,但是德军最高统帅部没法决定是否相信它们。阿列克谢·德特曼写道:

> 在第64军出现时,国防军陆军总司令部的东线外军处(Foreign Armies East)才获许将带有问号的其他部队的名字加到苏联红军的信息图上,然后在元首指挥部的讨论中将它呈现出来,不担心被严厉地咒骂。[22]

然而,苏联军队逐渐改善了它们的编码安全工作,他们在1943年春天改变了指示码编组系统,将五位数编码分成了不同的前线区域。德国人仍然专注于破解它们。1943年春天,在斯大林格勒被收复,20.8万德军被俘时,德国南部集团军朝高加索地区的进军失败了。位于苏联南部的德军此时不断撤退,被包围,依靠数量极少的士兵、坦克和补给反击。他们只剩下战术上的才华和决心,只是急切地想要保住性命。他们还受困于气候:秋天,泥泞可以深至车轴;冬天,步枪的枪栓会被冻住,寒风会让气温降到零度以下;夏天,灰尘大得让人无法呼吸,沙子会卡住无线电设备的零件和机枪的进弹盘,而且士兵还要不停地移动、战斗、防守、撤退,一只眼睛要顾前,一只要顾后。

对信号情报和密码分析部队而言,要始终专心于复杂的数学问题,进行有效的密码分析很困难。尽管德国陆军的信号培训指挥部与空军的信号情报部队没有身陷下着雪的危急前线,不用颤抖着用MG–42机枪攻击顶着雪花向前逼近的红军部队，但是他们离这种境况也并不远，而且前线的战况决定着他们的移动、撤退和前进。在冰天雪地里，或者在炙热酷暑里，他们有时候会连续几天不睡觉，匆忙地架起拦截天线，寻找无线电频率，正确配置无线电和恩尼格玛机器，满足位于德国、奥地利和波兰的指挥部的要求，向他们接连不断地提供更多、更清晰、更迅速的信息。在他们前方不远处，在时间、气候和空间上都占有优势的庞大苏联红军正无所畏惧地朝胆敢侵犯他们祖国的德国大军发起进攻。但是德国信号情报部队还是有所斩获。他们不断地截获和破解苏军的信号，评估苏军的新编码，即使在内部争吵（这是他们长期存在的一个缺点）时也专心地尝试看清战术和战略环境，有时仍然渺茫地希望某次决定性的反击、某次最后的进攻或者某些新武器能够帮助他们攻破莫斯科，靠近乌拉尔地区。

第十六章　瑞士的恩尼格玛密码机

1942年夏初，德国依靠全速运转的信号情报工作，在战争中仍然处于优势地位。他们春天在哈尔科夫发动进攻，包围了两支苏联军队；此时，他们仍然在朝斯大林格勒挺进，而缅甸即将被日本人攻陷。英国空军中将"轰炸机"哈里斯（"Bomber" Harris）发动"千年行动"（Operation *Millennium*），派出1000架飞机轰炸科隆——这项行动不仅将大西洋海战中至关重要的飞机调去空袭德国潜艇基地，还抑制了德国民众反抗盟军的决心。大量飞机的使用使得位于法国海岸上的德国空军信号情报部队能够追踪盟军在欧洲的许多轰炸机和歼击机的行动。隆美尔在沙漠里成功地实施反击，此外德国人也在尝试破解中立国家的信息。他们的密码分析人员意识到，瑞士和土耳其之类的重要中立国家可以脚踩两条船，精明地向同盟国和轴心国同时提供机密信息，以保护和维持它们自己的中立和安全。阿勃韦尔在瑞士有一个特工网，他们的首要目标之一是叫作"幸运指环"（The Lucy Ring）的苏联间谍团体。[1]与此同时，土耳其政府及其驻伦敦、巴黎、布达佩斯、莫斯科、华盛顿和马德里大使馆的信号交通为德国外交部、陆军指挥部和正规军机构的密码分析人员提供了关键信息。在匈牙利的布达佩斯，党卫队高级军官乌尔班（Urban）与一支匈牙利陆军密码破解部队合作，他反复强调第三帝

---

[1] 见第二十二章。

国从中立国破获的最佳信息来自土耳其。¹实际上,来自国家保安总部的党卫队突击队大队领袖(SS Sturmbannführer)乌尔班,要么是从与他合作的匈牙利人那里购买信息,要么是让匈牙利人负责信号情报工作,然后将他们的工作成果转发给柏林。[1]

但是,如果说有旗鼓相当的第二名,那么它就是瑞士。瑞士是1815年《巴黎条约》确立的中立国,然而第二次世界大战期间,它与第三帝国形成了紧密的经济联系。瑞士人这么做是为了避免被入侵,以便继续在各个参战国中间扮演中立调解人的角色;同时也是出于国家性格里强烈的政治经济自保意识,他们分别与德国、同盟国以及其他中立国家结盟。世界上两个最大的国际组织位于瑞士:红十字国际委员会(International Committee of the Red Cross,简称 ICRC)在日内瓦,国际清算银行(Bank of International Settlements,简称 BIS)在巴塞尔。前者是《日内瓦公约》(Geneva Conventions)的维护者,后者是国际性金融结算机构。例如,1941年初,南斯拉夫政府意识到即将被德国入侵,遂决定将国家的部分金块储备变现。南斯拉夫政府先将黄金转移到瑞士,然后国际清算银行支付美元,并代替南斯拉夫政府将这些美元资产转移到纽约、巴西和阿根廷的多个银行。因此,同盟国和德国后来都想知道瑞士政府的通信内容。

红十字会不仅是第三帝国平民和战俘境况相关信息的重要来源;其中立授权还让它能够看望和帮助每条战线两边的战俘。它发现自己必须付出的代价是,淡化关于纳粹集中营中欧洲犹太人被屠杀的信息。它不能辩称不知道欧洲犹太人的境遇,欧洲和美国报纸的头条就能够揭示这点。《纽约时报》1942年8月28日刊登的一篇文章是《2.5万犹太人在法国南部被捕》;《华盛顿时代先驱报》(Washington Times Herald)1943

---

[1] 见第二十三章,以及第294至295页关于雅尔塔会议的内容,该部分内容是党卫队和匈牙利信号情报部队合作的一个例子。

第三部分 战争中的德国 215

年9月3日刊登了《5万犹太人如苍蝇般被关进纳粹监狱》;《纽约先驱论坛报》(New York Herald Tribune) 1943年3月21日刊登了《3.5万犹太人在5个波兰城镇被杀害》;《华盛顿邮报》(Washington Post) 1944年3月22日刊登的相关文章是《波兰人说纳粹每天屠杀万人》。[2]

红十字会的立场很清楚:

> 1942年4月29日,德国红十字会告知红十字国际委员会不会提供关于"非雅利安"被拘留人士的信息,并且要求委员会尽量不要询问相关信息。然而,关于犹太人受迫害的消息确实从德国和德军占领国流出,传到同盟国政府,而且部分这类信息也被红十字国际委员会所知。1942年夏天,红十字国际委员会讨论是否就违反国际人道主义法律的行为提出全面控诉。他们起草了控诉稿,但是最终决定不发布,因为觉得不会获得预期的结果。因此,红十字国际委员会继续实行其"双边策略"。[3]

德国的国家保安总部担心红十字国际委员会改变其政策,这也是戈林的研究局如此急切地想要负责破解瑞士恩尼格玛密码机的原因之一;此时,另外三个信号情报机构——泽德局、情报侦察总部和统帅部密码局也都花费珍贵的人力和时间在这方面。因为,关于红十字国际委员会各种活动和政策的部分信号,是利用恩尼格玛密码机从伯尔尼的外交部发送到瑞士驻华盛顿大使馆的。

瑞士信息的加密和破解

瑞士外交部和国防部使用不同的编码簿加密无线电信息。尽管德国人认为这些编码簿的复杂程度很低，但真正让瑞士的无线电信息容易被破解的一个因素是，许多信息有时会使用四种官方语言中的三种来发送，即法语、德语和意大利语（另外那种官方语言是罗曼什语），所以瑞士外交部和国防部的编码簿有三种语言版本。瑞士军方和外交部门还使用了商用恩尼格玛密码机，相较于德国海军、空军和陆军使用的密码机型号，这类密码机的复杂程度低得多。瑞士使用的密码机型号是恩尼格玛 K 型（Enigma K），配有一个圆盘、三个转子和一个反射器，没有插线板。1938 年至 1940 年期间，瑞士购买了 265 台 K 型密码机，分配给陆军、空军和外交部。与德国使用的密码机相比，这个型号的主要不同之处在于，当按下字母键时，向前转动一格的是中间的那颗转子，而非最右边那颗。[4]

负责法国、瑞士、西班牙和葡萄牙的德国陆军密码分析人员与泽德局和统帅部密码局合作，共同破解瑞士的恩尼格玛系统。情报侦察总部从位于斯特拉斯堡（Strasbourg）的一个拦截站截获瑞士的信号流，专门针对瑞士外交部与瑞士驻华盛顿、伦敦、柏林和罗马大使馆之间的无线电通信。情报侦察总部监听这些通信的动机特别清楚："破解瑞士政府信息的难度适中，而且由于瑞士人在许多国家充当着交战国代表，所以瑞士的信息是重要的情报来源。"[5]

瑞士政府的信息要么是法语，要么是德语或意大利语。信息里的数字夹在 X 和 Y 之间，数字 1、2、3、4、5、6、7、8、9 和 0 分别由经典键盘上的字母排列 Q、W、E、R、T、Y、U、I、O 和 P 代替。恩尼格玛密码机的键盘上没有数字，意味着存在一个包含 36 个字母的字母表，上面提及的 10 个字母在其中会出现两次。直到 1942 年末，恩尼格玛密码机内部设定的有效期为一个星期，伯尔尼与华盛顿和伦敦通信时会使用相同的密钥。这些信息是以五个字母为一组发送出去的，信息开头的四个字母是指示码，有些信息带有以下名称："萨杜恩"（Saturn）、

"维加"（Wega）、"默克"（Merkur）、"赫洛斯"（Helos）、"尼拉"（Nira）和"乌拉尼亚"（Urania）。名称说明的是信息内容的类型："维加"指代船运和交通事务，"萨杜恩"与贸易相关，"默克"与金融相关。用于破解其中部分三语信息的参考材料很简单，下面两条材料就被用于破解伯尔尼和华盛顿之间的通信。德国密码破译人员曾经破解过英国皇家海军的编码和苏联内务人民委员部的密码簿，所以对他们来说，瑞士的信息远谈不上复杂或困难。

Von Wanger für transport.（德语）
Von Wanger pour transport.（法语）

埃里克·许滕海因声称，瑞士的恩尼格玛密码机是由他的部队破解的，它们的转子配置每三个月更改一次，而且并不是同时更改所有通信线路上的所有密码机。晚上 11∶59 从瑞士外交部发往瑞士驻华盛顿大使馆的一条信息，会在华盛顿当地时间的早上 5∶59 到达。如果按天改变恩尼格玛密码机的设定，那么伯尔尼的操作员就要在午夜更改转子位置，后续消息则依照新的配置发送，但是考虑到有六个小时的时差——华盛顿的收信操作员在这六个小时里不会改变转子的设定——这条信息会以前一天的配置再发送一遍。这就为德国人提供了进行平行文本破解的机会，更不用说这条信息是用三种语言发送的了。

破解瑞士恩尼格玛信息的方法主要有三种。首先是使用有相同参数的信息，也就是以相同转子设置加密的商用恩尼格玛密码机信息：

如果拥有 20 至 25 条参数相同的信息，那么就能够以一种简单的方法破解这些信息，将加密文本按行依次排列出来进行对比。在这种方法中，替换加密的相互性能够得到大范围的利用。破解过程中不会使用到密码机的其他特征。这也可以用于对（有接线板的）恩尼格玛密码机进行基础性破解。在基本破解加密文本后，确定密码机的设定就没有困难了。[6]

第二种方法是使用参考材料。第三种是使用"E 列表"（E–List）法。这种方法的基础是对比明文和密文里字母"E"出现的频率：

K 型密码机有六种不同的转子顺序。可调整的"反转"（Umkehr）转子能够设置 26 种不同的位置。三个可移动转子的加密循环约为 17000 个字母，因为" 6×26 = 156"，所以就有 156 个不同的加密循环，每个循环长 17000 个字母。如果在每个加密循环中，字母"e"被加密 17000 次，那么就可以得出 156 列加密元素，每列长 17000 个字母。这些加密元素列表就叫作"E 列表"。

对这种方法的解释还有：

明文字母"e"在德语里出现的频率是 18%。如果一条使用 K 型密码机加密的德语明文文本与"E 列表"进行对比，每个位置对应的加密元素都计算在内，那么正确的阶段位置就将拥有最大数量的对应。这种方法不需要考虑转子，只需要准备一次"E 列表"。密文和"E 列表"的对比需要在机器上进行。为了在恰当的时间里得出正确的结果，需要同时使用多个机器，即使每个机器每秒能够对比 10000 次。[7]

即使是按照破解恩尼格玛密码机的标准来看，这种方法也可以说是很复杂。它在很大程度上只是理论，与英国人不同，德国人还没有采用猛轰滥炸般的机械分析方法来破解瑞士的恩尼格玛系统。许滕海因后来承认："德国还没有采用借助于'E 列表'的实用破解方案，尽管实际上这种利用部分破解的方法始终是有可能的。"

德国外交部的密码破译机构——泽德局发现了一种简单得多的方法。他们发现瑞士人发送的信息里经常会包含用于下一条信息的密码机设定，所以他们在很长的一段时间里能够完全阅读瑞士的外交信息。[8] 但是，根据统帅部密码局 1941 年的一份报告，瑞士的恩尼格玛系统被部分破解得益于戈林的研究局提供的一种部分破解方法。为了实现这点，他们购买了两台恩尼格玛密码机，按照瑞士的规格和研究局的成果重新配置接线。这项任务由三四十人完成。研究局解密处的副主任说："他们破解最为成功的加密机器就是瑞士的恩尼格玛密码机，因为瑞士人会长时间使用同一种密码机设定。"[9]

研究局的专家布鲁诺·克罗格（Bruno Kröger）博士很熟悉瑞士恩尼格玛密码机，他在战争期间破解了外国的几种加密机器。他通过处理几条以相同密钥发送的信息，破解了瑞士的恩尼格玛密码机。这些有相同参数的信息被破解，导致转子接线的配置被发现，进而导致信号流被进一步利用。在转子的接线配置被改变时，德国人可以通过假设明文–密文分析攻击，获得密码机的新设定。克罗格说，五六名工作人员花了一至六个星期的时间确定了第一个转子的接线配置，然后他们就能很快地破解剩下两个转子的接线配置。最终，因为瑞士人给每条信息都配备了加密指示码和单独的内部密钥，让破解这些信息流的成本太高，所以研究局放弃破解它们。根据克罗格的说法，研究局是在 1944 年初做出这个决定的。[10]

除了红十字会和国际清算银行等机构的活动以外，德国人急于破解瑞士恩尼格玛密码机的第三个原因是，希姆莱、海德里希、戈林和国家保安总部怀疑一个由德国国防军高级信号情报军官和阿勃韦尔官员组成的网络在与瑞士境内亲俄的"幸运指环"特工合作，怀疑与他们的通信因为使用一台按照瑞士商用设定配置的恩尼格玛密码机而变得更容易。国家保安总部的忧虑更深：他们不仅怀疑两名相关的上将与亲俄间谍行动有牵连，还怀疑这两名上将其实就是统帅部密码局两个部门的负责人，甚至还怀疑他们参与密谋刺杀希特勒。后来发生的事情证明，国家保安总部的这三个怀疑都是正确的。当第三帝国在两条陆上战线及大西洋上作战时，元首的命运与德国部分高级信号情报官员及密码分析人员的命运正危险地交织起来。

第十七章 "大黄"和"牛仔比赛"

"银禧行动"有多个目标。盟军的谋划人说,这项即将在1942年8月中旬开始的两栖登陆敌占法国海岸的行动,首先为进军欧洲提供了一次演练。英国皇家空军急切地想要在法国或英吉利海峡上空与德国空军进行一场大规模激战:他们知道要进军欧洲,盟军必须先在空中取得优势,摧毁德国空军。但是在1942年上半年,他们并没有实现这个目标。所以,在不列颠空战取得胜利后,英国皇家空军在被占领的法国上空发动了"大黄"(Rhubarb)和"牛仔比赛"(Rodeo)两次袭击行动,每次的行动任务由二至六架飞机执行,旨在吸引德国空军参加空战。前者是歼击机在云层下执行任务,后者是单纯的歼击机"扫荡"(sweep)。

这项战术失败了,因为德国人在西线部署了新式的福克-沃尔夫FW-190(Focke-Wulf Fw 190)战斗机,这种飞机优于英国的飓风战斗机和喷火战斗机。1942年上半年,在法国和英吉利海峡上空,盟军损失了260架飞机,德国损失了60架。"银禧行动"的目标是为英国皇家空军的空中决战创造条件,将德国空军吸引到盟军计划占领的德占法国海岸上一个重要的港口上空予以歼灭,这个港口是迪耶普(Dieppe)。

其次,这次登陆计划可以让丘吉尔向斯大林展示盟军至少准备尝试在法国登陆。斯大林反复要求盟军在西线创造作战条件,至少让德军40个师从乌克兰南部的攻击行动中撤出。再次,加拿大领袖想要实战检测他们的部队。同时,英国想要尝试从位于迪耶普的德国海军指挥部窃取一台德国海军恩尼格玛密码机。最后,英国人急切地还想证明他们真的能在战争中有所斩获——地中海的部分舰队,以及在马耳他、北非、大西洋和缅甸,英国的海陆空三军在 1941 年末和 1942 年都吃了多次败仗。英国人在德国的"刻耳柏洛斯行动"(Operation *Cerberus*)中最是失败——这次行动中,德国的主力舰沙恩霍斯特号、格奈森瑙号和欧根亲王号成功地穿过英吉利海峡,从法国的大西洋海岸回到了德国。对迪耶普的行动便是旨在弥补这次失败。

多维尔(Deauville)是诺曼底地区沿海的一个度假城镇,它的赌场和海滩在和平时代十分有名,是巴黎人周末常去的地方。上尉马丁·路德维希(Martin Ludwig)在 1942 年 4 月到达巴黎附近的阿涅尔,他的一支德国空军信号拦截队伍驻扎在多维尔,此外在法国沿海还有多支这样的队伍。他们在那里评估英吉利海峡对岸英国皇家空军和美国空军基地发送的信息,尽可能提前预警盟军战斗机和轰炸机对欧洲的袭击,以及任何可能的跨海峡两栖登陆行动。就像德国空军的其他信号拦截部队一样,他们专攻信号拦截和破解。

1942 年春,美国、英国和加拿大的军队在伦敦开展大量涉及地面部队和空中支援部队的演习活动,在演习期间和演习后发送了大量无线电信号,其中许多都是未加密的明文语音和文本。德国人拦截了许多这类信息,集中力量确定盟军的无线电频率、部队呼号,以及陆军部队发送给空中支援战斗机的信息。路德维希注意到,每次演习活动结束时都有一次"裁判回忆",通常是在星期二举行,参会人要讨论演习中获得的经验,并将这些经验按时发送出去,而且,英国人经常是明文发送。这些"回忆"由一个德军连队监控,因为每个月都有至多 100 场演习,所以德国人有许多无线电信号材料可以分析。他们确认,英国陆军步兵营在请求英国皇家空军或美国陆军航空军(US Army Air Force)提供空对地支援时,会以一种刻板的方式发送请求信息:

1. 为什么需要空中支援？目标及威胁是什么？（如：河对面村庄中的德国装甲部队，经纬度是 xxx。）

2. 需要多少支援？（如：一个中队。）

3. 什么时候？

4. 特别指示。（如：避免轰炸位置为 yyy 的村庄，因为这里是盟军部队的指挥部。）

5. 目标区域是否有防空威胁？

大西洋海岸上和整个法国境内的德国空军也在跟踪盟军在白天和夜间袭击德国的轰炸机部队。路德维希意识到，伦敦城外代号为"Q58"的无线电发送站会协调轰炸任务中发射的所有无线电信号，负责国内轰炸机及战斗机支援中队基地、英吉利海峡空军海上救援队、夜晚战斗机支援部队和英国雷达基地的所有无线电频率。轰炸目标越远，参与任务的飞机就会越多，产生的信号也会越多，德国人能够用以分析的材料也就越多。如果任务被取消或推迟，指挥部会给每个参与任务的部队都发送信号，而且每次都会使用"取消"或"推迟"这两个词语，这让德国密码分析人员有了一个参考词语，可以破解英国皇家空军的《轰炸机编码》，无论这份编码的更改频率有多高。然而，并非所有英国皇家空军的部队都会泄露相关行动或部署的信息。路德维希估计，英国皇家空军中无线电纪律最严格的两支部队是第五轰炸军团和基地位于天普斯福德（Tempsford）的第 138 中队。前者包括被称为"炸坝者"（Dambusters）的第 617 中队，后者负责运送盟军间谍出入敌占区。这两支部队的无线电纪律严格，所以它们的飞行任务经常令德军意外。路德维希的部队夜以继日地监听在英格兰南部行动的英国各种型号飞机的署名番号，故而十分了解其番号，因之和手下针对英吉利海峡对岸的许多美国空军和英国空军编队，制定了战斗序列。他也确定英国人用三角方法测量了他的雷达波束和信号发送台。1942 年，英国伞兵团（British Parachute

Regiment）和一支空军技术部队在不知道路德维希这类德国部队的任务的情况下，袭击了位于法国北部沿海布吕内瓦尔（Bruneval）的德国雷达站，窃取了足够多的"弗雷亚"敏感信息和维尔茨堡（Würzburg）雷达设备。

"银禧行动"是一场十足的灾难。法国北部沿海的德军一直在跟踪英国皇家空军各个中队在英格兰全境的无线电信息，所以知道盟军将来会在瑟堡（Cherbourg）到加来之间的某个地方发动两栖进攻。虽然不知道具体时间和地点，但是沿海的各德国部队都高度警惕，而且在可能被袭击的重要地点，如迪耶普，德国机枪和炮兵连在可登陆沙滩进行了瞄准练习。

在大多数日子里，英国皇家空军都会从迪耶普和阿夫勒尔（Harfleur）上空飞过，寻找德国战斗机，或者去法国或德国东部执行轰炸任务。所以，当1942年7月和8月，路德维希发现英国皇家海军各个中队的无线电呼号在英格兰南部大量出现时，就知道将有事情发生，只是不知道具体发生什么事，也不知道何时发生。

与英国人在袭击后的说法——德国人事先并没有预警盟军在迪耶普的登陆——相反，路德维希很坚决地认为：无线电拦截部队或密码分析人员并未发现盟军攻击部队靠近海岸，是因为盟军实行了严格的无线电静寂。但是，当盟军部队靠近目标海滩，即将开始进攻时，他们的无线电信息立即出现了。路德维希的手下立即开始监听英吉利海峡中指挥舰与朴次茅斯基地之间的通信，监听指挥舰和岸边部队之间的信号，以及英国皇家空军、皇家海军和海上救援部队之间的信号。在进攻部队登陆时，许多无线电信息都是明文发送的，因为盟军错误地以为德国人在采取防御措施前没有时间破解它们。

加拿大军队到达迪耶普的海滩时，由于没有海军炮火支援，所遭遇的战况就像是一场屠杀。在这场持续了六个小时的进攻中，许多士兵没

第三部分　战争中的德国　　225

能走出海滩。突袭部队中，共 60% 的士兵阵亡、受伤或被俘。英国皇家空军损失了 111 架飞机、73 名战斗机飞行员，而德国则只有 48 架飞机被摧毁、24 架飞机被损坏、34 名飞行员阵亡、7 名飞行员受伤。英国皇家空军的六个中队配备了新型的 Mark-IX 喷火战斗机——只有这种飞机能够与德国的福克-沃尔夫 FW-190 匹敌——但是许多喷火战斗机中队都在它们的射程之内，且只能在目标区域上空待五分钟。[1]

前往窃取德国海军恩尼格玛密码机的突击队员都没有成功走出登陆艇，许多坦克还陷在卵石滩上。在英格兰，英国联合行动指挥官路易斯·蒙巴顿（Louis Mountbatten）起初尝试虚假地宣传此次袭击行动，不过，后因加拿大士兵将真相透露出来，伦敦方面便责怪起法国抵抗军泄露了情报。迪耶普附近的德国信号情报部队在战后的报告中反复强调，他们在盟军到达海滩前并不知道这次袭击行动，而且他们的防御准备也是在此时才开始的。

迪耶普战役是第二次世界大战中英国的一个低谷。德军对于迪耶普附近己方部队的作战行为很是满意。信号情报部队受到许多表扬，赫尔曼·戈林甚至在一次公开演讲中提及他们的成功事迹，这意外地让盟军在"银禧行动"后有意识地伪装起自己的陆地和空中演习。

因为迪耶普城没有协助盟军的袭击，且其居民有着"完美的纪律和镇定"，所以，希特勒决定对这座城给予奖励：释放了来自迪耶普或曾经在那里生活过的法国战俘——1942 年 9 月 12 日，一列载着约 1500 名法国战俘的火车抵达迪耶普车站，此外，还给这座城市奖励了一千万法郎，用于弥补在盟军袭击中受到的损失。[2]

第十八章　U-91 潜艇与大西洋海战

到 1942 年中期，盟军估计他们每周得消耗超过一百万吨进口的补给品，才能在战争中维持下去，才能确保大不列颠的生存。为了保证这些武器、燃油、食物、医疗用品、飞机和原材料能够到达英国港口，英国皇家海军在 1940 年实行了船队体系：满载的商船和油轮在穿越大西洋时，要由英国、美国和加拿大的海军舰艇护送。这个船队体系对盟军和德国人来说，优缺点都很明显。集中毫无防御力量的商船由海军舰艇护航，行之简单。但也使德国海军潜艇在广阔的大西洋海域上更容易发现大批商船，这进而让盟军海军舰艇寻找德国潜艇变得容易起来。

温斯顿·丘吉尔说，大西洋海战"是整场战争的主导因素。我们在哪个时刻都不能忘记，在海、陆、空发生的所有事情，最终都取决于大西洋海战的结果"。[1]

因为英国依赖来自殖民地、美国、加拿大和南美国家的补给。所以，从 1941 年开始，德国人便在主要潜艇中以"狼群战术"攻击补给线。到了 1942 年中期，德国人知道，美国跨大西洋部队的船队也在将数千士兵运至北非参战。他们还知道，盟军完全依赖护航系统，才能在英国积累足够多的兵力和补给品，以便进军欧洲大陆。因此，寻找并击沉盟军的船队显得至关重要。

狼群战术的基础是，将 U 型潜艇编队指引到盟军船队的计划航线上，如狼群般以团体发动攻击；为了搜寻德国潜舰，盟军护航舰艇也会离开所护船队，这样一来，商船就失去了防护。对德国 U 型潜艇来说，要迅速有效地阻断盟军的商船运输，在广阔的大西洋上寻找到盟军的船队是一个重大挑战。德国人只有少量长距离福克 – 沃尔夫秃鹫（Focke-Wulf Condor）机能够用于空中侦察，其基地位于波尔多和斯塔万格（Stavanger）。德国人关于盟军船队位置主要的、最有效的情报来源，是破解和阅读同盟国海军和商船队的信号。

到了 1942 年中期，威廉·特拉诺和他在柏林指挥部的同事每周收到数百条截获信息，截获这些信息的是位于法国、荷兰、比利时和西班牙的监听站，它们只专注于跟踪同盟国海军和商船队在大西洋上的动向。此外，德国气象船也提供了额外的截获信号，因为他们现在能够阅读英国皇家海军的《密码二号》和英国及同盟国的《商船编码》，所以监视局的密码破译人员经常能够在盟军大西洋船队向西或向东起航前就知道它们的动向。

破译信息所获情报，从指挥部加密发送给位于柏林和基尔的 U 型潜艇部队指挥部，后发送到法国西部，再发送到位于布雷斯特、洛里昂以及拉罗谢尔深水港拉帕利斯的潜艇基地。这些潜艇基地又将信息用恩尼格玛密码机加密，发送给等在广阔大西洋上的 U 型潜艇。

海因·沃尔克林（Heinz Walkerling），是收到这些信息的德国潜艇军官之一。1942 年，他 27 岁；他是在 1935 年加入德国海军的。[2] 战争爆发后，他先在一艘布雷艇上服役，后又在一艘驱逐舰上服役 14 个月。然后，他自愿申请调到令人向往但风险很高的潜艇部队。1940 年 10 月至 1941 年 3 月，他接受了为期六个月的 U 型潜艇训练。在这之前不久的一段时间里，德国潜艇部队击沉了大量敌军商船——德国潜艇兵把这段时间称为"美好时光"。因此，在沃尔克林加入 U–431 潜艇当值班员时，德国潜艇部队的士气很高。参与了两次巡逻，于 1942 年 1 月沃尔克林成为 U–91 潜艇的指挥官。U–91 潜艇是全新的 Mark VIIC 型潜艇，重 760 吨、长 220 英尺、宽 15.5 英尺，有四个船头鱼雷发射管、一个船尾鱼雷发射管，射程 8500 海里。

在大西洋海战中，如果说位于柏林的监视局密码破译人员是德国的技术中枢，那么沃尔克林便处在参战前锋的最尖端。U–91 潜艇在 1942 年 8 月 15 日从基尔起航，是代号"前锋"（Vorwärts）的潜艇群属员，在大西洋上袭击了几支盟军的船队。9 月 8 日夜晚，它正航行于纽芬兰圣约翰斯（St John's）以东约 500 海里的海域，四周一片漆黑，这时，德国 U 型潜艇指挥部收到了来自监视局的情报：代号"ON–127"的船队正在靠近 U–91 及其他潜艇所在位置，指挥部将这条情报告诉了 U–91 及其他潜艇。沃尔克林和他的官兵已经知道，位于柏林和布雷斯特的监视局情报军官能够拦截和阅读盟军船队中商船发送的信号，以及英国、美国和加拿大海军护航舰艇发送的信号。U 型潜艇指挥部在 9 月 8 日发送信息说："命令前锋潜艇群在从 AK6664 至 AL7854 的巡逻线上就位……下一支船队预计在 9 月 9 日前后出现。"

9 月 9 日，这条情报被证明是正确的。"U–584 潜艇……于 20 : 29（中欧时间）在 AL7463 目击包含 11 至 15 艘汽船的船队。根据航位推测，它应该是 ON–127 船队。"[3]

海因·沃尔克林和 U–91 潜艇就属于等待着袭击 ON–127 船队的潜艇群。[4] 9 月 13 日晚 6 点，沃尔克林通过双筒望远镜，在渐暗的夜幕中发现了一支被天空映衬出剪影的船队。[5] 大小船只交错排列，正朝北方大转弯，遗憾的是，U–91 潜艇跟丢了。沃尔克林命令舵手朝南行进，因为他估计那支船队会转向正西。事实证明他是正确的。晚上 11 点，他航行到了这支船队的前方，从潜望镜里可以看到几艘船的影子。其中一艘是双烟囱的驱逐舰，正在缓慢地移动。晚上 11 : 03，[6] 在海面上航行的 U–91 发射了两枚鱼雷：

一号和三号发射管同时向这艘驱逐舰发射鱼雷。目标速度11节，距离1000米……1分50秒后见到两处爆炸。爆炸产生了黑白烟雾和亮红火焰。驱逐舰停止行进，剧烈燃烧起来。[7]

这艘驱逐舰是加拿大的渥太华号（HMCS *Ottawa*）。在沃尔克林发动攻击时，它正向西朝纽芬兰航行，执行护卫 ON–127 船队的任务。指挥官 T.C. 普伦（T.C. Pullen）上尉不但知道德国的 U 型潜艇在等着发动攻击，而且也得知这时的德国海军能阅读英国皇家海军的信号：

敌军定期阅读我们的信号。在这次 ON–127 船队遇袭事件中，U 型潜艇总司令已经知道我们的存在，及时地做好了准备，等着发动袭击。

当晚，渥太华号遭受的那两枚鱼雷还是完全出乎普伦的预料：

黑夜中，前面传来雷鸣般的声音，那是弹头爆炸的巨大声响。驱逐舰首部的上层建筑、烟囱、舰桥，以及我惊讶地看见的所有部分，都被橙色的光亮映衬出剪影。紧接着是一片黑暗和不祥的寂静……很快，锅炉工的生活区就被撕裂、扭曲的钢铁弄变形了。废墟下面传来呻吟声：没被炸死的几名船员正痛苦地哀号。在我的上方是血腥的船员尸体，他们被巨大的爆炸冲力炸飞上来，"挂"在顶板的装置上。在火把的光亮里，一名熟识的锅炉工已经被炸得面目全非，几乎无法辨认。[1]

没过多久，渥太华号就几乎船头垂直着沉没了。船上137人死亡；45人因登上救生艇或抓住漂浮物而获救。普伦和劫后余生的船员回到加拿大后为此事接受了调查。尽管调查结果显示，失事的主要问题是类似渥太华号这样的老旧驱逐舰没有安装雷达，但是也存在其他问题，正如英国护航队领袖彼得·格雷顿（Peter Gretton）中校后来写信告诉普伦的，位于利物浦德比大楼（Derby House）的西方航道（Western Approaches）作战指挥部知道德国海军能够阅读ON-127船队中商船和护航舰发送的所有信号。[2]

沃尔克林和U-91潜艇的船员在1942年10月6日安全地返回了布雷斯特。

史上最伟大的船队战

1943年3月，沃尔克林的U型潜艇又参与行动了。当月中旬，它在位于格陵兰岛以南300海里的海域进行第三次大西洋巡逻。德军有三

---

[1] 已经退役的普伦上校1990年8月去世前写下文章，回忆了渥太华号遇袭沉没的事情。这篇文章发表在加拿大航海研究学会（Canadian Nautical Research Society）的期刊《北方水手》（*Northern Mariner*）上，位于第2期第2卷的第1至27页，标题是《1942年9月13日ON-127船队遇袭与渥太华号沉没：一篇个人回忆录》（Convoy ON 127 and The Loss of HMCS Ottawa, 13 September, 1942: A Personal Reminiscence）。本书所引用的其关于渥太华号遇袭的文字，全部来自这篇文章。

[2] 格雷顿是"二战"中受奖励最多的英国海军军官之一，共获得三枚优秀军人勋章（Distinguished Service Order）和一枚优秀军人十字勋章（Distinguished Service Cross），受到提名表扬（Mentioned in Dispatches），并且成为军队大英帝国勋章的成员。他后来被授予巴斯爵级司令勋章（Knight Commander of the Bath），成为海军副参谋长。

个潜艇群，延伸在两条线上，沃尔克林的潜艇就属于其中一个潜艇群。关于这些潜艇群中潜艇数量的记录有些细微出入，但是官方说法是三个潜艇群总共 42 艘潜艇，[8] 其代号分别为"罗伯格拉夫"（*Raubgraf*）、"德兰格"（*Dränger*）和"施蒂默尔"（*Stürmer*）。在整个大西洋海战中——1943 年春意料峭，至此时这场海战已经进行了四个年头——这是单次行动中部署 U 型潜艇数量最多的一次。德国人知道同盟国即将进军欧洲，于是，下定决心要全力截断它们的船队航线。因此，在 1943 年 2 月，德国 U 型潜艇在北大西洋的数量开始增加。卡尔·邓尼茨上将现在有 212 艘 U 型潜艇，其中 100 艘随时出没海上。尽管英国破解了德国的恩尼格玛加密系统，但是盟军被击沉的商船总吨数依然再创新高。

德国 U 型潜艇知道，它们的最佳狩猎区域是北大西洋的一个重要海域。纽芬兰、冰岛和北爱尔兰基地的英国 B-24 解放者飞机（B-24 Liberator）、桑德兰水上飞机和美国的 B-17 空中堡垒轰炸机的攻击范围有限，这就意味着大西洋中部存在着一个所谓的"空军空白"（air gap）。德国潜艇喜欢在夜晚攻击，而且经常是在水面上发动攻击，因为水面上时速更快，视野更好，移动也更容易。北大西洋的漫长夜晚，也使德国潜艇免于被巡逻舰艇和飞机发现。在空军空白的范围内袭击，德国潜艇的表现最好。有些盟军舰艇甚至将空军空白称为"黑洞"。

代号为罗伯格拉夫的潜艇群有 13 艘 U 型潜艇，德兰格有 11 艘，施蒂默尔有 18 艘。另外还有 4 艘潜艇在附近独立航行，部分潜艇在此前袭击了船队后也脱离了潜艇群。在 3 月的第二个星期，格陵兰岛最南端附近海域的天气极其恶劣。强风吹来一团团海雾，冰冷的海浪高达 15 英尺。在格陵兰岛和纽芬兰周围翻滚的洋流相互冲击，撞出沸腾般的海浪。能见度很低，冰冷的雨几乎持续不断，云层也压得很低。对于满载着货物、缓慢穿越大西洋的大型商船队而言，这算是最恶劣的天气条件。但是，与此同时，恶劣的天气也大大增加了德国潜艇的作战难度。在发射鱼雷时，德国潜艇指挥官需要尽可能地让潜艇保持稳定，否则就难以瞄准。高 15 英尺的巨浪和不停翻滚的洋流让 U 型潜艇不停转动，所以要在黑夜中稳定地瞄准商船极其困难。3 月 14 日下午 12∶14，罗伯格拉夫潜艇群收到来自法国大西洋海岸上洛里昂指挥部的命令：向西南朝纽芬兰转向，形成新的攻击线，等待一支船队到来。所以，它们立即转向改变位置，在水面上朝西南航行。编队里的这些 Mark VIIC 潜艇在风暴掀起的海浪中以 17 节或每小时 20 海里的速度行进。如果在水下，它们的速度则只有水面上的一半。指挥塔上的瞭望员被冰冷的海水打湿了全身。当航行了整整 6 小时 47 分钟后，再次收到无线电信号，这次的命令与前一条刚好相反——立即返回格陵兰岛南部的原位。37 分钟后，它们又收到指令："锁定即将出现的向东行驶的船队。"

当晚 8 点，罗伯格拉夫潜艇群里的一艘潜艇像一头鲸鱼般突然从深水蹿出，它是海因·沃尔克林的 U–91 潜艇。在海上行动的一个多月里，它大部分时间潜在水中，此时艇长及 50 来名船员都已经精疲力竭。[9]他们被机油弄脏的制服上长满了霉菌，胡子拉碴，皮肤苍白，浑身肮脏。他们生活在这个密闭的金属空间里，经常在潜艇下潜、转向或俯冲时撞到内壁的各种金属配件上，四肢都被擦伤或割伤过。U–91 潜艇里面也恶臭难闻，混杂着柴油、臭脚、汗水、变质食物、粪便和恐惧的气味。

作战潜艇上的生活环境极其糟糕。除了蟑螂、噪音、狭窄、自然光缺乏和无处不在的柴油臭味，食物也始终是个问题。巡逻开始时，船员会往潜艇里尽可能多地装新鲜食物。尽管 U 型潜艇船员获得的食物配给是德国军队中最好的，但是他们保存和食用这些食物的环境有时会抵消这种优势。总计 494 磅新鲜的和加工过的肉类、917 磅新鲜柠檬、595 磅新鲜鸡蛋、408 磅橘子酱和蜂蜜，以及 505 磅黄油和植物黄油，这些仅仅是 50 名船员执行为期 3 个月的巡逻任务时所携带补给的一部分，然而，问题在于保存这些非罐装食物很难。狭窄的 U 型潜艇里缺少新鲜氧气,所以它们在十天后就会开始腐烂。德国潜艇会利用任何可利用的空间来存储食物,甚至经常在两个狭窄洗手间中的一个以及它的小隔间里都装满食物。面包会长满白色的霉菌,船员们将其称为"兔子面包"。潜艇长经常会将潜艇里的一个水箱装满柴油,以扩大战斗范围。[10] 船员们估计,在三个月的时间里,他们相互间的距离从未超过18英寸。一名U型潜艇艇长回忆,巡逻中,他光听船员的刷牙声就能辨别出人来。船员用海水洗漱,皮肤上发疹子和感染很常见,部分是因为皮肤上残留了肥皂渣。当潜艇在海面上时,他们就用绳子将脏制服捆成一团,拖在艇后,以这种方法来洗衣服。尽管条件如此艰苦,但U型潜艇船员的士气往往都特别高。

所以,在3月14日上午快到8点时,U-91潜艇上浮到潜望深度,然后又浮出水面。包括沃尔克林在内的五个人爬到指挥塔里,从入口爬了出来。他们站起来,但被北大西洋的强风吹打着。几分钟后,拍在潜艇两侧的海浪猛烈地向上溅起,将他们全身都打湿了。沃尔克林用望远镜专心地朝西边观察,看到一系列像线一样的影子将翻滚的灰色大海与迅速变沉的天空连接起来——它们是烟的痕迹。那是一支船队。法国的U型潜艇指挥部一直在与德国的监视局完美地合作着,这意味着在大西洋的海域上,U-91这样的潜艇能够被无误地指引去攻击目标。

突然,三架美国飞机毫无预兆地从U-91潜艇上空的乌云里飞出。在海面上毫无遮蔽地被装有深水炸弹和炮弹的飞机发现,这对所有潜艇来说都是一个噩梦。五人迅速朝指挥塔顶部的舱门跑去,其中一人通过传话管朝控制室大声传递这条信息。沃尔克林命令潜艇快速下潜;U-91潜艇急速潜入大西洋,黑色的海水从潜艇指挥塔上的白马徽标旁边旋转着流过。沃尔克林纳闷这架飞机是如何发现他的。他知道,在下午收到那三条相互矛盾的无线电命令后,潜艇群里有五艘潜艇回复了信息:两艘汇报了自己的准确位置,三艘发信号说发现空中有盟军飞机。盟军的船只担心该海域有德国潜艇,显然已经通知了配有无线电测向雷达的飞机,然后这架飞机确定了 U-91 潜艇的位置。他想到的也就只有这些了。很快,他的 U 型潜艇就下潜到足够深,不再担心被飞机的深水炸弹袭击了。潜艇急速下潜结束后,沃尔克林转身朝信号员说:"有船队。立即汇报位置。"

U-91 潜艇以海军 M4 恩尼格玛密码机加密和解密无线电信息,使用 14 种不同编码设定中的任意一种。自 1942 年 2 月以来,沃尔克林和其他在大西洋上的 U 型潜艇使用的是代号为"特里同"的密码——英国人称这种密码为"鲨鱼"。要传送关于目击船队的信息,U 型潜艇上的无线电操作员和信号上尉要从《短信号簿》上找到每日密钥。操作员拿到与正在使用的密码相匹配的每日恩尼格玛密钥,配置好密码机的转子、插线板,然后再加密信息。潜艇发出或收到的信息,开头单词要么是"通用"(Allegemein),要么是"军官"(Offizier)。后面这种信息是双重加密的。要阅读它们,U 型潜艇的无线电操作员就要按照当天的规定配置密码机,接着便解密信息。解密后的信息要送给信号上尉,信号上尉按照只有军官知道的另一种参数重新设定密码机,再将信息解密成明文,发送给艇长。

无论什么时候收到看似矛盾的无线电指令——就像那个下午在格陵兰岛以南收到的三条指令那样——沃尔克林都对上级的判断有信心。沃尔克林和大多数德国潜艇艇长都明白,德国海军情报部门的同事肯定在阅读同盟国海军的部分——即使不是全部——编码。不然怎么解释那个下午他接收到的指令如此精确?沃尔克林的上级军官总是给他和同事说恩尼格玛加密机是极其安全的——它无法被破解,尽管迄今有几次他们怀疑加密系统可能遭破解,但是随后的调查证明它没有被攻破。这让 U 型潜艇的指挥官们在大西洋上巡逻时有了巨大的信心。

沃尔克林也知道,恩尼格玛加密机的设定始终在更换。就在几天前的3月10日，部分密钥编码被再次更改，他所收到的指令是将《短天气编码》更新到Mark Ⅲ新版本。所以，现在他的潜艇每次发送天气报告时——发送天气报告的频率很高——用于配置恩尼格玛密码机的密码和每日密钥都与以前用过的完全不同。而且，1943年3月，在北大西洋上执行任务时，他明白德国人知道盟军船队的目的地、到达时间，以及航行速度。德国人能够知道所有情报。现在正穿越波涛汹涌的北大西洋、朝海因·沃尔克林和其他41艘U型潜艇驶来的，是几支特别巨大的船队。

船队

德国的潜艇群罗伯格拉夫、德兰格和施蒂默尔在格陵兰岛南部驻守于"空军空白"区域的南端，从北到南部署在一条大致的直线上。3月14日，北大西洋上刮起猛烈的风暴，让已经足够糟糕的天气状况变得更恶劣。但是，同盟国的船队却喜欢坏天气，尽管恶劣天气让航行条件变得很差，船上生活也变得极其糟糕，但是更让德国潜艇难以行动。罗伯格拉夫潜艇群里的德国潜艇U-653发现燃料不足，而且只剩下了一枚有缺陷的鱼雷，所以指挥部命令它返回布雷斯特。3月15日，风暴更烈，这艘潜艇向南驶进了大西洋中部。潜艇浮到海面没过多久，强烈的风暴就将指挥塔上的一队观察人员吹进了海浪里，所幸他们系着安全绳。潜艇破浪前行，风暴的冲力令潜艇中的船员不断碰壁。突然，一个巨大黑影出现在潜望镜里，在倾盆大雨中的海浪上起伏。那是一组船队，朝正东方前进。这艘潜艇发送了一条包含两个单词的无线电信息，以及位置坐标。于是，三个潜艇群集结，准备发动攻击。

包含43艘商船的HX-229船队于3月8日离开纽约，前往利物浦。[11] 为它护航的是 B–4 护航舰队（Escort Group B–4），其中包括五艘驱逐舰——志愿者号（HMS *Volunteer*）、比弗利号（HMS *Beverly*）、威瑟林顿号（HMS *Witherington*）、高地人号（HMS *Highlander*）和曼斯菲尔德号（HMS *Mansfield*），三艘小型护卫舰——银莲花号（HMS *Anemone*）、铜钱草号（HMS *Pennywort*）和加拿大的希尔布鲁克号（HMCS *Sherbrooke*）。另外，还有九艘英国、加拿大和美国的护航舰在大西洋的不同海域护卫，有时还会跟着船队抵达冰岛；威瑟林顿号由于天气状况而遭到损伤，所以只跟着船队航行了一天。单从数量上看，护航舰艇之多令人印象深刻，但实际上，要在如此恶劣的环境中保护如此庞大的船队，这些舰艇并不足够。潜艇群施蒂默尔和德兰格从船队前方发起攻击，罗伯格拉夫则从后方攻击。美国货轮沃尔特·Q. 格雷沙姆号（*Walter Q. Gresham*）被鱼雷击中，船头被炸毁。27 名船员被淹死或烧死，数百吨奶粉和糖掉进满是泡沫的海水里，最终有 42 名幸存者被救了起来。加拿大之星号（*Canadian Star*）被击中，连同船上的肉、黄油和奶酪一起沉入海底，83 名船员中，29 人被烧死和淹死，浮尸着救生衣的一面朝下在海浪里起伏。南方公主号（*Southern Princess*）运载着极其重要的航空燃油、火车车头，以及两栖袭击行动中所需的珍贵登陆艇。一枚鱼雷洞穿其身，船舱里顿时灌满了海水，最终整艘船倾覆。

在 3 月 17 日凌晨的那几个小时里，海因·沃尔克林指挥 U–91 潜艇攻击了装载近 8400 吨货物的美国货轮哈利·卢肯巴赫号（*Harry Luckenbach*）。从 3∶37 到 3∶41 的这四分钟里，U–91 潜艇发射了五枚鱼雷，击中了这艘货轮的中部，直接洞穿到轮机室里。很快，货轮就沉没了，所幸 79 名船员全都成功登上救生艇。小型护卫舰铜钱草号前来搭救，但因已经载有其他商船的 108 名幸存者，所以只好让其他护航舰代劳。等银莲花号甩掉跟踪的 U 型潜艇，前来相救时，那三艘救生艇已经无影无踪了。时值初春，风暴正烈，格陵兰岛东南以南 400 海里的大西洋上一片漆黑，没有人再见到那些船员。

U–91潜艇又向另外两艘货轮——运载肉类的纳里瓦号（*Nariva*）和运载九架飞机的伊雷内·杜邦号（*Irénée du Pont*）发射了三枚鱼雷。前者被严重毁坏，后者被击沉。船队里还有三艘船只受到损坏，而德国只损失了一艘U型潜艇。HX–229船队附近没有"救援船"；救援船的任务是跟在船队后面，救起幸存者。所以，船队的三艘护航舰承担了这项工作，只剩下两艘驱逐舰或小型护卫舰追击U型潜艇群。等到解放者飞机在3月17日下午从冰岛和北爱尔兰飞到船队航线上空时，战斗已经结束，德国潜艇已经返航法国。这是一场屠杀。仅仅在3月17日夜晚就有八艘船被鱼雷击中，之后，战斗又持续了48个小时。被击沉船只的名单，以及所运载货物，是叙述大西洋海战所不可避免的信息。那些本来要被运去英国的补给品包括钢铁、锰、锌、棉花、飞机、谷物、卡车，以及数千吨航空燃油。海因·沃尔克林和U–91潜艇击沉的船只总计13艘。

与此同时，其他U型潜艇对跟在HX–229船队后面的SC–122船队发动了攻击。SC–122船队有65艘船，数量更大。其主要护航舰队包括两艘驱逐舰、一艘护卫舰和五艘小型护卫舰，另外还有十艘舰艇在船队从美国海岸出发后的一段航程，以及从冰岛返回英国的航程上提供保护。袭击这个船队的是施蒂默尔和德兰格潜艇群，船队损失了九艘商船。德国人后来将对HX–229和SC–122船队的攻击称为"史上最伟大的船队战"。[12]

信号破解

船队遭受袭击后，英国和美国海军立即开始进行损失评估。[13] 第一个问题很简单，即德国的三大潜艇群为什么能在如此确切的时间和地点伏击这两个大型船队？在袭击发生前的几天和几个小时里，它们是如何根据这两个东行船队的行踪调整了至少三次位置的？1943年3月10日至19日之间，布莱切利园的密码破译人员还未能破解德国潜艇的位置和天气报告。他们之前将德国的旧版本《短天气编码簿》用作参考材料，破解德国人用恩尼格玛密码机加密的信息。但是，德国人为了袭击船队，于3月10日更新了这份编码簿，所以此后盟军都是"摸黑"行动。恩尼格玛编码的改动和更新，意味着他们在1942年秋天拥有的那种极好运气已经过时了。

早在1942年10月30日，德国潜艇U-559在塞得港附近的地中海里被深水炸弹击沉，沉到海底前，炸药号（HMS *Petard*）驱逐舰的三名英国水手（其中两名不幸溺亡）成功打捞到这艘潜艇的恩尼格玛密钥设定表，以及德国海军恩尼格玛密码机当前的所有设定。五个月后，也即3月21日，盟军信号分析人员成功破解最近变更过的"鲨鱼"天气编码，并破译了德国人在格陵兰岛以南船队作战之前和期间发送的信息，清楚地发现了作战时船队的情况。德国人当时几乎是实时根据商船、皇家海军护航舰、利物浦的盟军西方航道指挥部、美国海军发送的各种信号来做出反应。很明显，德国人当时是在阅读同盟国海军的部分——即使不是全部——加密信息。

前面已经说过，德国人是通过多种方法，得益于多个外部因素才实现这点的。1941年，美国海军总司令欧内斯特·金（Ernest King）上将指挥的美国海军，出于安全原因拒绝了给英国海军的任何舰艇配备他们的ECM Mark 1加密设备。因此，英国海军部觉得是时候升级自己的加密技术，于是1941年先后将《皇家海军密码二号》和《皇家海军密码三号》用于整个大西洋上的信号传送，这两份密码也与其他行政和商船队编码配合使用。

第三部分 战争中的德国

但是，HX-229 和 SC-122 船队中被击沉的货船还未沉到大西洋海底，就有新的证据表明德国人其实在阅读英国的加密信号。离海因·沃尔克林在格陵兰岛以南指挥 U-91 作战处三千海里的海域，海水要暖和得多。1943 年 3 月 18 日，驻守在加勒比地区特立尼达岛附近的德国 U 型潜艇收到一条"军官"信息。代号为"TO-2"的船队即将在本月 21 日到达特立尼达岛。这条信息很明确地提供了这个船队航线上的三个坐标、预计抵达时间，以及护航力量。位于直布罗陀的英国皇家海军作战情报中心（Operational Intelligence Centre，简称 OIC）甚至提醒这个船队可能将被袭击。

布莱切利园八号小屋的密码破译人员在尝试搞清楚德国对英国皇家海军编码的破解情况。到了 3 月 25 日，他们又能再次阅读"鲨鱼"密码了，这在破解基于德国潜艇新版《短天气编码簿》破译信息的恩尼格玛材料时，至关重要。最终，他们在回溯英国皇家海军直布罗陀作战情报中心发送的信息时，发现了问题所在，对 3 月初发生的事情恍然大悟。3 月 10 日晚 10：42——此时布莱切利园无法阅读"鲨鱼"密码——直布罗陀发送了一条信号给执行船队护航任务的美国驱逐舰迪凯特号（USS *Decatur*）和罗柏号（USS *Roper*）。尽管这条信号是用《皇家海军密码三号》加密的，使用了基于英国皇家海军《参考表 S》（Reference Table S）的减数编码进行二次加密。但德国人还是破解了它。布莱切利园的英国人，以及华盛顿和弗吉尼亚州诺福克海军基地的美国人都意识到，德国对他们密码的破译可能是常态，而非例外。于是，各自回溯了 1943 年以来所发送的信号，寻找问题的症结所在。

当他们在 5 月的第一个星期做这件事情时，代号为"HX-237"和"SC-129"的两支船队正在集结，准备离开纽约和纽芬兰。截获和破译的德国潜艇位置与天气报告清楚地表明，代号为"莱茵"（*Rhein*）和"易北"（*Elbe*）的潜艇群正在弗莱明角（Flemish Cap）以外海域排成一条长距离的垂直线，等着袭击这两支船队。弗莱明角是一片浅水域，位于纽芬兰正东350海里。那两支船队与其护航队，同位于美国和加拿大的海岸基地不断地保持联系，所使用的正是《皇家海军密码三号》和《参考表S》加密的信息。所以，在这两支船队集结时，德国监视局的破译人员有大量信号材料可供破解。海上雾很大，商船要很小心地集结，所以发送了许多信号。因为截获的恩尼格玛信息警告了德国潜艇的存在，所以同盟国的海军参谋调整了这两支船队的航线，使其远离那两个德国潜艇群的巡逻线。没过多久，盟军的这些信息也被柏林的德国海军信号分析人员破解，发送给了那些U型潜艇，让它们也相应地改变了位置。

布莱切利园也有大量材料要破解，因为德国U型潜艇习惯使用相同的三个单词来告知有船队接近——"船队在靠近"（Ein erwarteter Geleitzug）。八号小屋继续将这三个单词用作破解参考材料，随之发现了更多的德国U型潜艇秘密。5月6日晚9∶30，英国和美国都发送了那两支离开纽约和纽芬兰的船队的准确位置——北纬45°56'，西经48°27'。两个小时后，布雷斯特的德国密码破译人员——他们不可能目击这两个船队——就将这个坐标发送给了在弗莱明角附近等待的U型潜艇，信息中只有很微小的错误：北纬45°57'，西经48°25'。显然，《皇家海军密码三号》已经被完全攻破了。

在几天的时间里，英国人就明确地知道这些事件的发生并非偶然。在1943年2月至6月期间，他们发现了关于《皇家海军密码三号》及其《参考表S》被实时破解的39个不同案例。

HX–229和SC–122等船队的遭遇引起了很大的担忧，但是盟军相信信息暴露的情况仅仅是在1942年11月以后才出现的。他们错了，因为他们很快就会发现，德国人在此前的很长一段时间里——早在1942年，甚至1941年以前——就在阅读英国的海军编码。威廉·特拉诺及其同行在1935年就开始成功破解英国皇家海军的密码了。

与U–91潜艇和海因·沃尔克林所参与那次袭击特别相似的另外一次行动发生于1943年2月。U型潜艇群尼普顿（Neptun）、里特尔（Ritter）和克纳彭（Knappen），总计有28艘潜艇，驻守在格陵兰岛空军空白地区。邓尼茨命令这三个潜艇群在西经30°上形成巡逻线，从北纬63°向南延伸到北纬53°以北600海里的地方。1943年2月，德国人成功袭击了ON–166船队，英国海军部由此怀疑《皇家海军密码三号》已被破解，但他们尚没有以深度调查来证明。潜艇群里特尔和尼普顿的巡逻线在2月18日紧急变动，放弃了针对HX–226船队的行动，重组潜艇巡逻线，攻击西行的ON–166船队。在这些改变后不久，另一个潜艇群开始向尼普顿和里特尔潜艇群巡逻线的东南转向，以便在ON–166船队向南转时阻截。

U–604潜艇的水下测音器测到了船队的推进器。到1943年2月18日，ON–166船队收到了英国海军部用《皇家海军密码三号》和《参考表S》加密的三条转向信号后，尝试继续朝南航行。威廉·特拉诺知道关于这支船队的信息，这在英国海军部是无可争议的。

德国潜艇在2月最后十天的部署和变动表明，监视局知道船队的准确位置。那三条转向信号中的第一条是最可疑的，因为它会让船队直接闯进里特尔潜艇群的巡逻线，其他舰艇则直接遭遇克纳彭潜艇群。1943年2月26日，英国海军部的大西洋分部发信息给美国海军舰队总司令，谈论了德国潜艇群在这几次行动中奇怪、费解的行为。在HX–229和SC–122船队被袭击后——德国人和英国人都认为这次战役是第二次世界大战中最大规模的U型潜艇战，而且是当时监视部破解"法兰克福"密码效率最高的时期——英国人又收集到了其他证据。

3月中旬被袭击的两支船队是HX–229船队和SC–122船队，分别于3月8日、3月5日离开纽约市，SC–122船队航速较慢，正当HX–229船队赶上它时，德国U型潜艇发动了攻击。

3月12日和13日，SC-122船队的65艘舰艇排成13列航行，HX-229船队排成11列航行，二者都在驶向北大西洋。此时，英国海军部探测到两支船队前方有大量的U型潜艇通信。3月13日晚8：00，位于北纬49°、东经40°的SC-122船队收到命令，要转到北纬67°的航线上，以避开德国潜艇。监视局破译了这条信息，将之转给卡尔·邓尼茨。

随之，德国潜艇群也调整了它们的位置。正如英国皇家海军后来傲慢、轻描淡写的说法那样，如果德国人没有破解他们的信息，那么就很难解释为什么罗伯格拉夫潜艇群会突然改变位置。英国皇家海军认为《皇家海军密码三号》主要有三个方面的不安全因素：相同编码簿的使用时间太长，让德国人拥有大量"有相同参数的信息"可以用于破解编码簿；尽管替换表"S"和"M"每10天更改一次，但是对它们的过度使用让德国人获得了重复出现的参考材料和相同参数材料，英国皇家海军使用的独特呼号使其信息很容易被识别和拦截。所以，《皇家海军密码五号》在1943年6月1日启用，而且在英国人采取决定性的——尽管较晚的——防范措施时，德国人仍然不知道英国人在三年多的时间里一直都在阅读他们用恩尼格玛密码机加密的信息。

第四部分 德国守势

第十九章　爱琴海战役

每天早晨，费迪南德·费希特纳上尉在他建造于雅典西北的无线电拦截站，迎着地中海的海风醒来。春夏骄阳如火，傍晚的落日将短暂的金光洒在西边和南边深蓝色的爱琴海上。冬天时，海上的寒风又十分凛冽。费希特纳上尉的生活似乎与他上方和四周的空气紧密融合起来：他和手下每天都要扫描英国皇家空军使用的、抖动着穿过大气的无线电频率。在他所处的那个岬角上，他似乎比在陆地上更接近天空。他在雅典西北部高地上安装了无线电拦截设备，旨在监听盟军在东地中海和北方区域的无线电信息。这些设备为在北非作战的德国非洲军团提供支持，能够拦截远至罗马尼亚及苏联边境地区发送的信号。通过所拦截信号，他能够感觉到在巴巴罗萨行动期间及之后的战斗急迫且规模很大。然而，他的部队并不负责监听这些信号，也不负责把拦截下来的信号转送去破译和分析，但他还是监听了它们。在南部集团军逼近塞瓦斯托波尔时，他监听到了他们发送的信号，还有大量由德国国防军支援部队发送回罗马尼亚布加勒斯特的信号。奇怪的是，他还监听到了土耳其警察的报告，以及来自安卡拉的外交信息。土耳其仍然坚持中立，费希特纳知道英国人在利用土耳其沿海的小岛或海湾来掩藏小型特遣部队基地。他还能够听到意大利海军的信号，包括在地中海里追逐盟军补给船队的意大利海军舰艇发送的信号，也包括从罗马发送至驻黑海海军部队的信息。

建造拦截站后，费希特纳需要工作人员，所以他将一支在巴尔干地区没有什么任务的部队带来，按照他的特定需求培训了那些士兵。很快，他就在德国空军信号机构中有了做事靠谱的声誉。他是一名高效的军官，有时还很残酷，根本不会接受愚蠢或低效的事；他对待手下既公正又严苛。

到了1942年初，他最初从阿涅尔带来的那个信号排已经习惯了他的工作方式，他也在不断地给他们安排新工作，其中之一就是拦截地中海对岸非洲某个后勤无线电网络发送的信息。这个无线电网络源自非洲中部一个新的供应网。那些拦截的情报中就有以加纳城市塞康第-塔科拉迪（Sekondi-Takoradi）和阿克拉（Accra）为基地的英国飞机的所有动向。这些飞机会先飞至苏丹的喀土穆，由此再飞往埃及。如果发送者认为信息并非重要，有时就不加密，倘若有信息显示是某种"货物"从加纳至喀土穆的到达或出发时间，那么它指的肯定是飞机或零件补给。

这些加密信息使用的是《皇家空军编码》的一种四位数变体，将由费迪南德·福格勒博士在波茨坦的中央破译部门破解，然后提供关于每架正在被运送穿过非洲的飞机的情报：飓风战斗机、喷火战斗机、P-40战斧和小鹰战斗机、波费特战斗机，以及C-47空中列车运输机。这些信息还有助于德国人了解了它们即将前去的飞机场的精确状态，因为维护飞机场所需的零件和材料也是来自运送飞机的那条运输线。

这些信号说明了盟军空军在埃及和昔兰尼加前线，以及在后方的战备情况。这些情报部分出自"分配编码组"（distribution group），而分配编码组与指示码则都出现在每条信息的开头。四位字母编码表示信息的接收方是喀土穆的英国海军空军，还是埃及的各个前线战斗机基地，抑或开罗、海法和塞拉利昂的英国皇家海军指挥部。这帮助德国空军发现了英国空军的各个基地。英国人每六个月才更改一次分配编码组，这更加方便了德国空军的工作。尽管分配编码组的大小和内容会变化，但是每个分配编码组里都会包含相同的中央指挥部和空军基地——例如喀土穆,以及位于开罗的皇家空军参谋指挥部——给德国人提供了可靠的参考材料,可用于破解这种四位数编码。1941年12月,英国人更改了这种四位数编码,这反而让费希特纳的工作变得更加简单,因为英国人只改了编码,却没有改动分配编码组。也就意味着德国人能够依靠旧的分配编码组再次破解新的编码。

费希特纳给下属布置的第二个任务是再建立一个拦截站,这次是建造在罗德岛(Rhodes)上。他还在1941年冬天于雅典新成立了一个破译部门,远离卢察高地(费希特纳仍然把这里视作一个"避暑别墅")的那种原始条件,恰当地破解四位数编码的信息。很快,这个新部门每天就能处理六七百条信息,包括传播行踪、船队、飞机巡逻,以及德军和盟军在北非的进退。1941年底,费希特纳升为少校,成为团指挥官。

1942年,他将一个拦截排派去北非,尝试复制621连的成功,但是几乎在他们到达北非的同时,隆美尔却撤退了。他们只好返回希腊,去了帕尔纳索斯山(Mount Parnassus)上一个新成立的指挥部。这座位于希腊中部的石灰岩大山高7500英尺,十分适合建造无线电监听和拦截站。这个基地建立后几周,德国空军就命令费希特纳派四名密码分析人员去罗马与意大利海军合作。

这种合作有好有坏。一方面,费希特纳和他在监视局的同事知道,多尼尼上将麾下的意大利海军已经拦截和破解了地中海商船队和护航舰发送的大量四位数海军和商船队编码。意大利人精确地记录了这些编码,德国空军和海军特别想知道,意大利人的成果与德国人在大西洋海战中——这场战争此时已进行到第三年,正如火如荼——对英国海军编码的破解之间,是否存在密码分析方面的关联。

另一方面,费希特纳不信任意大利人,怀疑他们会在盟军最终"入侵"意大利时,选择投降。所以,他决定趁早罢手,拒绝在任何时机与他们合作。他也不打算接受意大利人的帮助,纵然,没有机会了解意大利人对英国人编码和信息的破译情况。但也不用回报意大利人,向他们展示德国空军是如何破解英国的四位数《皇家空军编码》的。

1942年夏天,隆美尔和英国第八军正在进行拉锯战:阿拉曼战场上的7月首战让德国和意大利部队推进到了离亚历山大港65英里远的地方。意大利特种步兵在此地——他们在埃及向东所能推进的最远地点——立了一块纪念石碑,上面写着"纵缺运气,不缺勇气"(Manco la fortuna, non il valore)。德国和意大利的补给线从的黎波里向外延伸得太长,很危险,而且隆美尔在苏伊士运河的进军似乎已经到了极限。德国和意大利军队都在等待意料之中的英国反击。

就在此时,费希特纳少校的生活有了变化。他不信任的上级沃尔夫冈·马提尼上将巡察了希腊的拦截站。马提尼的到来、手下的士气不振,以及漫长冬天里流感病毒的残余,全都影响了他。1942年8月,他休了整场战争中的唯一一次假期,回到德国家中看望妻子伊丽莎白(Elisabeth)。他尝试将残留在呼吸道里的希腊灰尘排出,也不吃在希腊时吃的罐装食品,更不吃许多德国士兵带去希腊或在希腊交换得来的橘子、橄榄、柠檬、甜瓜和西红柿——这些东西吃得过多,令人反胃。这些食物的好处是维生素含量很高,在士兵被锋利的花岗岩割伤而无法有效防止灰尘吹到伤口,或阻止无处不在的苍蝇靠近伤口时,食用它们有利于防止皮肤感染。坏处则是过量的新鲜水果会导致腹泻。所以,对费希特纳少校而言,在三个星期的时间里吃他妻子做的营养均衡、可靠的食物妙不可言。

在他休假期间,大量未接受过训练的换防人员来到希腊和西西里陶尔米娜(Taormina)的监听站。马提尼上将还派了两个新指挥官,但这两人对德国空军努力制定的信号情报工作程序——这些程序大部分都是由费希特纳管理的——知之甚少。第二次阿拉曼战役逼迫隆美尔的军队撤离埃及后,盟军就立即在1942年11月7日登陆法属北非。这两位新任信号军官都没有预测到这点,而且各种变动和令人惊讶的新情况并限于盟军成功的大规模进攻和两栖登陆。

1942年秋末,首批女性辅助人员被派到费希特纳的队伍,分处卢察高地上的拦截站和雅典的中央评估站。费希特纳此前已经知道了这点,而且他确实曾经建议,解决他麾下长期人手短缺问题——男性持续不断地被派往苏联、非洲或法国——的一个方法是使用辅助人员。辅助人员主要就是女性。费希特纳和他的上司争论过多次,说如果德国邮政局能够使用女性来监听电话线路、监控外交通信,甚至能够胜任监听英国和美国跨大西洋通信的A3通信扰频系统的工作,那么女性也可以在德国空军监听信号。他说,女性经常比男性更适合无线电工作。她们更冷静,更有耐心,更有条理,而且纪律问题也更少。他的态度是,如果事实证明某类人更适合监听无线电信号,那么就该用这类人。

所以,在女性辅助人员到岗后,接下来要做的就是撤掉雅典和陶尔米娜那两个不称职的指挥官;在游说他那位盛气凌人的上级——马提尼上将做出这些改变的同时,费希特纳知道,是时候专注于拦截英国皇家空军发送的超高频信息了。1942年末,英国皇家空军的几乎所有部队都使用超高频信号,而且德国人发现无法拦截它们,尤其是监听距离很远,经常超过600英里时。所以,费希特纳派了一支队伍去克里特岛,在沿海不同海拔的不同地方建立天线,这些天线全都面对海洋。在不同的天气条件下,无论是天气晴朗、风平浪静,还是暴风肆虐,抑或云层很厚,他们都记录了不同的结果。然后,通过设计自己的双杆天线,费希特纳还增强了手下拦截超高频信息的能力。这意味着卢察高地上的部队能够拦截从亚得里亚海沿岸至克里米亚整个区域的信号,其中还包括希腊爱琴海上的多德卡尼斯群岛。

到1943年5月,德国人知道盟军即将"入侵"意大利本土,所有人都觉得盟军会先"入侵"西西里,然而,英国人却在此时开始发送他们已经知道德国人能够拦截的无线电信息，这些信息暗示他们将会在撒丁岛、克里特岛、南斯拉夫沿海、多德卡尼斯群岛或科西嘉岛登陆。德国人收集情报的方式之一是派飞机到北非沿海上空侦察，寻找"入侵"部队集结的迹象。这些侦察任务极其危险：盟军的战斗机最近就击落了24架执行侦察任务的Ju–52和Ju–88运输机。所以，费希特纳制止了这种危险的任务，说这是浪费珍贵的空勤人员。然后，他与德国海军配合，在阿尔巴尼亚的亚得里亚海沿岸、科斯岛（Kos）、莱罗丝岛（Leros）和罗德岛上建立雷达站和无线电拦截站网络。然而，德国人的信号情报和密码分析军械库里还有另外一种武器。

德国人破译跨大西洋无线电话通信

赫伯特·马里尼克（Herbert Marinick）是来自柏林的无线电专家，生于1902年，在德国邮政局工作。[1] 从1925年至1932年，他在跨大西洋无线电部门工作，这个部门负责维护美国和欧洲之间的无线电连接。1932年1月，这个部门被德国邮政局接管，他也随之成为德国邮政局的电话监察员，他此后一直在此处工作，直到1942年被调配到统帅部密码局。他和同事先后在荷兰和德国工作，操作的是叫作"X仪器"（X–Gerät）的设备。这是一种言语解码设备，用两个接收器拦截华盛顿和伦敦之间的跨大西洋无线电话通信。1940年底，德国人发现跨大西洋线路上有部分无法解码的通信，此时德国邮政局已经在监听这条线路，因为即使是在战争时期，德国工业公司也与它们位于南美和加拿大的子公司保持着定期的联系。这个通信线路上的一个中继站位于北海上的荷兰城镇诺德韦克（Nordwyk）。

为了建造自己的言语解码设备，德国邮政局的技术人员及正规军的信号情报人员去和荷兰人交谈，听荷兰人的录音，他们使用频率分析仪，将语谱图分为 20 至 25 个频带，每个频带的每秒循环次数为 100 次；人类声音的频率在每秒 100 次至 8000 次循环之间。在每个拦截对话的线路中，人类言语的存在和缺乏都被记录下来，然后他们制作了光学分析仪，能够用显微镜测量频带。分析仪告诉他们，言语被分成 5 个频带，其中的低音、中音和高音都可以被单独识别出来。然后，他们将这些频带颠倒，相当于倒着播放唱机上的唱片。在重新颠倒、重组 5 个频带后，人类言语就能够被破译了。这些信息是英语，需要翻译，所以较低的两个频带就被混合，直到清楚的对话出现，然后再将另外三个频带加进去。信号是通过安装在设备一侧的接收器收到的。整个设备宽约 6 英尺，长 4.5 英尺，高 5 英尺，重 300 磅。德国人有能力搞清楚这种设备的工作原理，这并不是什么革命性的事情：就像他们在第二次世界大战之前和期间的许多科学工作那样，这种成果也是基于现有研究的。曾经在艾恩德霍芬的西门子和飞利浦公司工作过的诺德韦克的荷兰人，告诉德国人哪里能够找到现成的言语解码器，德国人找到后便复制了一份。

德国人的机器在 1943 年同盟国进军西西里前后投入使用。诺德韦克监听站的工作人员因为担心英国突击队会偷走他们的技术——就像 1942 年在布吕内瓦尔发生的情况那样——早已搬到了柏林南边郊区的路德维希费尔德（Ludwigsfelde）。一名工作人员说，他收到了丘吉尔和罗斯福在西西里登陆前的一次对话消息。他说，这份情报让德国人有时间撤回到墨西拿海峡（Straits of Messina），从那里回到意大利本土，许多装备因此完好无损。统帅部密码局的另一人说，他们不仅仅监听罗斯福和丘吉尔之间的通话，还监听荷兰威廉明娜女王（Queen Wilhelmina）在荷兰国内的电话，以及温斯顿·丘吉尔与哈利法克斯勋爵（Lord Halifax）的对话。1943 年，同盟国的几乎所有通话都没有加密，而在 1944 年 8 月以后，他们采用了一种编码簿。1943 年底，路德维希费尔德监听站和他们的言语解码器在空袭中被炸毁，德国人于是决定直接重新再造一个，直到1944年夏天建造工作才最终完成。

1943年7月，盟军进军西西里；9月，在萨莱诺（Salerno）登陆了意大利本土。此时，德国在北非已经落败，德军与盟军之间的战争正聚焦于意大利。意大利人的行为正是费希特纳所担心的：他们投降了，同意与盟军休战。对于意大利这个前盟友的始乱终弃，希特勒特别生气，但也并不意外。他派了10个军的部队去增援意大利。这些部队从南斯拉夫、法国、奥地利和德国接连不断地进入意大利。墨索里尼逃跑，忠于国王的意大利卡宾枪骑兵将他抓住，短暂地关押在亚平宁山脉中一个废弃度假酒店里。德国伞兵和党卫队突击队解救了他，用飞机将他送到了柏林。希特勒允许他在意大利北部建立自己的法西斯傀儡国家。

对于费希特纳和位于东地中海的部队而言，这件事情影响直接。艾森豪威尔上将说，无论如何都不能让多德卡尼斯群岛和东地中海的战略形势从攻占意大利的战斗中转移任何资源，也不能以任何形式影响意大利的战局。这让科斯岛和莱罗丝岛等岛屿仍然被意大利军队占领。德国军队立即前往接管了这些岛屿。费希特纳和他的手下收到命令，要在东地中海任何可能的地方建立一系列监听站，协助提供关于英国皇家空军支援英国军队夺回这些岛屿控制权的任何行动的信号情报。

潮汐行动

与此同时，位于柏林的德国空军指挥部给费希特纳布置了另一项他们认为更重要的任务。他们想要德国空军安装无线电干扰屏障，以保护罗马尼亚普洛耶什蒂附近的油井不被盟军空袭。第三帝国正越来越依赖罗马尼亚的石油，因为南部集团军未能成功抵达高加索地区的油田，这意味着德国为坦克和飞机寻找燃料的能力越来越不足。到 1942 年底，德国坦克和飞机燃油供应量的 30% 来自罗马尼亚。1942 年 6 月，美国轰炸机尝试摧毁普洛耶什蒂的部分炼油厂，但是未能成功。德国人的应对策略是增加防空力量：他们设立了数百架高射炮，其中部分隐藏在火车厢、伪装在建筑甚至干草堆里。此外，三个德国空军战斗机群也被部署在附近，费希特纳的无线电拦截站则完全覆盖了通向目标的空中航道。

1943 年 8 月，盟军再次尝试空袭。在潮汐行动中，五个美国轰炸机大队从北非的机场起飞，飞往罗马尼亚，直接穿过德国空军信号部队控制的无线电监听、无线电拦截和雷达网络。他们飞过地中海和亚得里亚海，飞越柯孚岛（Corfu）和阿尔巴尼亚，穿过南斯拉夫，到达罗马尼亚的上空。早在路上时，费希特纳少校的无线电站就监视着他们的进程，拦截并转发他们的信号，精确到分钟地估算着他们到达目标地区的时间。当美国飞机飞到普洛耶什蒂上空时，所有的德国战斗机和油田附近 100 英里内的所有高射炮部队都静候他们前来。结果是，美国人惨败，损失了 53 架飞机，600 名飞行人员。炼油厂的生产在三个星期内就重新开始，一个月后就超过了空袭前的产量。费迪南德·费希特纳的细心准备、技术知识，以及对信号情报的战术及战略作用的理解，给德国军队带来了巨大的好处。

然而，这次盟军袭击行动的失败，并没有减轻德国军队在整个地中海区域的压力，德国空军的地区指挥部从雅典搬到了更靠北的塞萨洛尼基（Thessaloniki）。位于克里特岛、多德卡尼斯群岛和爱琴海其他地方的拦截站在德国军队去重新占领这些岛屿时没有迁移。在费希特纳亲自带领三个连队去塞萨洛尼基时，卢察"避暑别墅"附近开始了战斗。希腊民族解放阵线（Greek National Liberation Front）站在德国军队那边，与希腊人民解放军（Greek People's Liberation Army）正面交战，希腊处于分崩离析之中。费希特纳把意大利的投降称为"背叛"，他看到第三帝国缓慢但稳定地从南向北崩溃。随着盟军在意大利向北推进，美国和英国军队也在逐步朝北移动自己的轰炸机基地，这样，就可以从南边飞去攻击德国境内的目标了。

意大利境内的信号拦截

在费希特纳专注于监听空中的盟军飞机时，德国空军和陆军的其他信号情报部队也将力量集中到地中海区域。24岁的赫尔曼·罗伊德尔斯多夫（Hermann Reudelsdorff）下士就在其中一个信号部队里服役。他曾在索邦大学学习经济学，从1940年开始被派驻到雅典从事信号拦截工作，接受过密码文员、密码分析和口译的培训，工作很独立。在等级严格的德国国防军部队里，他不可能仅仅停留在低级别军士上，实际上，他的前程看似一片光明：1942年夏天，他成功成为一名预备军官候选人。他和一支信号拦截排一起被派驻到贝尔格莱德，尝试破解铁托元帅及其南斯拉夫游击队的通信。此部队有一名军官和20名士兵，其中五人负责密码分析，他们与另外一支长距离和短距离拦截排合作，声名远播，擅长破解用塞尔维亚 – 克罗地亚语加密和传输的无线电信息。

1943年10月，他们被调到德国国防军信号培训指挥部麾下，从此开始，罗伊德尔斯多夫下士的景况便每况愈下。档案上说他被降级为列兵，还被判处了九个月的军事监禁缓刑。1943年12月，在盟军攻破意大利北部的哥德防线（Gothic Line）时，他被派往位于南斯拉夫的第二装甲军的一个信号拦截部队服役；1944年1月，因为密谋帮助一位朋友从军队脱逃，他被判处死刑。这次判刑后来因为证据不足而撤销，之后他被派回意大利，加入第29装甲掷弹师的一个信号拦截部队，该部队代号"雷娜特"（Renate）。尽管可能不适应军队生活的僵硬结构，但显然他是一名优秀的口译员，也是一名聪明的信号分析人员。

在意大利，当他的部队移动到盟军部队对面的阵线里时，他们尝试做的第一件事情是确定敌军的队形。英军的无线电网络经常明文发送信息，透露出德军前方的英国部队的地图坐标。他们还习惯使用特定的代号，如用"大男孩"（big boy）替代坦克、"大阳光"（big sunray）指代师指挥官。在发动进攻前，英国军队经常发送"你的大男孩准备好出发了吗？"这类信息。因为用相同的频率发送信息，通过这些信息，德国人就能清楚地知道自己阵线对面部署的是哪些部队。1944年圣诞节时，第29装甲掷弹师正守卫塞尼奥河（River Senio）边一个阵地，此阵地位于博洛尼亚西北40英里处的比比亚诺（Bibbiano），一次，拦截排偶然听到两名英国军官在进攻两小时前用明文发送、没有任何加密的讨论计划。德国军队组织战备，用大炮还击，击退了英军的进攻。德国高级军官对此很满意，给拦截排里的信号监听员授予了勋章。

意大利战役在战略上的副作用

英国人想以多德卡尼斯群岛为跳板，企图在亚得里亚海展开两栖军事行动，直至进军南斯拉夫。问题在于，艾森豪威尔禁止转移军事力量的战略命令意味着英国的行动力量仅限于少数几个营的空伞兵和步兵，以及敢于冒险的特种部队——特别舟艇中队（Special Boat Squadron）——这个中队将爱琴海视为作战势力范围，尽可能地在那里制造混乱。

德军的一个旅占领了罗德岛，但是英军在多德卡尼斯群岛的其他几个岛上登陆，期望通过整合这些岛上已有的意大利军力，来对罗德岛发动反攻。1943年9月13日，美国轰炸机袭击了罗德岛上的三个德国空军基地，企图使那里的德国轰炸机和战斗机无法动弹。这次袭击取得了暂时的成功，因德军空中力量损失，英国和希腊特种部队登陆科斯岛，占领了安蒂马基亚村（Antimachia）附近的港口和飞机场。南非飞行员驾驶的喷火战斗机由此顺利降落岛上，第二天晚上，便有一连英国伞兵跳入匆忙规划的降落区，形成了相距不远的防御圈。意大利士兵望穿秋水，据说为了使英军飞机降落得更平缓，他们在机场跑道上铺上了稻草。问题在于，因为德国空军拥有全面的信号拦截站和雷达站网络，而且在德国和希腊都有密码破译专家，所以英国军队的每一次行动几乎都能被德国信号情报部队知晓。

两天后，德国人为阻止英军从叙利亚运来一营步兵，向科斯岛飞机场发动反攻，其跑道被炸得坑坑洼洼。然而，杜伦轻步兵团（Durham Light Infantry）的大多数士兵还是成功登陆了科斯岛，在德军的猛烈轰炸下努力建立了防守阵地；然后，德军又将七个飞机中队调至爱琴海，将飞机总数增加到了360架。盟军在装备和人数上都彻底落于下风。

秋天的亚得里亚海上天亮得很早，10月3日，太阳升起时，德国党卫队和勃兰登堡部队（Brandenburg Division）的空降兵从低空跃出运输机。科斯城外的石灰岩、长满橄榄树的冲沟，以及盐沼，给空降造成了困难。德军降落伞带的装配方式意味着，空降兵落地时最先碰触的身体部位是膝盖，然后是卷起的手臂、肩膀和后背。由于拥挤的运输机里异常闷热，空降兵又携带着沉重的装备，所以当他们落地时，制服都已经被汗水打湿，而触地后的滚动，则使浑身沾满了灰尘、沙子和盐，就好像在面粉里滚过一样。

黄昏时，战斗结果已显而易见：尽管英国步兵和特种部队拼命战斗，但是德军借助空中掩护、轻炮兵和更多的兵力，赢得了这天的战斗。10月4日早晨6点，战斗结束，1400名英国士兵和3100名意大利士兵被俘虏。被俘的英军被送去了德国战俘营；少数未被俘的士兵在特别舟艇

第四部分 德国守势 257

中队的帮助下撤离了科斯岛。

德军决定惩罚意大利军队的指挥官和其他军官，以儆效尤，报复他们在休战期间的背叛。岛上有148名意大利军官，其中7人决定转而效忠德国人；38人预见到会发生什么事情，提前逃走。剩下的103人，包括他们的上校，被命令收拾好行装，排队穿过里诺波蒂村（Linopoti）附近的枯草地和多岩石的橄榄树林，步行前往港口处的一艘船。等到达港口后，却发现深蓝色的港口里并没有船，有的只是身后站成一排、正往MG–42机枪里装子弹带的德军士兵。被射杀的意大利军官身上布满弹孔，浑身是血，被草草地掩埋在坚硬、多岩石的土地里。

失去科斯岛，英国人也就失去了多德卡尼斯群岛里的其他重要岛屿；一个月后，德军占领了莱罗丝岛，他们在空中的绝对优势是取胜的重要因素。这种优势，主要在于他们的飞行员、飞行控制员和机务人员知道敌人使用的是什么飞机，知道敌方飞机将在什么时间从什么方向飞来，对此，他们有全面的信息，并做了充分准备，这一切完全来自他们在东地中海的信号情报网络，包括密码分析网络，也包括无线电测向及雷达网络。这个网络的设计师费迪南德·费希特纳少校此时正要离开去另外一个战区——诺曼底。[1]德国空军在那里尚没有如此大的优势。

在事后分析多德卡尼斯群岛战役时，英国元帅安德鲁·康宁汉直接说盟军的失败是因为他们未能在行动地区建立飞机场："敌人的空中能力让他们能够限制我们的行动，损害我们在陆军、海军和空军的效率，以至于他们通过选择合适的时机，能够在部署较小军力的情况下获得决定性的结果。"[2]

---

[1] 费希特纳少校在诺曼底的活动见第21章。

第二十章　不安全的恩尼格玛

第二次世界大战爆发前十天，德国海军意识到通信基础设施的安全在战争爆发时至关重要，而确保通信基础设施的安全也就意味着确保信息传输实体方式的安全。对德国海军而言，保证恩尼格玛密码机及其设定不被泄漏和丢失至关重要。1930 年 1 月，德国海军总司令部给海面舰队、U 型潜艇部队等重要部门都下发了一系列安全措施。海军总司令部在四个主要部门中进行了一项调查："计划比以前更全面地监控密码机和转子箱（尤其是在较小的舰艇上）……有必要严厉地监督接触密码机的人员……"[1]

从这时起，恩尼格玛密码机就始终被保存在箱子、隔间或抽屉里，并且要上锁，而非仅仅用铅封封住。一艘战舰的舰长说，他的恩尼格玛密码机存放在无线电室密码桌上特制的、可锁闭的柜子里，转子箱则存放在无线电军官舱室里单独锁闭的隔间中。1934 年 10 月 15 日，德国国防军最高统帅部下发了一份关于人事安全的备忘录，提醒所有部队和人员保管好安全通信设备的重要性：

> 在更改阵地期间……某通信营的一名军士和一名列兵由于疏忽，将密码机和专用密码遗留在战场上，直到到达新阵地时才发现，等回头去找，再没有找到，所幸被一名平民捡走，半个小时内交给了邻村村长。[2]

这份备忘录中还列出了多名因为叛变和泄漏军事秘密而被处死的男女军人：1933 年，148 人；1934 年前七个月，155 人。在这段时间里，许多人还被认定为"疏忽大意"。这份名单中就有第四鱼雷艇小舰队（the 4th Torpedo Boat Half-Flotilla）的二等无线电操作员埃贡·布雷斯（Egon Bress）——他在 1934 年 2 月因私自拍摄恩尼格玛密码机和数百份密码分析文件而被捕。

一方面，恩尼格玛密码机及其重要组件不能被丢失、偷窃或交给敌方间谍，这点显然至关重要。但是，另外，也得确保使用密码机的方式是正确的。1932 年 1 月 9 日，在波罗的海沿岸城市基尔服役的无线电操作员库纳特（Kunert）犯了很基础的错误：同时以密文和明文的形式发送了一条信息，从而泄漏了他使用的那台密码机的当前设定。德国海军还开始使用水溶墨水和正常墨水来同时印刷机密文件，舰艇上的潮湿空气会让非油性墨水变花是后来才被意识到的。

战争爆发前采取的最重要安全措施，旨在确保恩尼格玛密码的安全。一旦发现密码机、转子、编码簿、定期密钥等设备或材料被偷窃或被缴获，密码专员就要根据严格的顺序来改变转子设定，并改变机器里的转子放置顺序。放置转子的顺序显然是机密的，而他必须让信息接收方知道转子的顺序被紧急更改过，原先的转子设定现已不再安全。要做到这点，每条新信息的开头就会加入一个特殊的指示词，告诉接收方安全设定已经更改，详细情况可在编码簿中找到。德军最先使用的一个指示词是"毕宿五"（Aldebaran），使用这个词意味着信息接收人要在编码簿中的特定部分寻找到一系列指令来重新配置他的密码机。

烈风计划

1939 年，德军抵达华沙时，搜查了波兰军情局密码处（Biuro Szyfrów）的指挥部：这个部门是波兰参谋部第二司（Polish General Staff's Second Department）的一部分。他们缴获了许多加密和明文文件，其中有些文件还来自在西班牙附近海域行动的一艘德国巡洋舰，在这些文件中，又发现了这艘舰艇在西班牙内战期间发送的无线电信息的明文版本，而它们当时是用恩尼格玛"军官"密钥发送的。也就是说，要么那艘巡洋舰的舰长在为波兰人工作（可能性极小），要么是早在 1936 年，波兰人就已经破解了德国海军用恩尼格玛密码机加密的部分或者全部信息（可能性更大），也即恩尼格玛系统遭到破解。

没过多久，一群先后逃亡至罗马尼亚和捷克斯洛伐克的波兰军情局密码处员工被捷克人抓获。捷克的军事情报机构联系了德国国防军统帅部密码局、瓦尔特·弗里克以及另外一名在捷克斯洛伐克的相关人员，然后审讯了那些波兰人。得到的结果是，波兰人在战前就已破解了恩尼格玛。审讯结果连同文件被寄给了德国国防军陆军总司令部的肯佩（Kempe）上尉。肯佩与威廉·芬纳极其不合，因此没有给他看这些文件，只是告诉他说文件里的证据清楚地表明恩尼格玛已被破解。因威廉·芬纳没有亲见这些文件，不知道具体问题出自哪里，所以他的反应是增强恩尼格玛加密系统基础设施的安全性。于是，从 1940 年开始，他们提高了该系统的安全性。

战争爆发前，针对波兰人可能已破解恩尼格玛的漫长调查行动叫作"烈风计划"（Fall Wicher）。这个名字来自那些被缴获的文件，波兰人以此指代军情局密码处那项旨在破解恩尼格玛系统的计划。波兰语中，这项计划的名字是"Wicula"，意为"烈风"，但是德国人将它改成了"Wicher"。[3] 战后美国的一项分析解释了为什么德国人怀疑恩尼格玛系

第四部分　德国守势　　261

统已经被破解，却又认为不会对军事行动造成影响：

> 德国人对恩尼格玛系统的怀疑，似乎主要是因为知道了波兰人在战前的成功破解。在这之后的五年半里，对恩尼格玛系统的使用岌岌可危……那些揭露恩尼格玛系统被破解的波兰人在华沙密码处里的职位太高，不知道具体的破解方法；知道破解方法的人却没有被抓获或审讯。故而，德国密码人员根本不知道恩尼格玛密码机是如何被破解的。因为出自他人之口，他们没有见过相关证据。[4]

1940年法国陷落后，德国人又俘虏了两名波兰军官；他们被送去战俘集中营，接受审讯。一开始，德国人并不知道他们在波兰密码处里担任着高级职务，也不知道他们是中校和少校军衔。等到1942年和1943年在华沙和柏林审讯其他人时，统帅部密码局的一名上校才得知他们其中之一是中校，也是波兰军情局密码处的领导人。此时，那两名军官被关在汉堡城外的一个战俘集中营里，他们已直告德国人，早在战争爆发几年前，波兰人就已经阅读恩尼格玛信息了。

对恩尼格玛系统安全性的深入调查

1941年，德国商业袭击船亚特兰蒂斯号被击沉后，德国海军指挥部进行了调查，最后宣布恩尼格玛系统及其使用者（即亚特兰蒂斯号上的海军军官）都没有缺陷或致错，恩尼格玛信息仍然安全。然而，威廉·特拉诺担心，德国陆军、海军和空军对机械系统如此依赖可能导致通信安全出现大问题。第一次世界大战中，他就见识过德国海军制作的编码簿有多么脆弱，而且他成功利用英国皇家海军的密文来破译他们的编码，也说明了这一点。他想要德国海军采用一个三方系统，该系统的基础是恩尼格玛密码机、经常更改的实体编码簿与加密表，以及电传打印机。德国人弗里茨·门泽尔（Fritz Menzer）发明了叫作"SG–39"的加密设备。这种设备能够提供2.7亿种排列组合，但因成本昂贵、制造速度太慢，所以，直到1939年才制造出三台。

此时，德国在海上、陆上和空中的整个部队都在使用恩尼格玛密码机：为几百万大军替换整个通信系统，工程太庞大，尤其是在战争即将爆发，且没有证据证明恩尼格玛系统已被攻破的情况下。在整场战争中，德国人都认为使用更多的转子设定和更改各个编码的密钥设定，使加密系统无法被破解。他们的基本观点很简单，也符合逻辑：如果他们在不同时间里阅读英国人的部分或全部加密信息，其中没有发现任何提及德国军队用恩尼格玛系统加密的情报，那么这个系统就应该是安全的。1942年，邓尼茨上将的参谋军官读到一条截获的英国海军部潜艇追踪办公室发送的信号：德国监视局有能力阅读英国海军的部分编码，德国潜艇和海军情报部门至少能够阅读英国海军和商船队的部分加密信号。在德国U–91潜艇击沉渥太华号驱逐舰后，彼得·格雷顿中校在调查过程中发给渥太华号舰长的信息即是如此。尽管这条信息没有直接告诉德国人盟军正在阅读恩尼格玛加密信息，但是它警告盟军，德国人在阅读英国海军的部分信号；知道这点后，德国人的逻辑推断是，英国人可能故意在他们的加密通信中避免提及德国的恩尼格玛系统。与此同时，德国空军信号情报部门的负责人沃尔夫冈·马提尼少将说，恩尼格玛系统只有80%的安全度。

对德国人来说，恩尼格玛系统的安全性也关乎对保密能力和技术的控制。如果英国人在整场战争中都如此明显地依赖编码簿，那么德国人就可以此推断英国人技术不足，无法发明比肩恩尼格玛的机械系统。在敦刻尔克沙滩上发现的英国 Typex 密码机[1]就能证明这点。在德国人看来，Typex 密码机是恩尼格玛密码机的原始版本，就他们所知，英国人没有用这种机器发送信号，倘若英国人使用了这种机器，德国的监听站怎么拦截不到用这种机器加密的任何信息？1942 年 10 月，因为怕恩尼格玛密码机在苏联战役中很有可能丢失，统帅部密码局决定采取特别明确的行动，为确保恩尼格玛系统万无一失，将这项任务交给某个或某些人员来负责。德国海军的安全概要直接来自卡尔·邓尼茨上将，而威廉·芬纳所在的信号情报机构则选择了 24 岁的数学逻辑专家吉斯贝特·哈森耶格尔（Gisbert Hasenjäger）。5

哈森耶格尔的父亲是鲁尔地区米尔海姆（Mulheim）的律师和当地政治家。哈森耶格尔在 1936 年才念完书，被征召进陆军，派驻苏联边境的一个炮兵部队服役。1942 年 1 月，他身受重伤，九个月后康复，德国逻辑学家海因里希·肖尔茨（Heinrich Scholz）建议他去威廉·芬纳那里工作。随之，他加入统帅部密码局的一个部门，这个部门负责密码局自己的加密系统的安全，其中也包括恩尼格玛密码机的安全。参加过埃里克·许滕海因的密码学培训后，他被派到了一个新成立的部门，该部门主要负责对自己的加密方法和设备进行防御测试和安全控制。哈森耶格尔受命检查恩尼格玛密码机，寻找加密缺陷。他检查的那个机器型号有三个转子，没有接线板。

哈森耶格尔检查的那个恩尼格玛密码机，与当时在苏联前线或在 U 型潜艇上使用的机器相比，是一个在技术上要简单得多的版本。他以收到的 100 个字符的加密信息为分析对象，发现只要有一处缺陷，正确的转子接线和恰当的转子位置就会被人确定，加密信息就能被破解。然而，

---

[1] Typex 密码机是基于转子的英国加密机，改造自商用恩尼格玛密码机，由空军中校 O.G.W. 莱伍德（O. G. W. Lywood）研发。1937 年经过测试后，这种加密机被英国陆军、皇家空军和一些政府部门采用。

他的成功仅止于此。至关重要的是，他没能发现恩尼格玛密码机的最重要缺陷，即由于反射器的缘故，机器无法将字母加密成其本身。这其实是恩尼格玛密码机最基础的一个原理，也就是没有哪个字母可以被加密成它自己。因未能发现这个缺点，实际上，他对恩尼格玛系统的其他深入调查都显多余，但是统帅部密码局以及德国国防军最高司令部（尽管不是阿勃韦尔），都将他的调查报告当作证明恩尼格玛系统未被破解的强力证据。

对德国密码安全性的调查，以及关于多项新发现的报告，让德国国防军的小组开始研发他们自己的密码安全技术。1942年，这些技术的研发工作移交给了统帅部密码局，但是在1944年"七月阴谋"（July Plot）发生后，国家保安总部据说按照希特勒的指令，明确禁止了统帅部密码局以安全预防措施的名义拦截和攻击任何德国通信。所以，先后由统帅部密码局数学小组（Mathematical Referat）和情报侦察总部进行的主要调查，是持续探究恩尼格玛密码机所使用的几种密码的安全性。

波兰人的破解，对有接线板的恩尼格玛密码机有影响，而商用型密码机则不在此列。1943年和1944年，埃里克·弗里茨·菲尔吉贝尔（Erich Fritz Fellgiebel）上将命令重新审讯那几名被俘获的波兰密码分析人员，以期核实。尽管如此，这些调查显示，恩尼格玛密码机的安全极限必须从每天加密50000个字母减少至20000个字母。这意味着某些信息或信息链不得不被分割成三个或更多部分。1944年3月，国防军陆军总司令部说，从安全角度来看，现有的海军恩尼格玛安全措施完全不足："如果继续使用现有的密钥技术，那么按照明确约定选择的五个信息密钥足以泄漏当日密钥，而且德军的控制机构在仔细检查下也无法发现这种信息泄漏。"[6]

威廉·特拉诺和监视局比德国国防军更清楚恩尼格玛密码机的脆弱性，但当每次出现对安全性的担忧时，就像1942年2月时那样，他们的应对之策是要么增加一个转子，要么更改密码机的密钥编码。到了1943年11月，美国和英国的轰炸逼迫特拉诺和其团队离开柏林，搬到了埃伯斯瓦尔德镇（Eberswalde）附近的一个新地点，在柏林以北约20英里。盟军的轰炸还摧毁了监视局自20世纪20年代以来的大部分纸质记录。德国人多次成功破解了英国海军密码，然而，迟至1943年春夏英国海军才进行了早该进行的安全检查，从此才开始每天更改自己的密钥，而不是像此前几年那样每半个月更改一次。指挥部位置更换、人手越来越缺、大量文件损失，以及外部因素对第三帝国内部安全持续产生压力，使监视局对英国海军通信的监视实际上突然停止了。

1944年4月底，两艘德国鱼雷艇在法国西北附近海域击沉了加拿大驱逐舰阿萨巴斯卡号（HMCS *Athabaskan*）——远在20英里处也能看到这艘驱逐舰爆炸。这两艘德国鱼雷艇不仅尽可能多地救起了加拿大船员，还缴获了英国皇家海军的部分最新编码簿，其中还有对他们的新双重减数系统的解释。此外，一名重要的电传打印员向俘虏他的德国人详细描述了那种"模板减数"（stencil subtractor）系统的新双重转换程序。这些信息太少，来得也迟。1944年5月，希特勒用机密命令问监视局：当前破解的英国海军密码有哪些？监视局回答：几乎没有，两个主要的英国高级别密码已经无法阅读。对威廉·特拉诺和他的同事而言，1942年和1943年的成功似乎突然就像是很久远的事情了。

与此同时，德国海军密码人员下令再次审查恩尼格玛的安全性，一名分析人员依靠一条25个字母的参考材料，破解了基于一个四转子的恩尼格玛密码机的加密系统。这项测试由统帅部密码局提供的密码机进行，统帅部密码局和海军最后都核定该系统仍然安全。之所以作出这项核定，是因为两个机构都不能进行足够深入的测试以确定恩尼格玛系统的安全性。

安全测试只是理论上的，而且他们也无法想象集中分析大规模的通信会得到什么结果。一项被证明有效的安全措施是研制出新的恩尼格玛转子。然而，战场上恩尼格玛密码机的数量巨大，要全部更新是不切实际的。统帅部密码局还觉得，即使某个恩尼格玛机被缴获，也仍然可以将恩尼格玛系统视为安全，因为就连他们自己也未发现破解之法。[7]

由此传递的信息很明确：因为我们无法破解恩尼格玛系统，显然，别人也不能。德国人正表现出越来越缺乏技术想象力，他们不知道可以发明对加密信号的质谱分析方法，如波兰人或英国人那种"炸弹解密系统"。或许，第三帝国一直在监听，但也闭目塞听起来。

费迪南德·费希特纳和费迪南德·福格勒更有远见，1944 年中，他们坚持让德国空军在各自的恩尼格玛机上使用可插入反射器，让英国人的"炸弹解密机"派不上用场。埃里克·许滕海因向德国陆军上级建议立即如此，得到的却是冷漠的答复：太麻烦。

大西洋上，这些决定和事态发展有着特别重大的影响。早至 1943 年 4 月，盟军船队就突然开始比德国潜艇更胜一筹，而且英国海军编码的更改也有所增强。4 月 16 日，有 57 艘船只的 SC-127 船队从新斯科舍（Nova Scotia）出发。这些货轮载有坦克、谷物、炸药、钢铁、木材、糖、磷酸盐和燃油。根据英国布莱切利园密码破译人员的发现，船队如果按照最初线路航行，将穿过一个可能有 25 艘德国潜艇的区域。为此，船队改变航线，绕过了这片海域，最终安全地抵达英国港口。

盟军在大西洋上空的空军覆盖范围扩大，使其情报优势得以加强。这些空中力量部分来自超长距离的巡逻飞机，而它们则填补了大西洋中部的空军空白，让德国 U 型潜艇无法自由活动，不敢轻易浮出水面，极大地限制了他们的行动能力和效率。更多的空中力量来自航空母舰上的飞机，它们对进攻有决定性的作用，让大西洋海战的天平坚实地倾向了盟军这边。

大西洋上德国U型潜艇的补给由被戏称为"奶牛"的XIV型潜艇负责。这种巨大的潜艇重约1700吨，长约200英尺。每次由它与U型潜艇群联络，补充U型潜艇的燃油、食物和鱼雷；因为其上有面包房，所以德国潜艇甚至在战斗巡逻期间也能吃上新鲜面包。1942年，由于有这些潜艇提供补给，U型潜艇舰队的攻击范围扩大到了美国东海岸。这段时间被德国潜艇艇长称为"美国狩猎季"。"奶牛"潜艇显然是盟军的重点攻击目标，击沉一艘这种潜艇意味着至少有六艘作战的U型潜艇必须中断战斗巡逻，返回法国或德国寻求补给，进而减轻对盟军船队的袭击。1941年至1943年间执行任务的14艘XIV型潜艇全被击沉或自沉。之后的1943年和1944年，护航航空母舰上的飞机又对它们进行了密集的军事行动。由于监视局越来越无法破解英国海军的编码，再加上盟军在大西洋上的空军空白被填补，以及布莱切利园成功破解"鲨鱼"密码，所以在盟军进军欧洲的准备阶段，越来越多的盟军船队能够安全无恙地穿越大西洋。1943年12月中旬至1944年1月中旬期间，十支盟军船队从德国U型潜艇巡逻线附近经过而完全没被发现，U型潜艇所击沉的只是一艘孤立的商船。1944年前的三年里，U型潜艇只击沉了3360艘商船组队里的三艘。至于这一时期U型潜艇的损失，则有36艘被击沉。除了战略和战术优势朝盟军倾斜以外，威廉·特拉诺还发现苏联前线和国内的民事紧急任务再次耗尽他的人力：到了1944年，他能用于破解英国海军编码的男女人手从最高时候的198人，锐减到了94人。

第二十一章　风暴来袭——"霸王行动"

1943年9月，沃尔夫冈·马提尼上将命令费迪南德·费希特纳少校前往诺曼底，去评估德国空军信号情报部队针对盟军进军欧洲的具体准备情况。德国人知道，盟军肯定会攻击法国北部海岸的某个地方，只是他们尚不确定具体会是哪个地方，所以，他们的信号情报分析人员和密码破解人员正竭尽全力地希图搞清楚这点。351空军信号团（Air Signals Regiment 351）负责德国空军在法国北部大部分地区的监听和拦截任务；在盟军穿过英吉利海峡进军诺曼底，或者穿过加来海峡到达法国北部时，它负有预警使命。

费希特纳从雅典飞去诺曼底。此时的地中海地区已是夏末，德国军队在爱琴海和亚得里亚海与英国、希腊和南斯拉夫军队的岛屿战正如火如荼。他和手下正在实战操作，在战斗中安装新的无线电发送器，监听英国皇家空军在爱琴海、亚得里亚海和西地中海上空的行动。盟军已经在7月占领了西西里，就在他前往法国的两周前登陆了萨莱诺。尽管意大利的休战让德国人十分惊讶，他们却也迅速地做出了反应，从法国、奥地利和巴尔干地区派兵南下增援意大利。地中海地区似乎有三场战役在同时进行——德军尝试夺回爱琴海诸岛、与南斯拉夫游击队进行激烈的游击战、在意大利对抗美国和英国的两支军队。费希特纳虽然疲惫，但也很警觉，看得出来第三帝国的战争前途不甚明朗：德国在与意大利和苏联对战，而且很快就会出现第三条战线，也就是欧洲期待已久的第二战场。所以,从雅典到柏林,再到巴黎的飞机上,他一直在思考自己的信号部队该如何应对。

他并没有为现在这种战况做好准备。位于巴黎城外的一座城堡里,有他的一支部队。这座被工作人员称为"信号城堡"(Meldeschloss)的所在,其周围花园由一小队法国园丁打理和修剪,城堡内安装着新的电气设备,各个房间都铺着毛皮地毯,一到晚上,所有飘窗都会拉上舒适、优雅的窗帘。与此形成对比的是,在过去几个月的时间里,费希特纳每天都从黎明就逐渐变热的气温和刺耳的蝉鸣声中醒来,开始一整天极其繁忙的工作。在法国的生活则明显更缓慢,更悠闲,紧迫感似乎并不常见。

该团第三营的指挥官住在建于18世纪的辉煌的拉塞勒城堡(Château de la Celle)里,离巴黎西南部的凡尔赛宫只有三英里。他的作战指挥室里有一幅巨大的地图,上面不同颜色的光亮代表着英国和德国不同信号机构的指挥部,和所使用的不同广播频率、雷达拦截站的位置,以及德国步兵部队基地和德国空军轰炸机、战斗机站点。通过正确的开关,可以打开安装在地图内部的彩色灯泡,展示上述基地。该指挥官还花费大量时间汇编了一本信号情报图册,不过,在费希特纳看来,其图片就像儿童画一样。这是一个德国空军信号情报团针对盟军即将攻入欧洲大陆所做的基础准备。费希特纳的一名上级军官也命令他做一个类似的图册,但他以工作很忙为由拒绝了。

经验丰富的费希特纳少校注意到,手下在打理城堡四周花园的草坪上浪费了大量精力。在城堡里的几天,每天早上费希特纳都看到绿油油的花园草坪上交错着一排排棕色鼹丘。每天早晚,班次结束后,军士和列兵都会被命令取来铁锹,尽职尽责地铲起那些土包,直到草坪上剩下许多棕色的圆形疤痕,似在提示那些勤劳的鼹鼠曾在此地出没。这样的日子周而复始,来回轮转。

与此相反，急迫的军务乱成一团。该团共有 24 个连、2700 人，然而只有两个连，也就是 220 人，拥有任一形式的机械运输工具。无线电操作员从未接受过使用任何无线电接收设备的培训，直到 1944 年 6 月的第一个星期，培训才开始。这个部队分散在当地社区的 46 个乡间住宅，每天工作结束后几乎再也无法找到一名军官或技术人员。费希特纳让他的一名军官从柏林或雅典来这个部队，假装是一次单独的联络访问。在他自己去诺曼底时，他说："这个部队在很多方面都铺张浪费……他们那些电子设备让高级军官眼花缭乱。"至于那幅地图，不同颜色的灯光让他感觉像是在看电影。据他观察所得，这个部队是"军队腐败的一个极端例子"。德国人在法国当了四年的占领者，四年里，他们自己也付出了代价。费希特纳怀疑，倘若盟军来袭，纵使这个部队运气再好，也会出现战术混乱和组织溃败的情况。

霸王行动前德军的信号情报和密码破译工作

此前四年里，德国空军的信号情报工作并非全都局限于打理草坪。1944 年春天，英吉利海岸多维尔，马丁·路德维希上尉和手下知道盟军即将到来。自从 1942 年中期以来，他们每天都在跟踪英国皇家空军和美国空军的动向：1944 年 3 月，英格兰南部集结的军队规模比他们以往所见都大。在此之前，他们还能够跟踪美国空军的无线电通信，确定不断变化的英国皇家空军无线电呼号，也能较为肯定地预测英国各次轰炸任务的目标是德国的什么地方。美国飞机执行白天轰炸，比主要执行夜晚轰炸的英国飞机起飞更早。美国空中堡垒飞机在路上和飞到目标上空时，会向基地发送无线电信息以汇报飞行环境：高射炮有多密集、目标上空是否有云层、德国战斗机是在什么时间点从何处出现的。这些信息会被转发给英国轰炸机指挥部,帮助他们执行当天较晚时候的任务。通过这些信息,德国空军经常能够知晓英国飞机当晚的轰炸目标。美国轰炸机飞行员的无线电纪律,往好了说是偶尔遵守,往坏了说是根本不遵守,这对德国信号情报人员的工作是再方便不过。

到了1944年3月,英国的演习和训练任务中止了。路德维希部队监控到的最后一次英国训练任务代号为"斯巴达"(Spartan)。路德维希多次向上级汇报:这意味着集结军力的盟军已经跨过了最终的训练阶段,进入了无线电寂静、即将开始大规模军事行动的阶段。

为了更清楚地了解盟军在英格兰南部的行动,德国空军就得飞到英吉利海峡和南岸港口城镇上空侦察。问题在于,这些侦察行动极其危险:"大黄"和"牛仔比赛"行动期间那样的好时光早已一去不返。1944年春天,倘若一架运载侦查团队和无线电监听部队的Ju–52运输机出现在英国任何飞机场或港口,那么,等待它的四架喷火战斗机就会立马出现,数分钟内将它摧毁。纵使速度更快的福克–沃尔夫飞机或双引擎的多尼尔飞机也难以逃脱。德国人尝试了若干种方法,想要使用梅塞施密特Bf109飞机拍摄盟军训练区、军队集结点、港口和空军基地,甚至有一次俘获了一架美国P–47雷霆式战斗机。遗憾的是,收集最新战术和战略情报的安全有效方法极其有限。路德维希知道,盟军对德国雷达站和信号监听部队的轰炸越来越多,而且无论轰炸目标在加来海峡区域,还是在诺曼底,抑或在布列塔尼,情况都相差无几。就像许多同事那样,路德维希也认为盟军将进行大规模的佯攻,好让德国军队搞不清楚到底在哪里反攻。

德军增援部队抵达诺曼底

路德维希知道，德国国防军统帅部密码局认为加来海峡地区或诺曼底可能是盟军的目标。在那年春天和初夏，路德维希和手下在不同无线电监听站之间往返，坐着哐当作响的桶车（Kübelwagens）和卡车穿过灌木树篱，走过许多次诺曼底的公路。

他们开始看到许多不同兵种、番号的部队作为增援力量到达诺曼底。在路上转个弯的工夫，眼前就会突然出现陆军士兵、半履带式车辆、边斗摩托车，以及用树枝、玉米秆、较长的草或者幼树掩盖着的坦克。车辆上的部队番号，显示这些决心坚强的新部队的身份。费希特纳从番号看出，眼前的这个部队是"希特勒青年团"（Hitler Jugend）党卫队第12装甲师，其士兵主要招募自希特勒青年团，而且有些军官和军士来自党卫队的其他部队，如阿道夫·希特勒警卫旗队（Leibstandarte Adolf Hitler），因此之故，这个部队的等级变得更高。1944年3月，该部队的指挥官是党卫队准将弗里茨·维特（Fritz Witt）。

这个部队很快就在法国崭露锋芒。在整场战争中，法国里尔（Lille）的工人举行了一场最大的抗议示威，时在3月，共有6万名工人参与罢工。许多德国士兵都知道法国人愤怒的原因——这都是希特勒青年团的错。1944年3月，这支部队正在前往诺曼底的火车上，即将抵达法国和比利时交界附近三条铁路交会的阿斯克（Ascq）车站。突然，这支党卫队部队正前方的铁道发生爆炸，致使两个车厢脱轨。火车上的指挥官沃尔特·豪克（Walter Hauck）中尉立即命令士兵搜查铁道两旁住宅，逮捕见到的任何人。后来，党卫队射杀了70人，又在阿斯克村里杀死了16人。盖世太保调查后，又有6人被行刑队杀死。这个部队的行径预示了诺曼底战场上即将发生的情况。

那年春天，在诺曼底乡村还能看到其他部队的标志，有代表装甲教

第四部分　德国守势　　273

导师（Panzer Lehr Division）的精心设计的斜体"L"和代表第21装甲师的十字形"D"，后者由非洲军团的一半装甲部队组成。此外，还有分布在巴约（Bayeux）以北海岸线上的第352步兵师，以及更北边靠近加来海峡的第二装甲师。

德国空军信号情报团的军官突然频繁地见到其他德国空军部队成员，要么在夜晚的食堂里，要么在乡村户外演习，又或者在科唐坦半岛（Cotentin peninsula）附近准备阵地。这些德国空军伞兵曾经服役于克里特岛、爱琴海、意大利和苏联战场，现在被派遣到了诺曼底。仅仅这些新到达的步兵和坦克部队就有4.6万人，全是来增援大西洋壁垒（Atlantic Wall）的。

希特勒对盟军即将反攻的看法

1944年5月27日，日本驻柏林大使大岛浩（Hiroshi Oshima）上校与阿道夫·希特勒会晤。大岛浩曾是陆军将军，自豪地支持与第三帝国建立更紧密的合作。1934年，他作为日本驻柏林的军事专员首次见到希特勒，此后，与德国多名政治、军事和工业领袖建立起了关系网。他和希特勒建立了紧密的工作情谊，而且通过德国外交官冯·里宾特洛甫，与希特勒定期会晤。每次会晤后，大岛浩都会回到大使馆，撰写一份报告。就像邦纳·费勒斯那样，他的报告极其坦诚却又不谨慎，敌方轻易破解了他的信息。日本人的外交编码——美国人称之为"紫色"——在两年前就已被破解。甚至，美国领导人常常在那些消息抵达日本前就有机会阅读它们。柏林和东京之间的电报和无线电通信经常因为苏德战争，以及柏林和东京遭受的空袭而受阻。这意味着无线电通信发送到日本的时间，要比发送到美国晚。曾经破解过这些信号的山姆·斯奈德（Sam

Snyder）在 1998 年说，美国人经常先于日本人读到大岛浩的信号。斯奈德生于 1912 年，曾就职于华盛顿宪法大道（Constitution Avenue）上的信号情报机构。他说："我们提供了准确、清晰的破解信息，有时顶多缺少一两个单词。美国领导人经常有机会在那些信号发送仅仅两个小时后就读到它们。"[1]

5 月 27 日的会晤中，希特勒将他的担忧告诉了大岛浩。首先是意大利，他觉得盟军会在那里发动大规模进攻行动，德国军队会撤退到亚平宁山脉里的一系列防御阵地。他认为苏军下次会同时攻击波兰和罗马尼亚。至于盟军对欧洲的反攻，将会在挪威、丹麦和法国南部的第二战场发动牵制性行动，然后越过多佛尔海峡朝诺曼底和布列塔尼发起主攻。希特勒补充道，如果盟军没有进军欧洲，他会用"火箭炮"[1]炸毁英格兰。他说，苏联的战线和战争刚开始时一样停滞。他还说，由于地形地势的原因，苏联的 T-34 坦克比德国的坦克更好——备受夸耀的虎王坦克在泥泞中有许多严重的问题。

1943 年 11 月，大岛浩对第三帝国的大西洋壁垒进行了为期四天的巡视，并做了笔记。他按时地在电报中写下了他观察到的情况——德军各个师里能参战的士兵数量、拥有的武器类型，以及各自的基地位置。他精确地描述了德军的反坦克战壕："剖面呈三角形，顶部宽 5 米，壕沟深 3.5 米。"关于德军的炮塔，他的描述是："连成一排，靠近海滨，各配备两架或三架机枪和多个榴弹发射器。"[2]

---

[1] 希特勒指的是 V1 和 V2 火箭。
[2] 1998 年的这篇新闻报道（见此章尾注 1——编注）说，其他的解密文件显示，1943 年德军惨败斯大林格勒后，大岛浩曾尝试在德国和苏联之间调和，而且希特勒很喜欢这个提议。这次败仗让德国目瞪口呆，预示着冗长的战斗即将出现，此时大岛浩的这个想法可以让纳粹军队将精力集中在西线。根据大岛浩向东京所做的报告，希特勒说如果苏联将乌克兰割让给德国，他就会与苏联和解。他说，他需要乌克兰的丰富资源来赢得西边的战争。希特勒在 1944 年 5 月与大岛浩的会晤中，最清楚地表明了他认为盟军会在诺曼底和布列塔尼开辟第二战场。

* * *

德国国防军统帅部的行动总参谋是阿尔弗雷德·约德尔（Alfred Jodl）上将。他的战略和战术评估得到了统帅部密码局、德国空军和监视局的情报支持。1944年4月，关于盟军在何地发起反攻，信号情报机构给他提供的情报太少。他和同事认为盟军会进军科唐坦半岛或加来海峡地区。他不知道，此时盟军正在英格兰开展的大规模进攻是佯攻，甚至在伦敦周围各郡建造了虚假的美国陆军基地，假装要越过多佛尔海峡发动进攻。与此同时，德国用于监听华盛顿和伦敦之间无线电话通信的A-3通话扰频器，只在罗斯福和丘吉尔的通话里得到了少量说明反攻即将发生的迹象，并未发现反攻的具体位置。党卫队保安处的沃尔特·舍伦贝格（Walter Schellenberg）在1944年3月阅读到了丘吉尔和罗斯福之间的一条重点信息：

> 1944年初，位于荷兰的德国大型监听站成功窃听和破解了罗斯福和丘吉尔之间的一次电话通讯。这次通话持续近五分钟，尽管这次通讯被扰频处理过，但是我们通过高精密仪器将其解码。最终得知了英国的军事活动高潮，也确认了许多有关反攻即将到来的报告。如果这两位政治家知道敌人在窃听他们的通话，那么，罗斯福就不太可能对丘吉尔这样道别："好，我们会尽力。现在我要去钓鱼了。"[2]

1943年12月，德国人确定了盟军反攻行动的代号。英国驻土耳其大使的仆从伊利亚资·巴兹纳（Iliaz Bazna）是德国间谍，代号"西塞罗"（Cicero）。德国人给他支付虚假的英国钞票，让他从英国大使那里偷窃和复印所能得到的所有文件。巴兹纳于1904年出生在科索沃省的普里什蒂纳（Pristina），此地当时还属于奥斯曼帝国。16岁时，他加入法国陆军，后来因为偷盗汽车和武器，在法国被监禁三年。他曾经在土耳其及法国多个城市的外交机构当过保镖和司机，1943年，被雇为英国驻土耳其大使许阁森（Hughe Knatchbull-Hugessen）的仆从。

一天，巴兹纳乘许阁森不备，从其书桌抽屉里偷取出一把钥匙。他用早已准备好的蜡模复制了一把钥匙。然后，用这把钥匙打开了装着机密文件的箱子，复制这些文件，再通过一名德国外交专员，将它们出售给了德国人。1943年12月，他复制了一份最高安全级别的文件，这种文件只能由BIGOT[1]名单上的人员查看。名列此单者是那些知道"霸王行动"（Operation Overlord）细节的盟军指挥官和政治家。巴兹纳复制的这份文件上有句话是，许阁森询问土耳其是否能够停靠本国的空军基地来维持东地中海区域对德国军队的威胁，"直到'霸王行动'开始"。[3]

德军侦察盟军空军的反攻准备

德国人知道，从东地中海到法国南部，再到苏格兰和北爱尔兰，盟军都在尽全力集结登陆船和登陆艇。路德维希上尉和手下注意到，美国第九空军（US Ninth Air Force）的无线电呼号发生了变化，近似于英国第二战术空军（British 2nd Tactical Air Force）的呼号，或许美国人正与它们合作，计划在欧洲上空行动。路德维希的手下还发现，他们监视的空军中队的代号，以及部分轰炸机和战斗机的无线电呼号，全都汇聚在英格兰南部的几个空军基地。早在1943年中期，第二战术空军的无线

---

[1] BIGOT指的是"英国入侵德占区"（British Invasion of German Occupied Territory），安全级别高于"最高机密"。

电呼号已经被德国空军的信号情报部队确定。德国人使用针对英国特定飞机场无线电站的无线电测向技术，也确定了英国第 83 和 84 战斗机大队及第二轰炸机大队的无线电呼号。所以，第二轰炸机大队的指挥部从林肯郡的沃什（Wash）附近南移到雷丁附近区域时，德国人以确切证据表明，英格兰南部有空军力量集中。第 83 和 84 战斗机大队随后向南部海岸移动，也确证了这点。

路德维希最频繁拦截到的无线电呼号来自空中堡垒轰炸机、B-24 解放者轰炸机、兰卡斯特轰炸机、C-47 雷霆战斗机、野马战斗机和喷火战斗机，现在这个名单上又有新机型增加。一个新的无线电网络在 3 月出现，其使用频率被路德维希的部队监听到，无线电测向设备发现该无线电网络的位置在林肯郡科茨莫尔（Cottesmore）和格兰瑟姆（Grantham）附近。后来，它被确定是三个次级无线电网络的控制中心，三个网络覆盖在埃克塞特、科茨莫尔和奥尔德马斯顿（Aldermaston）。后来，在整个英国南部地对空的无线电通信中，突然出现了编队信息未知的大量飞机的信号。起初，德国人认为这些只是盟军增加的轰炸机而已，后来通过监听到的加油信号，他们发现这些新增的飞机全都有两个引擎。它们是什么飞机？首先，它们似乎在英国南部海岸的多个飞机场之间进行往返运输服务；其次，它们中的许多飞机会从国内机场起飞，飞行一段严格的、预先确定的线路后，调头返航。德国人怀疑这是在投放伞兵：在运输飞机起飞，将参与训练的伞兵投放至英格兰南部的空投区，然后返航时，德国人拦截了它们的动向信息。

通过阅读英国皇家空军的轰炸机通信，他们发现 C-47 飞机的名称被反复提及，另外一条信息中出现了第 50 联队的名字。德国空军的信号情报机构知道意大利第 51 联队是空军运输部队，由此他们推测第 50 联队同样是运输部队。德国人开始监听格兰瑟姆附近英国皇家空军福贝克机场（Fulbeck）的 500 千赫短波频段。C-47 飞机会练习牵引滑翔机，它们与滑翔机之间的通信用的就是上面的频率："你牵引上滑翔机了吗？""能看见滑翔机吗？""九架 C-47 飞机编队正牵引着滑翔机。"

C-47A 空中列车是美国制造的运输飞机。1943 年至 1945 年间，加利福尼亚州和俄克拉荷马州的飞机制造厂共生产了超过 5000 架这种飞机，它们经常被称为"达科他"（Dakota）。拥有数百架飞机和滑翔机的空军中队、联队和小组现在被部署到从埃塞克斯到康沃尔郡东部的各个基地里。美国或英国的各个空军基地都拥有多个无线电呼号，当一个飞机中队飞到另外一个机场时，它们就会采用这个作战基地的无线电呼号。因此，一个喷火战斗机中队会突然使用一系列不同的身份代码。所以，路德维希和手下能够跟踪整个英国南部的空军中队和联队。路德维希保守地估计，仅仅是空中列车运输飞机，盟军就可能拥有 1000 架，而每架飞机能够运载 28 名全副武装的伞兵。

与此同时，在呼号为"威士忌祖鲁 9 号"（9 Wisky Zulu）的威尔特郡尼瑟拉文（Netheravon）基地，英国皇家空军第 38 大队使用《轰炸机编码》加密发送信息。他们也在与载货滑翔机和伞兵一起执行空降演习行动。1944 年 5 月，德国空军信号情报部队将拦截到的无线电通信交由费迪南德·福格勒和费希特纳在拉塞勒（La Celle）的一名手下进行密码分析，经分析得知，盟军的反攻行动已经进入了登船阶段。这表明反攻部队中，英国皇家空军地对空职员部队和舰艇上负责联络的海军与空军人员之间已经建立了无线电通信。德国人使用无线电测向设备对这些在普利茅斯和南安普顿附近的支援部队和舰艇进行了三角定位。路德维希知道，无论从什么地方、在什么时间开始，盟军的反攻行动规模都会很大。1944 年 5 月底，德国空军信号情报部队在巴黎附近的阿涅尔指挥部发布直接预警信号：

英美空军的所有准备工作皆已完成，其各自两个近距离支援部队可以分别支援四支军队。空军参谋人员已经开始登船。盟军的大规模登陆行动可能始自今日。[4]

根据德国空军的信号情报，以及盟军轰炸的目标区域，德国人估计，盟军将会在加来和瑟堡之间发起反攻登陆。因为这两个地方相距290英里，有着很长的海岸线。

反攻行动开始

6月5日至6日夜晚，德国人发现了盟军的反攻登陆行动。在临近午夜时，英国皇家空军第100大队开始了一项旨在干扰英吉利海峡岸边德国雷达站的集中行动，干扰部队从东向西移动，显然是为了掩藏大型编队的舰艇。英格兰第八和第九轰炸机大队的天气侦察行动开始得比往常更早，而反攻舰队则执行了严格的无线电寂静。

6月5日午夜前，英国皇家空军的六架哈利法克斯轰炸机解开了所牵引的六架霍莎（Horsa）滑翔机，滑翔机上是牛津郡及白金汉郡轻步兵第二营（2nd Battalion Oxfordshire and Buckinghamshire Light Infantry）的英国空降军队。其下漆黑中的法国，有他们的目标——卡昂运河（Caen Canal）与奥恩河（River Orne）上的桥梁。午夜12：15至12：20，这些滑翔机在诺曼底降落。"霸王行动"开始了。[5]

6月5日午夜，马丁·路德维希和手下没有睡觉，在盟军登陆沙滩以东15英里处的多维尔指挥部里保持警惕。德国空军这个在整个法国北部的信号拦截和雷达机构处于慌乱之中，无线电纪律失控。有些指挥官用明文发送盟军伞兵目击报告，有些指挥官早忘记了日常编码。从卡昂北部到科唐坦半岛，无线电一片混乱。天亮时，路德维希和手下听到了滨海维耶维尔（Vierville-sur-mer）海岸德军炮台上第352步兵师发送的高速、紧急信息。天将破晓，从阵地往海上望去，地平线上布满了舰艇。盟军的战列舰和巡洋舰开火，将高爆炮弹射到了内陆15英里远的地方，打破了清晨的静谧。接下来，却是一片奇怪的寂静。路德维希和手下此时已将无线电监听设备搬到指挥部外面的汽车里，准备向西撤离。还没出发，就听到了第352部队机枪阵地发来的信号，数百艘登陆艇正穿过海浪径直朝他们驶来。他们有所不知，这些德国步兵的混凝土炮台前的一部分海岸是盟军的重点目标，美国人给它的代号是"奥马哈海滩绿狗区"（Dog Green Sector, Omaha Beach）。

那天，路德维希和手下乘坐卡车朝西北去往勒阿弗尔（Le Havre），希望由此能撤回德国。路上，路德维希想到这是他在两年时间里目击的第二次盟军两栖行动。在这两次行动前，他和手下通过无线电信号拦截，都清楚地知道盟军要越过英吉利海峡发起进攻。在迪耶普时，他们早已知道盟军即将发起军事行动，尽管直到加拿大军队到达海滩附近时，才明白行动的具体目标。当时，路德维希和手下拦截了盟军的无线电信息，至于交战，则交给了德军的火炮、迫击炮和机枪阵地，交给了他们在空中的优势力量，通过对战略和战术形式的完全掌控，他们当时处在一个完美的境地，对敌军开展了决定性的行动。

在诺曼底时，他们拥有信号情报，但装备极不充分，无法利用这些情报。在6月6日之后的几个星期里，这种情况频繁出现。6月7日，德国士兵发现了浮在奥马哈海滩以东维尔河（River Vire）入海口蔗草里的一艘美军登陆艇，其船身因被子弹打穿而废弃，还有被丢弃的背包和地图盒。其中一个背包里有一本编码簿，详细写着美国第101和第82空降师在6月6日至12日期间用于战术通信的哈格林M-209密码机的密钥设定。从战术和战略理论上讲，这本编码簿能让德国军队在反攻开始那几天对抗盟军空降士兵时占优势，但事实上并没有，因为他们没有装甲资源来与美国第一和第四步兵师的雪曼（Sherman）坦克较量。希特勒青年团的坦克兵战斗得特别勇猛——一名与他们对战的英国坦克军官说，对方们很傲慢、残酷、英勇，而且在战术上很聪明。[1]但是，因为坦克没有足够的燃油，所以被英国台风战斗轰炸机限制在灌木树篱里，而且，德国的空中力量也不能去对抗这些英国飞机，于是，他们的英勇，化为乌有。在拉塞勒城堡和附近的德国空军信号情报部队，其结局如何？费希特纳后来得知，盟军发动进攻的那天，这个部队极其狼狈，在被俘或逃离前，大多数装备要么被遗弃，要么不得不被摧毁。

---

[1] 诺曼底登陆时，作者的父亲是第15及第19国王皇家轻骑兵团（Kings Royal Hussars）四辆克伦威尔坦克的指挥。

第二十二章　处决与俘虏

1944年6月23日，苏联红军发起了"巴格拉季昂行动"（Operation Bagration）。这项行动得名于拿破仑战争期间的俄国上将彼得·巴格拉季昂（Pyotr Bagration），目标是摧毁白俄罗斯的德国中部集团军群，然后向波兰和罗马尼亚推进。在为期五天的战斗中，苏联人摧毁了德国第四集团军、第三和第四装甲军群的大部分；一个月的时间里，有25万名德国士兵丧生。明斯克在7月4日被解放，这次行动不仅在白俄罗斯，还在乌克兰中部终结了德军的抵抗。7月和8月，苏联红军继续将德军朝波罗的海逼退，进入波兰和罗马尼亚。然后，苏联红军抵达了维斯瓦河（River Vistula）和华沙，进入了可以攻击柏林的距离。

7月20日，希特勒和他的核心参谋人员走进东普鲁士拉斯滕堡狼穴指挥部的会议小屋，开会商讨怎么应对东部的战略灾难情况。通常，这种会议会在防爆的地堡里召开，但是那天地堡太热，所以使用了外面的小屋。克劳斯·冯·施陶芬贝格（Claus von Stauffenberg）上校——一名在北非作战时受到严重伤害，失去了右手、左眼和左手两根手指的陆军贵族军官——参加了此次会议。会议开始前，他借故离开，将一个装有炸弹的公文包放在了希特勒旁边的桌下。剧烈的爆炸使三名军官和一名速记员丧生，在场所有人受伤。

这次谋杀案是一次精心策划的反对纳粹政权的政变，由一群军官和平民配合策划和执行，旨在暗杀希特勒，在柏林夺取政权，建立亲西方的新政府，使德国免于彻底失败。然而，希特勒并没有被炸死，就在炸弹引爆之前，他的一名军官将公文包往桌子深处挪了一下，被厚厚的木桌腿挡住了。

在不知道希特勒没有死亡的情况下，政变计划继续进行，重点任务是切断狼穴指挥部和柏林之间的所有通信。这项任务由埃里克·弗里茨·菲尔吉贝尔上将负责。他管理着德国国防军最高统帅部的信号和通信工作，直接主管统帅部密码局的密码破译人员，以及威廉·芬纳和他的团队。因为希特勒的党卫队保镖与约瑟夫·戈培尔之间有直接通信网络，所以政变人员切断通信的尝试失败了。

五年来，国家保安总部始终拒绝将德国所有的密码分析人员和情报专家置于一个伞形组织之下，他们担心，如果有人试图刺杀希特勒，那么支持刺杀阴谋的德国国防军官员就能够接管德国的无线电、电话和密码分析通信，使党卫队和党卫队保安处陷入困境。

得知希特勒还活着，菲尔吉贝尔打电话给另一位同谋——在柏林信号指挥部的弗里茨·提艾利上将。据说，他是这样说的："情况很糟糕！元首还活着！"

随后，菲尔吉贝尔在狼穴指挥部被捕，纵使遭受了三个星期的酷刑，他也没有透露任何同谋者的名字。

8月10日，他在人民法院（Volksgerichtshof）被起诉，随后被判处死刑。9月4日，柏林的鲷鱼湖监狱（Plotzensee Prison）被处决。党卫队、盖世太保、党卫队保安处以及希特勒的安保人员决定根除任何可能存在的反元首残余势力，总共逮捕了7000人，计有4980人被处死，有些是按照希特勒的命令被用钢琴线慢慢勒死的，有些是被送去断头台处决的。

埃里克·菲尔吉贝尔、统帅部密码局，以及对元首的反抗

1929 年，德国陆军信号部队少校埃里克·菲尔吉贝尔，成为德国国防军密码机构——密码处（Chiffrierstelle）负责人；该机构就是后来的统帅部密码局。他是恩尼格玛密码机的引进人之一，并且坚持认为德国需要一个统一的密码机构，但他的所有努力都被外交部长约阿希姆·冯·里宾特洛甫阻止了。里宾特洛甫认为，防止人们对纳粹党产生任何抵抗的最有效方法，是尽可能地划分纳粹党的秘密通信基础设施，并鼓励和维持人们之间的不信任。事实表明，里宾特洛甫、希姆莱和戈林十分有效地做到了这点。菲尔吉贝尔在 1938 年成为上将，被任命为陆军信号机构负责人和德国国防军最高统帅部通信联络负责人。1940 年 8 月，他成为通信部队上将，被捕时，他是德国最资深的信号军官，参与了第三帝国的所有机密技术工作，包括关于 V1 和 V2 火箭的工作。因为菲尔吉贝尔在军队中被视为与阿勃韦尔的领导人威廉·冯·卡纳里斯（Wilhelm von Canaris）同属一个社交和职业阶层，所以希特勒也不信任卡纳里斯，这种不信任是对的。

统帅部密码局和露西间谍团

到 1944 年初，德国形成了一个由德国军官和平民组成的小规模集中网络，这些人附属于所谓的"露西间谍团"（Lucy Ring）。这个间谍团是德国人、苏联人和其他人士组成的阴谋团体，向苏联传递情报，积极组织对希特勒的抵抗。在德国，该网络包括阿勃韦尔领导人——海军上将威廉·卡纳里斯的参谋长汉斯·奥斯特（Hans Oster）少将、埃里克·菲尔吉贝尔、他在国防军最高统帅部的副手弗里茨·提艾利中

将、中部集团军群的情报负责人鲁道夫·冯·戈尔斯多夫（Rudolf von Gersdorff）上校，以及位于雅典的东南部集团军群的情报评估首领弗里茨·伯策尔上校。正如前文所言，伯策尔在战争初期去过瑞士若干次。该间谍团的平民成员包括德国驻苏黎世副领事汉斯·贝恩德·吉塞维乌斯（Hans Bernd Gisevius）以及阿勃韦尔的一名官员。位于瑞士的露西间谍团成员则没有那么有名和高效，比起他们为实现目标而采取的行动以及执行方式，其整体目标——向苏联传递情报，反抗希特勒——要宏伟得多。

间谍团以瑞士中部德语区的卢塞恩市（Lucerne）命名，由一位名叫鲁道夫·勒斯勒尔（Rudolf Roessler）的德国难民组织。勒斯勒尔经营着一家名为"维塔诺娃"（Vita Nova）的出版公司，该公司有时会出版反法西斯文学。瑞士军事情报部门的负责人准将罗杰·梅森（Roger Masson）通过勒斯勒尔与一家新闻剪报机构合作，说白了，该机构就是由军队情报部门资助的。弗里茨·提艾利上将于1940年与他接洽，传递有关反抗希特勒的情报，为此向他提供了一台恩尼格玛密码机和一台收音机，并将他的所在地指定成一个代号为"RAHS"的军事信号站，以便在不引起怀疑的情况下给他发送隐蔽信息。这些信息是从提艾利和他的同事菲尔吉贝尔在柏林负责的德国军方信号指挥部发出的，所以从未引起怀疑。传给勒斯勒尔的信息随后转发给瑞士的军事情报部门及其负责人罗杰·梅森。梅森进而将其中的一部分传递给英国人，而勒斯勒尔的同事亚历山大·雷多（Alexander Rado）则将情报传给他所属的苏联军方情报机构格鲁乌。由于梅森是通过一个被剪去的第三方联络人从勒斯勒尔那里获得情报的，所以他以卢塞恩市来命名这个联络人，将其称为"露西"。

露西间谍团是否让苏联人事先知道了巴巴罗萨计划？在传递那两位柏林信号军官发送的、有关希特勒针对斯大林格勒和高加索地区发起的蓝色行动的情报中，是否起了重要作用？而且，最重要的是，在他们每月处理的数百条信息中，勒斯勒尔和雷多的间谍团是否将德国的"堡垒行动"（Operation Citadel）——这次大规模行动最终失败，在 1943 年导致了库尔斯克战役——提前告诉了苏联人？1942 年冬，德国人开始知道了雷多间谍网络传输的信息，并开始通过阿勃韦尔的反间谍局采取措施。在多次尝试渗透该间谍网络后，他们成功地向瑞士施加压力，将该间谍网络关闭。1943 年 10 月，露西间谍团的无线电发射器被关停，一些重要的间谍人员被捕。1944 年夏，露西间谍团中参与了其他反纳粹活动的德国成员在七月暗杀失败后被捕，露西间谍团也随之解散。

露西间谍团、布莱切利园，以及 1943 年库尔斯克战役

露西间谍团实现了哪些目标？苏联招募来在布莱切利园破解德国空军信号的特工约翰·凯恩克罗斯（John Cairncross）是否真的向莫斯科泄露了德国的库尔斯克战役计划？温斯顿·丘吉尔是否想要通过隐秘的方式将厄尔特拉材料交给苏联人？历史上关于这些问题的争论相当多。

1943 年 2 月，德国军队在斯大林格勒已经被击败，苏联红军在整个南部集团军群的活动区逼退了他们。3 月，德军发动反击，并在乌克兰南部的库尔斯克市附近建立了长 120 英里的突出部战线。希特勒知道盟军准备在 1943 年反攻西西里岛或意大利本土，因此，就他而言在东部阵线上发起决定性反击的时间有限。这次反击行动被命名为"堡垒行动"，旨在突破苏联红军对库尔斯克突出部的包围。德国军队聚集了将近 80 万人、3000 辆坦克和 2000 架飞机，但不及苏联的近 190 万士兵、5000 辆坦克、25000 支枪和迫击炮，以及 3000 多架飞机。苏联军队构建了一个宽 12 英里的防御系统，并且在部分地方阵线上每隔一英里就

埋下1500个地雷。突出部的两侧都可以看出德国的目标是什么：7月4日，德国军队以钳形攻势攻击了库尔斯克突出部的两侧。尽管一开始德军装甲部队取得了成功，但在苏联红军发动反击三天之后，德军的袭击行动陷入了困境。7月10日，盟军登陆西西里岛，希特勒命令手下将军停止进攻，将党卫队的装甲师调至意大利，以击退登陆意大利半岛的盟军。与斯大林格勒战役和"巴格拉季昂行动"一样，库尔斯克战役对希特勒来说是一次惨烈而打击甚重的失败，标志着他在苏联的战争失败。

苏联人是否提前知道了德国的进攻计划？关于这个问题，主要有三种理论。首先是盟军让军情六处通过露西间谍团向莫斯科发送军事情报，这种方式不会让德国人知道盟军已经破解了恩尼格玛系统。然而，曾在布莱切利园当过密码破译人员、后来研究"二战"中英国情报部门的历史学家哈里·辛斯利（Harry Hinsley）却说："英国当局利用露西间谍团向莫斯科转发情报，这种广为流传的说法毫无真实性。"[1]

自1941年6月以来，英国就一直通过驻莫斯科大使馆和军事代表团向苏联人发送厄尔特拉材料，但是1942年夏天之后，他们发现苏联人并不想要这种互惠，所以最终将这些信息的数量减少到了可以忽略不计。

第二种理论是，布莱切利园的非官方渠道向苏联人提供了情报。从1942年开始，德国国防军最高统帅部开始使用一种被英国人称为"金枪鱼"（Tunny）的机器[1]，与战场上的集团军群指挥官通信。布莱切利园研发的首台电子数码计算机——巨人计算机（Colossus）从1943年开始解密德国人的"金枪鱼"信息。曾在剑桥大学学习过现代语言的苏格

---

[1] 洛仑兹（Lorenz）SZ-40/42机器是一款可以加密电传打印机信息的密码机，是一款比恩尼格玛密码机更复杂、更强大的设备。"SZ"指的是"加密附件"（Schlüssel-Zusatz）。它从1941年与1942年之交开始投入使用，被德国国防军最高统帅部用于柏林与各个集团军群、希特勒及其将军之间的通信。布莱切利园的密码破译人员破解并阅读了其加密信号，将这个机器和它加密的信号称为"金枪鱼"。

兰人约翰·凯恩克罗斯最初被征召至英国皇家装甲军,但因为会说流利的德语,后来被派到了布莱切利园的政府密码学校。他在三号木屋里工作。他不但是苏联特工,也是所谓"剑桥五人组"(Cambridge Five)之一,对此,他的上级并不知情。他因热爱音乐,所以以"李斯特"为代号。凯恩克罗斯将解密的"金枪鱼"信息藏在裤子里从三号木屋带出去,到布莱切利车站后,将之装进包里,去伦敦与克格勃的联络人会面。

第三种理论是,巨人计算机解密的"金枪鱼"信息提交给了布莱切利园的盟军情报官员,以此为基础撰写的报告被提供给了苏联人。他们将之说成是常规的信号传输,以此掩盖其原始来源——厄尔特拉材料。布莱切利园许多原始的"金枪鱼"文件都在战争结束时被销毁,但是有一份文件得以保留下来。这份文件的日期从1943年4月25日开始,来自德国南部集团军群,由德国国防军军官马克西米连·冯·魏克斯(Maximilian von Weichs)签署。通过它,英国情报军官知道了德国机密军事行动的细节;德国军队进攻库尔斯克的两条路线,即北线和南线。然后,一个基于这份文件的报告通过官方渠道传送给了斯大林。[2]然而,苏联的文件则声称凯恩克罗斯的报告产生了预期结果:

> 1943年最珍贵的"关于德军工作的文件材料"是布莱切利园的凯恩克罗斯提供的已破译德国文件……他提供的德国空军材料发挥了至关重要的作用,让苏联空军能够先发制人,向德军飞机场发动大规模攻击,摧毁敌军飞机500余架。[3]

然而,在德国的密码破译方面,露西间谍团对于七月暗杀后统帅部密码局的遭遇有着很大影响。而且,正因为露西间谍团,第三帝国密码分析机构的工作成果在此后几乎没有任何战略或战术作用,许多重要的情报工作人员也在1944年7月被清洗。

党卫队、希特勒、莱因哈德·海德里希、里宾特洛甫和希姆莱都从未信任过统帅部密码局或泽德局的密码破译人员，这也是戈林和党卫队要自己设立密码分析机构的主要原因。正如前文所述，威廉·芬纳早在1937年就被指控过有反纳粹观点。在七月暗杀的余波中，威廉·芬纳的两名上级将军被处死，经一名同事提醒，他想起六年前他曾随口贬低党卫队情报机构——保安处的事情。芬纳和他的同事们早就知道，第三帝国确实在尝试监听一切。

因为统帅部密码局要负责破解阿勃韦尔拦截的部分信号，还因为阿勃韦尔及其负责人威廉·卡纳里斯被怀疑密谋反抗希特勒，所以统帅部密码局也遭到了怀疑。泽德局在此时已经几乎没有任何战术和战略影响，首先因为其领导人已经习惯于篡改他们从解密信号中获得的部分情报，其次因为当该机构的情报送达里宾特洛甫和沃尔特·舍伦贝格的办公室时，因担心愈发愤恨和疑虑的领导发怒，为了不让其知道，秘书会将其中四分之三扔进垃圾桶。1943年底和1944年初，盟军在大西洋海战中逐渐获得优势，监视局的战略作用也基本上中止了。然而，特拉诺和他的团队得到卡尔·邓尼茨的领导和保护。随着战争朝其最终结局发展，他更加紧密地靠近了希特勒，也像希特勒那样，越来越不关注军事行动和战略现实，而是期待像火箭弹和巨型潜艇之类的特效武器，能最终为德国赢得战争。

1943年10月，阿勃韦尔给指挥部发送了一条可能含有爆炸性情报的消息，但指挥部几乎没有反应，很少有人相信这条情报。当时，瑞士的阿勃韦尔机构收到一位在美国的特工发送来的信号，这名特工是美籍瑞士人，在华盛顿的美国海军部工作。阿勃韦尔强调他是他们在北美最优秀的特工，那份报告上说："英国人的'情报海军局'为他们打击德国U型潜艇提供了杰出的帮助。"[4] 正如我们所知道的，在发现盟军可能已经破解了恩尼格玛系统时，邓尼茨偶尔会下令对该系统进行安全审查。看到阿勃韦尔的报告后，邓尼茨又下令检查恩尼格玛系统的安全性，但是由于这条信号并未直接提及恩尼格玛系统，还因为它来自阿勃韦尔以及他们在苏黎世的特工汉斯·贝恩德·吉塞维乌斯，所以他们并未采取措施来改进恩尼格玛系统。可能存在的情况是，那名美籍瑞士人知道英国人破解了瑞士的恩尼格玛系统——该系统被用于从伯尔尼发送加密外交信号到伦敦和华盛顿，出于机密和安全的考虑，他认为英国人也破解了德国的恩尼格玛系统，并且尽可能地提出了清楚而强硬的警告。

到了1944年秋天，一切都太迟了。终点已经到来：此时无论德国密码破译人员收集盟军情报有多快、多仔细、多隐秘和高效，这些情报几乎都没有用了——第三帝国将情报转化为战略和战术行动的能力正在消失。统帅部密码局的组织架构和任务因希特勒遇刺而在1944年夏天发生了重大变化。鉴于统帅部密码局之前对军队里的所有密码机构都有管辖权，1944年夏天以后，它不再作为服务机构运行，而是为密码研发、信息破译，以及相关机器设计及制造的所有工作制定政策，执行初级管理。它的组织架构也有了巨大改变，新任指挥军官更加关注密码破解和翻译部门，职员的级别也变得更高。尽管它下属的密码分析部门仍尽全力继续运转，但是越来越多的德国装甲军和步兵部队在战场上只求活命，没有新研制的火箭弹、全新的潜艇群、喷气式战斗机或令人惊讶的密码破译成果可以帮助他们。就像第三帝国一样，他们已经孤立无援。

第二十三章　第三帝国的崩溃

费迪南德·费希特纳少校在1943年底将科斯岛和莱罗丝岛的战役描述为"德国的最后一次好运气"。不久之后，他在德国空军中的大部分信号拦截部队就从爱琴海诸岛撤回雅典，从雅典赴港口萨罗尼加（Salonika），后又搭乘向西北进入南斯拉夫的车队，于1944年1月抵达了塞尔维亚的潘切沃（Pancevo）。尽管在他眼里潘切沃是个没有下水道系统和硬化街道的塞尔维亚式城镇，但正是在这里他和他的部队首次得到了足够的食物。巴尔干食物帮助了他的部队继续工作，他们再次搭建起无线电拦截设备，扫描天空，搜寻盟军的轰炸机和战斗机，将报告发送给位于罗马尼亚、匈牙利、希腊、阿尔巴尼亚和保加利亚的德国战斗机指挥部。他们从行动区域内被击落的敌军飞机里获得了包含敌人无线电呼号的文件，并因此得到了很大帮助。他发现，被俘获的美国飞行员接收的无线电安全培训很到位，不太肯透露消息。费希特纳也继续保持了坚定的军事纪律意识——那年春天，一名党卫队军官给他写信，抱怨说他在费希特纳部队里服役的儿子还没有升级为军官。费希特纳回信解释了他儿子的性格弱点。

七月暗杀发生后，费希特纳和他的手下十分震惊。后来不久，他就注意到纳粹党开始往军队各个层级安插所谓的"政治委员"。在东线，苏联红军的"巴格拉季昂行动"取得巨大成功，击败了德国的中部集团军群，向西逼退了德国国防军，使之撤到明斯克。七月暗杀发生五天后，苏联军队解放了马伊达内克集中营（Majdanek concentration camp），控制了波兰的几个主要城镇。8月25日，盟军解放了巴黎，苏联红军向罗马尼亚首都布加勒斯特逼近。

"布加勒斯特此时是个火药筒，"费希特纳说，"它势同法国，只是威胁它的是外部敌人。普通德国士兵此前赢得的尊重，被纳粹党的浮华、愚蠢削弱了。"[1]

到了8月的最后一个星期，罗马尼亚突然崩溃，费希特纳的部队不得不拼命撤离，在苏联红军于8月31日进入布加勒斯特之前成功逃离。他们再次向西撤退，去往奥地利东南部的格拉茨（Graz）。在这里，他们几乎没有时间安装无线电拦截设备，甚至一位纳粹党大区长官为了阻挠他们在此安营扎寨不给提供像样的住宿，费希特纳"很讨厌"格拉茨这名年轻的大区长官，"尽管他说我可以带着我的士兵躲起来，但他最后还是像其他懦夫那样听了我们的话"。[2]

苏军在逼近。到了10月1日，秋天才开始，已经有炮弹在格拉茨背后的乡村爆炸了。数千名难民开始到达格拉茨，他们都是来自塞尔维亚、匈牙利和罗马尼亚西部交界处乡村的德意志人。费希特纳的部队又向西撤退，长征三年半后，他们首次回到了祖国。"我们现在要守卫祖国，而我自己仍然像以前国家防卫军士兵那样过着有良心、有纪律的生活。"[3]

德国空军在阿尔巴尼亚首都地拉那（Tirana）的信号分站被游击队占领后，于11月17日倒塌。他们又在南斯拉夫的波斯尼亚人领土上设立了暂时的信号分站，但是这个分站在游击队的攻击下只支撑了六个星期。到了1944年圣诞节，苏联军队开始围攻匈牙利的布达佩斯，所以费希特纳选择去位于匈牙利偏远地区的前哨基地，与士兵们共度节日，希图提升他们的士气——确保他们至少有葡萄酒和香烟。看着士兵们很开心地过节，他说这是他记忆里最美好的一个圣诞节。此时，美国飞机却正在大规模地攻击奥地利,而且在 1945 年初,苏联军队进入了格拉茨所在的施蒂里亚州(Styria),费希特纳和他的部队只好朝上奥地利州(Upper Austria)撤退,去往有一个巨大蓝色湖泊的阿特塞(Attersee)。

由于在西边受到盟军攻击,东边受到苏联人攻击,再加上国境内不断遭到轰炸,第三帝国逐渐崩溃。此时,同盟国各国领袖在克里米亚的雅尔塔举行会晤。罗斯福、丘吉尔和斯大林从 1945 年 2 月 4 日开始会谈了一个星期,讨论击败德国后对它的占领。此时,美国、英国、加拿大和法国军队都在进入德国。东方战线上,苏联红军格奥尔基·朱可夫(Georgy Zhukov)元帅的部队离柏林只有 40 英里,并且已经解放了波兰、保加利亚和罗马尼亚的大部分地区。德国军队控制着挪威、荷兰的部分领土,丹麦、奥地利全境,德国的大部分区域,意大利的北部,以及南斯拉夫靠近奥地利边界的部分领土。

在雅尔塔,美国人最想要的是苏联帮助他们对抗日本,想要苏联人加入联合国;丘吉尔坚决要求东欧和中欧各国,尤其是波兰,成立民主政府,实行自由选举;斯大林则想将苏联势力范围渗入东欧和中欧,他还坚持不接受波兰流亡政府的要求,认为苏联要保留他们在 1939 年根据《苏德互不侵犯条约》获得的苏联西部领土。波兰新政府可以将波兰西部边界扩展到以前德国的领土上。斯大林承诺在波兰举行自由选举。后来成为美国国务卿的詹姆斯·F. 伯恩斯(James F. Byrnes)也参加了这次会议,他回忆说:"问题不在于我们要让苏联人做什么,而在于能够让他们做什么。"[4]

在战争的这个阶段,德国的密码破译行动大多都已中止,因为要么是位于德国的指挥部持续受到轰炸,要么是信号部队——如费希特纳的部队——都在忙着拼命战斗,计划撤回德国。但是,在被苏联红军围攻的布达佩斯,一小支匈牙利密码破译部队仍在顽强地尝试拦截盟军和苏联军队的信息。

党卫队突击队大队领袖乌尔班[5]是德国国家保安总部和匈牙利密码局间的联络官员。他负责情报收集，管理特工，还负责将匈牙利人拦截的信号——主要来自破解土耳其驻伦敦、华盛顿、巴黎和莫斯科大使馆发送的外交信息——翻译成德语。这些信息正是德国外交部信号情报机构泽德局在战争初期尝试阅读的信息。乌尔班的主要情报来源是匈牙利人和芬兰人，即使是在战争的最后一年，他在布达佩斯的盟友每天也能成功破解40至100条信息，其中最佳的情报来自土耳其的外交通信。蒂图斯·瓦斯（Titus Vass）中尉是匈牙利最优秀的密码破译人员。1944年11月，在苏联军队朝布达佩斯逼近时，整个匈牙利参谋部决定向西移动到奥地利，信号拦截和密码破译部队也随之而去，他们还带去了部分档案，到了1945年3月，依靠马拖车拉最终抵达了多瑙河岸边的巴伐利亚城市帕绍（Passau）。

匈牙利人拦截的土耳其外交信息中包含了雅尔塔会议的部分内容。它们被转交给乌尔班，由他翻译并发送给国家保安总部和统帅部密码局，最后被送到了希特勒的地堡里。它们以备忘录的形式呈送给陆军最高指挥部、国防军最高统帅部和元首的指挥部。呈送给德国国防军指挥参谋部的那份备忘录被退还给了统帅部密码局。上面写了两条批注，一条由约德尔签署："统帅部密码局的克特勒（Kettler）上校应该放下正做之事，另谋它就。"[6]一条由希特勒指挥部的党卫队联络官和代表赫尔曼·菲格莱因（Hermann Fegelein）准将签署："元首也持同意意见。"此时，第三帝国已经用手紧紧捂住了自己的耳朵。[7]

*　　*　　*

即使到了战争末期的此时，邓尼茨上将也仍然坚信新武器能够帮助他们赢得这场已经明显输掉的战争。他在1943年7月制定了海军军备建造新项目，计划1948年前建成2400艘新U型潜艇。1945年2月，他宣布有了新型号的潜艇，甚至还告诉希特勒说这种新的XXI型"电潜艇"能够在水下从德国航行到日本。第一艘这种潜艇迟至1945年4月30日才起航，那些早该可以帮助第三帝国避免失败的新武器，出来得都太晚了。费迪南德·费希特纳在3月参加会议讨论Me-262喷气式飞机的研发时，他用这种飞机对比了他周围的混乱和崩溃情况。4月的第一周，他目睹了德军在苏联军队逼近时撤离维也纳的情形：他看见，身穿制服的大多数德军，因为多年来的懒散和放纵，都完全没有了荣誉感和责任感。曾经为德国空军信号机构工作的女性辅助人员，现被撤职，流落大街，身无分文，像普通人那样对苏联红军的逼近十分恐惧。费希特纳在又一次撤离的时候，尽可能多地将这些女性装进他部队的卡车里。他们这次是因为游击队袭击越来越多，所以撤离到蒂罗尔州（Tyrol）的卡纳泽伊（Canazei），他的一个营仍然在那里坚守，尝试开展工作。格拉茨附近的老年和青少年男性被强制征召，每人分到五颗子弹和一支意大利步枪，归那名当年春天早些时候阻挠费希特纳的纳粹党大区长官指挥。美国军队猛攻进入奥地利，费希特纳突然发现，大势已去，一切都结束了，战争已经失败了。Me-262飞机这样的革命性武器不会像纳粹党梦想的那样，成为第三帝国的"神奇装备"。在陆地上，随着美国坦克和士兵横扫奥地利，像费希特纳部队那样的德国军队开始认识到了战败的严酷现实。他带着部队去了巴伐利亚的阿施巴赫（Ansbach）——美国陆军设立的一个集中地区。在这里，一些英国皇家空军的军官——费希特纳说，他们"震惊"于抓获的部分士兵——初审后以为发现了一个间谍机构。5月1日，元首在柏林自杀和苏军占领柏林的消息传来，费希特纳有了一种投降的强烈冲动：

> 德国的生活方式是赤裸裸的，德国国防军是秩序的源泉，军队

里的规矩和纪律已经被摧毁。苏联人、英国人、法国人和美国人接管了德国,但是我担心那些落到苏联人手里的德国人永远不会在欧洲国家的共同体中有任何形式的生活。对我而言,我希望能够靠双手为我自己和国内的亲属构建一种朴实的生活。[8]

* * *

东线战场上,汉斯·艾克中校目睹了"巴格拉季昂行动"后德国阵线的溃败和撤退。在苏联军队逼近时,他尝试将德国空军的所有信号情报整合成一个团。到了 1945 年 1 月,他已将部队和设备转移到了柏林以南的一个区域,然后一直到 4 月都驻扎在德累斯顿(Dresden)附近,盟军的空袭使其损失惨重。德国投降后,他像费希特纳那样,也撤到了奥地利阿施巴赫的一个集中区域。就像德国军队的许多士兵那样,他庆幸于自己还活着,且身在盟军的占领区。关于这场战争,他最后说,他带的 600 名士兵都得到了安置,纪律良好,没有人脱逃,没有人受过惩罚,而且大家都有足够的食物。对他来说,这是一段美好的回忆。[9]

艾克的空军同袍瓦蒂姆·赫罗尔德也从苏联向西撤离,在奥地利与艾克同属一个集中区。赫罗尔德没有任何政治追求,尽管他觉得对国家军人职份已尽,但还是有必要对苏联布尔什维克主义开战。正如那些德国军人和平民所担忧的,他也特别担心被困在苏联红军占领下德国领土上和其他国家的家人,尤其是身处苏联占领区的妻子。在法国服役的马丁·路德维希也有着相同的命运。在被调回德国后,他最终也身处奥地利,但是从 1945 年 2 月开始,他就没有收到妻子和四个孩子的消息了。

* * *

1944年7月20日希特勒遇刺后，威廉·芬纳和他在统帅部密码局的同事不得不双线作战，其中一个战线比另外一个要危险得多。他仍然在开展工作，只是他的反纳粹名声正让他的处境越来越危险。此外，盟军的轰炸也给他带来了危险，其办公大楼在1943年底被严重炸毁，所以，他们只好移动到了哈雷，暂时不用在寒冷的环境中顶着空袭熬夜工作。尽管如此，整个部队的产出只降低了四分之一或三分之一。1944年7月之后，芬纳被指控在多年前诋毁党卫队情报部门，进而被怀疑在某种程度上参与了七月暗杀。后来，他又被人指控通过推荐所谓"低劣"的、无法恰当完成任务的系统，蓄意破坏第三帝国的密码分析成果。"一切归咎于一名狂热的、很有野心的纳粹党员，"他说，"是沃尔特·舍伦贝格保护了我。"[10]

党卫队准将沃尔特·舍伦贝格此时已经接管了该信号情报机构的大部分工作；七月暗杀后，阿勃韦尔的部分工作并入了国家保安总部，因为希姆莱和希特勒不再信任阿勃韦尔的负责人威廉·卡纳里斯。其他方面，舍伦贝格据说还以他那个所谓的"堡垒办公桌"而闻名，此办公桌装有两个自动武器，只要按下按钮，就可以开火。[11]"他保护了我，"芬纳说道，"弗里茨·提艾利上将在被绞死以前也保护了我……他们想要接管统帅部密码局、空军新闻局、监视局和泽德局，将之整合成一个机构，交给我领导，特别肯定地将戈林的研究局排除在外。"

1945年4月13日，统帅部密码局里不愿回家的职员搭乘军用列车去了奥地利萨尔察赫河（Salzach River）边上的韦尔芬（Werfen）。在这里，部分文件和材料要么被扔进萨尔察赫河，要么被烧掉。5月6日，尽管此时德国已经战败，战争已经结束，但名义上还是文员的芬纳被调到了预备部队。根据他的叙述，5月19日，他乘火车去了巴伐利亚的兰茨胡特（Landshut），21日，在施特劳宾（Straubing）离开了预备部队。第三帝国没法再监听，但是它即使灭亡了也仍然能管理其官僚体制。

芬纳找到了一份修理汽车和自行车的工作。战争结束时,他常常想念本该 5 月就满 21 岁的儿子西格瓦特·海因里希(Siegwart Heinrich)——德国国防军大德意志师(Grossdeutschland)一个部队里的中尉,1945 年 2 月 19 日,受伤后在医疗列车上死亡,被葬在巴伐利亚的安贝格(Amberg)。

第二十四章　拥有密钥的人已经逝去——蒂康调查

美国和英国目标情报委员会（即蒂康团队）调查人员在1945年进入德国和奥地利，德国海军的信号情报是他们的首要调查目标之一。委员会共有六支队伍，第六支队伍叫联合海军目标调查队（Joint Naval Target Reporting Team），其目标是通过确认和"消除"德国海军信号情报机构的工作人员和设备，破坏他们的信号情报工作能力。想以缴获设备和审讯工作人员，搞清楚德国海军情报机构在战争中的成功程度。最初，他们认为，找到德国人的设备比抓获相关人员更容易。六队里有六名美国和英国海军军官，全都接受过两个月的信号情报识别课程，还有两名英国皇家信号军团的军士，以及两名信号发送员。在跟随第21集团军穿过欧洲西北部的最初几周里，队伍里总共有13名军官。

4月10日，离开英格兰前，六队的军官与伊恩·弗莱明中校在伦敦海军情报部门主任的办公室开会，弗莱明向他们介绍了任务目标。然后，他们前往荷兰芬洛（Venlo）与英国皇家海军陆战队的三〇突击队会合，该突击队将会协同他们，在他们尝试俘获敌方信号人员、没收文件和设备时为其提供安全保障。他们最初的目标是德国海军总司令部由威廉·特拉诺负责的密码分析部队——海战指挥部四处三组。他们此前收到报告，知道战争末期海战指挥部四处三组研发出一种叫作"河道"的加密系统，其目的据说是替代部分恩尼格玛加密系统。

5月6日，战争才结束几天，他们就到达了汉堡，此时的德国满目疮痍，一片混乱。来自第 21 集团军的盟军部队正在控制德国的西北部，德军部队或投降，或被俘，或进行无望的斗争，或逃亡。六队抵达汉堡以北的新明斯特，发现监视局的人员已经在 4 日离开，去了北边靠近丹麦边界的弗伦斯堡。5 月 7 日，他们抵达还未被盟军占领、远至波罗的海沿岸的基尔。在不来梅港（Bremerhaven），三〇突击队的一支队伍攻下了一艘德国驱逐舰。8 日，蒂康团队找到了"河道"加密系统的编码表，并立即将它寄回了英格兰。英国和美国的情报军官在突击队员的陪同下向前推进，审讯一路上抓到的士兵、水手和平民。17 日，他们撞上了好运气，在丹麦边界上的弗伦斯堡 – 米尔维克发现了一支德国海军情报小分队。这支小分队生活在监视局原指挥部的一个信号学校里。蒂康团队的军官决定审讯每个德国士兵，其中还有一名海军上将。"我们决定审讯每个人，如果他（那名海军上将）配合，那么我们就表现得热心友好；如果不配合，我们就会毫不客气。他特别害怕，极其礼貌，所以我们也很客气。这次会谈便奠定了基调。"[1]

那些情报军官和突击队员在港口里的船上过夜，并突击搜查了鱼雷测试站，行动迅速，审讯目所能及的目标人员。5 月 19 日，团队里的几名军官发现了统帅部密码局的克特勒上校。克特勒交代了两件事情：首先是在哪里能找到他们的首要目标——埃里克·许滕海因和瓦尔特·弗里克；其次，他说有文件和装备被扔进了施利尔塞湖。21 日，他们找到并审讯了许滕海因，当时许滕海因的部队正在汉堡 – 美洲航运公司（Hamburg-Amerika line）停泊在弗伦斯堡港口里的卡利比亚号（*Caribia*）邮轮上休息。

弗伦斯堡此时仍然是纳粹德国临时政府——"弗伦斯堡政府"的指挥部所在地。在希特勒自杀前，任命卡尔·邓尼茨为其继任者，邓尼茨于是集结一小群忠诚的纳粹官员，组成了这个政府。就要向同盟国正式投降了，而这个"政府"却什么也不能做，只能尽可能长时间地拖延投降谈判,让尽可能多的德国军人和平民能够朝推进的盟军逃离,远离苏联军队。5月7日和8日,德国与同盟国签订了正式投降协议。德国所有武装部队的无条件投降在中欧时间1945年5月8日晚上11:01生效。

邓尼茨仍然身处德国北部的指挥部,在弗伦斯堡的郊区米尔维克设立了一个海军信号学校。学校旁边充斥着大量藏匿和避难的士兵、水手、党卫队员和平民,他们急切地希望盟军能早点到来。他们很幸运。5月23日和24日,英军袭击了这所信号学校,一个英国皇家空军的分队抓获了邓尼茨。蒂康团队控制了学校中找到的几名重要目标,其中之一便是威廉·特拉诺。"24日,我们审问了特拉诺……经过最初的些许劝说,他很快就进入了状态。"[2]

特拉诺最初交代,所有与监视局信号情报和密码分析行动有关的材料都已被销毁,但是后来所说的一些细节表明,其实有部分文件保存在监视局某个指挥部的防爆、防火保险柜里。第二天,又有一名德国军官承认曾在新明斯特和托尔高(Torgau)丢弃过材料。托尔高位于易北河岸边,4月25日,美国和苏联军队曾在此地会师。

审问威廉·特拉诺的同时,也审问了另外四名监视局的工作人员、两名海军军官,以及两名平民。[3] 审讯时,特拉诺这样说道:

> 其实早在1938年我们就破解了英国的加密系统。战争初期,我们利用这方面的知识,能够阅读英国人的信息。在战争开始时——我想是1939年8月25日——英国改变了所有的密码系统。当时我们的力量还没那么强,没法破译收到的所有材料。我们将力量集中在《行政编码》上。这是一份五位数的编码,使用减数表二次加密。没过多久,差不多八天之后,我们就取得了进展,能够轻松地阅读这种编码……

特拉诺接着描述了监视局的早期密码破译成果、海军密码、指示码、人手短缺、人员扩张，以及"挪威行动"等情况。

> 与"挪威行动"有关的重要信息，几乎没有我们不能阅读的……我们还实时阅读了三月的计划，在"挪威行动"期间，我们甚至能实时阅读所有信息。

特拉诺知道后面还有若干次审讯，所以尽管他很乐意告诉审讯人监视局的成果，但是在说到如何实现这些成果时，他却言辞模糊。一方面，他对自己部门的好运气很是满意，一方面，却又予以否认：

> 直到1941年12月底，我们还能轻松地阅读（英国海军密码）。应该是1941年12月1日，我们从图卜鲁格（Tobruck）获得了少量的《海军编码》，没有得到任何加密表，只得到了编码簿。我们本来就破解了编码簿，所以这也没有什么重要性。

倘若审问他的那些美国和英国军官对监视局的效率和能力有任何疑问，他也会偶尔提醒他们：

> 1942年1月，英国的《海军密码》和《海军编码》都进行了彻底的更改。我们在十天的时间里就能够阅读部分《海军编码》了……

就像一个能打一手复杂桥牌的有能力玩家一样，他继续描述了各种编码和对它们的解密，然后又谈论了大西洋船队。

1941年10月，英美之间通信开始使用《海军密码》。使用这种编码加密的通信最初很少，但是，我们发现你们仍在使用旧系统，也就是那种生效期截至1941年1月的五位数指示码。

"你是指它重新被使用？"审讯军官问道。

是的。没过多久，我们就确定了这种编码被用于船队护航舰，所以我们就特别注意它，尽管我们收到的材料很少，但我们还是在1942年2月和3月取得了很大的进展，只要北大西洋、太平洋、南大西洋上的船队使用了这种编码，我们就能阅读其信息。在许多情况下，我们能够及时地知道船队的日程安排。

审讯人拿起铅笔，在打印出来的五行文本旁边画线，强调它们的重要性：

1942年6月，用于其他编码的相同指示系统开始使用。这没有给我们造成麻烦。我们继续收集密码。我们对密钥的破解程度如此之高，以至于我们有时能阅读整个材料的80%，而且这种情况一直从1942年中期持续到大约12月15日……

特拉诺解释了行政管理上的难题，以及人手的短缺，同时，也说明了所辖部门是如何克服这些障碍的："我们从现役部队中招人。"

"你们始终能够成功招到人，还是会遇到困难？"审讯军官问道。

总是有行政管理上的难题。很难让外行明白雇用700人来从事这种工作的必要性。只有在自己的部门领导那里，我们才能得到理解，在行政部门那里却很难得到认同，因为现役部队里也需要人手。那些从前调来的人，其中有些是专家。在新人到来，并接受了短暂的培训后，我们又能够在破解《海军编码》和《美国海军密码》的工作上取得进展，经常能够迅速破解北大西洋上我们感兴趣的所有信息——在北大西洋上，西方航道和哈利法克斯的常规电报，以及发送自纽约的"船队航行"电报，对我们都很有用——我们经常能够提前一二十个小时获得情报。直到1943年6月初，我们对整体情况都很了解。

特拉诺说，因轰炸被迫离开柏林后，监视局将部分文件留在了梅塞达姆（Messedamm）上的一个防弹地窖里。并说，这个地窖在布雷特施奈德街（Bretschneiderstrasse）无线塔附近，靠近维茨莱本（Witzleben）车站和丝绸工业公司（Silk Industries House）。

"你们有没有留下我们的全部信号文本？"审讯军官问道。

"没有，"特拉诺狡猾地回答，"只留下了重要的。"

然后，他描述了自己的部队在战争末期漫无目的地移动，职员人数在250人左右波动，还不时地提及一些文件证据和材料，其中，有些已经被销毁，有些则被保存下来，没人确切地知道其处何所。当审讯人员问他是如何破解盟军系统的时候，他描述了自己团队的运作方式，立即说没有留下与破解方法相关的记录。在继续审问监视局的文件和档案放在什么地方时，特拉诺的一名同事直接说，被销毁的不仅是所有的原始文件，还包括任何可能存在的复印件。他的另外一名同事——一名海军上校——说所有文件都已经被销毁，连一张纸片都没有留下。一切都被烧毁了。

特拉诺后来详细讲述了他们在芬兰人的协助下破解苏联编码的事情，讲了他们如何破解西班牙和意大利的编码。这让审讯军官特别清楚地知道了特拉诺及其团队的成果，但是并不清楚他们是如何实现这些成果的，也不知道是否存在任何还未被销毁的记录。威廉·特拉诺和他的团队在第一轮审讯中狡猾地胜出了。

对特拉诺的审讯还在继续，他继续向审讯军官讲述监视局的成绩，但是很少提及破解之法。1945 年 6 月 30 日，埃里克·许滕海因和瓦尔特·弗里克都被送去了英格兰，接受进一步的审讯。

* * *

在更南边，另外三支蒂康行动队伍正在工作。美国和英国军官的目标清单上包括了日本大使大岛浩，以及在巴德加施泰因那个酒店中被发现的其他日本外交人员。此外，这个清单上还包括希特勒在贝希特斯加登的指挥部、戈林的列车、里宾特洛甫的别墅、巴伐利亚的一个党卫队指挥部，以及向西撤退的德国空军第 350 信号情报团在因斯布鲁克（Innsbruck）附近最后一次已知的停留。

正如蒂康行动中一名军官汇报的那样，有些队员为了克服遇到的所有困难，采用一系列虚张声势和生夺硬抢的方法。那些英国和美国军官所执行的是一次没有约束的任务，他们必须临场发挥，寻找线索。他们将日本外交人员关押起来，送回美国。在上萨尔茨堡（Obersalzburg），一名蒂康行动的军官穿着他抢来的德国军官长筒军靴，指导手下搜查了一个党卫队军营下面的地道，但是什么都没有发现。此时已经是 5 月 21 日，他们仍一无所获，另外一个蒂康行动的队伍则即将在施利尔塞湖开始搜查[1]。

5 月 22 日，一些被俘虏的德国技术人员说他们刚刚掩埋了部分技

---

[1] 在施利尔塞湖的搜查行动见本书的前言部分。

术设备。蒂康行动的这个队伍让他们再去挖出来，结果，获得了一整套名为"博多"的苏联电传打印加密和传送机器。这套设备在1870年由埃米尔·博多（Emile Baudot）发明，并因此得名。德国陆军密码分析机构情报侦察总部的一支队伍在苏联获得这套设备，将它一路运送到巴伐利亚南部，因有更要紧的事情去做，也为了不让盟军发现这套设备，他们便挖了个洞，将它埋了起来。尽管博多重达八吨，但蒂康队伍的军官依然确保他们能够想到的每个零部件都被挖出来，然后将那些沉重的设备零部件装到卡车上，再用飞机将之运回英格兰。

这支队伍没有放弃追踪其他线索，在一个疯人院里搜寻信号废弃物、审讯一名自称了解隐形墨水的党卫队士兵、搜查了外交部长里宾特洛甫的避暑别墅。当盟军士兵在附近飞机场将八吨重的"博多"设备装上飞机时，他们又有了一次好运气。飞机场入口正对面有六栋楼房，在其中一栋楼房里，他们发现了一份文件——正好是赫尔曼·戈林的研究局的组织架构草图。他们还发现了一名叫作夏尔佩（Schapper）的德国军官，据他交代，20世纪30年代，他因无法胜任统帅部密码局的工作，只好离开那里，加入了戈林的研究局。他说，可以在附近找到研究局掩埋的文件和设备。随之，他们去了那个掩埋处，并发现了一批密码破译设备，以及来自德国各个信号情报机构和欧洲各国驻德国大使馆的解密信号。蒂康行动此时正在收集到越来越多的德国材料和设备。

上巴伐利亚的施特鲁布（Strub），他们搜查了纳粹党青年女性分支组织——德国少女联盟（Bund Deutscher Mädel）的学校。办公室里空无一物，只有几台没了转子和字轮的电传打字机。在一栋楼房的外面，蒂康行动的军官决定征用三辆奔驰汽车，却被一名德国军官阻止，他出示了一份由陆军元帅凯塞林（Kesselring）和美国第101空降师签署的文件。蒂康队伍所在的这个区域，就是美国第101空降师的占领行动区。"第101空降师已经接管了这个区域，"这支蒂康队伍的报告称，"但是有些德国人不相信战争已经结束：他们很粗暴，我们进退两难。谁会先用枪射杀我们？美国人，德国人，还是蒂康委员会？"

蒂康队伍俘获的那些德国军官说，布鲁塞尔的盟军指挥部用无线电命令他们停留原地，所以蒂康队伍只是将他们送去了施特鲁布。在这里，因他们庆祝得过头，结果两名军官摔断了腿，不得不被送去医院。甚至有名军官昏迷了36个小时，致使没法接受审问。与此同时，蒂康一队的美国和英国军官获得了他们自行动初期以来最重要的一次发现。从1945年至1947年，德国囚犯被审讯了数百次，每次都与上文中威廉·特拉诺描述的那次类似。只有在蒂康行动的人员确定他们要寻找的是谁，知道那些德国俘虏以前在哪个信号情报或密码分析机构工作，以及他们可能知道什么时，这些审讯才能有效进行。在巴伐利亚行动的最初几天里，1945年的暮春和初夏才开始伸出它们的手，握住了被战争损伤的、纤细的和平之臂，看它是否还有脉搏在跳动。

5月21日，蒂康行动一队的三名军官位于巴特艾布灵镇（Bad Aibling）的一个战俘集中营，这个城镇位于慕尼黑西北，是一个温泉疗养地，因含有泥炭的泥浆浴闻名。他们在寻找德国信号情报人员时，从一些囚犯那里得知一名战俘知道很多破解苏联信号通信的事情；那名战俘进而又说他在德国的情报侦察总部工作，知道关于"俄国鱼"（Russian Fish）——一种用于拦截苏联电传信号的德国宽频接收器——的所有信息。在罗森海姆，蒂康行动的其他成员命令战俘收集起12个大箱子和53个小箱子，总计重达7.5吨。蒂康行动的军官看着那些德国人将机器组合起来，然后这台机器很快就能开始拦截苏联人的通信了。

那些德国战俘和设备都被送去了奥格斯堡（Augsburg）的美国第七军指挥部，从那里被送往英国。蒂康委员会和美国军方审讯了那些战俘，其中一名战俘叫埃里克·卡伦贝格（Erich Karrenberg）。他在俄国出生和上学，后来成为柏林大学的艺术和音乐史教授，因为会俄语，被招募到情报侦察总部在东线上的一个窃听部队工作，后来负责研究"俄国鱼"设备，分析出这种设备每天的字母布局。蒂康委员会认为可能只有他才知道"俄国鱼"设备的细节，因此，卡伦贝格和其他曾经为情报侦察总部工作的囚犯，包括一名曾经负责破解苏联内务人民委员部编码的工作人员，都被送去了英格兰。他们在白金汉郡斯蒂普克雷顿村（Steeple Claydon）一处乡间小园重新组装了"俄国鱼"设备，将其中一个天线安装到一棵差不多100英尺高的大树上，立即就开始了拦截苏联无线电通信的工作，直到当地邮政局发来通知，说当地部分居民因受影响而接收不到BBC电台节目时，才不得不暂停这种高超的情报拦截行动。

在巴伐利亚，其他蒂康行动的军官去了希特勒以前的住所。尽管损毁很严重，但在希特勒的私人防空掩体里，他们还是发现了古典的手摇留声机唱片和金质画框，还发现了一台巨大的电话交换机。希特勒的私人指挥部现在是美国第101空降师的指挥部了，在山坡下的防空洞里面，他们找到了一份自20世纪30年代以来希特勒每天、每时的行动记录。在1945年的春末夏初，蒂康行动的各支队伍在德国南部和北部进行搜查、审讯、追捕行动，发现了第三帝国各个信号情报和密码分析机构的大量技术和人员信息。这项任务将持续两年，最后收集到了大量的材料档案。这些档案后来由美国国家档案馆保管，其所提供的技术信息促使盟军慢慢进入冷战。

离开贝希特斯加登后不久，蒂康行动的两支队伍乘坐征用而来、刷上美军白色星标的卡车，返回英格兰。其中部分卡车由德国战俘驾驶，当车队穿过比利时的一个城镇时，当地民众看到是德国人在驾驶美军的汽车，非常生气。美国军官列文森（Levenson）中尉被一名愤怒的比利时女性扔出的罐头盒砸伤——即使战争已经结束，蒂康行动队中还是有人受伤。

后记

重要人物在战后的情况

海因茨·博纳茨

1945年6月,这位德国海军监视局前局长受命指挥一支德国海军部队清理荷兰的地雷,这项任务直到1946年才结束。1946年8月,博纳茨被英国释放,后来写了两部关于"一战"和"二战"信号情报的历史作品。1981年,在德国维岑豪森(Witzenhausen)去世。

阿列克谢·德特曼

1945年1月至5月,德特曼被英国关押,1947年,投靠了美国。在1945年至1947年间,他为盟军撰写了多份关于情报侦察总部在苏联行动的长篇报告。审讯他的那些美国军官说:"基于其在管理部门的长期经验和实践,尤其是他连续不断地在这个行业的所有部门工作,在德国只有他能够撰写关于苏联所有军事和政治密码分析系统被破译可能性的报告。"

卡尔·邓尼茨

邓尼茨在纽伦堡审判中被判刑,因战争罪入狱十年,出狱后终身生活在汉堡附近的一个村庄里,于1980年去世。他的两个儿子都在战争中死亡,一人阵亡于U型潜艇中,另一人阵亡于被法国驱逐舰击沉的鱼雷快艇上。

费迪南德·费希特纳

蒂康档案里，关于德国空军信号情报部门的报告中，美国空军的报告撰写人这样描述费希特纳："他得到同僚军官的普遍赞扬，认为对德国空军信号情报部门的发展和成功做出了个人最大的贡献。"

邦纳·费勒斯

费勒斯荣获杰出服役勋章，因为在非洲所作的汇报工作而被提升为准将，加入战略情报局，后去日本服役。他是美国指挥部和日本皇室之间的联络官，强烈地争辩说，起诉日本天皇及其家人不符合同盟国的利益。1946年退役，1973年去世。

威廉·芬纳

1946年7月2日，芬纳在巴伐利亚修自行车时被抓捕。他表面上是纽伦堡审判中所需的证人，在施特劳宾的盟军监狱被关押至1946年8月，然后被蒂康委员会带往法兰克福附近上乌瑟尔（Oberursel）的美国陆军审讯中心，接受了长时间的审讯。

瓦尔特·弗里克

弗里克成为抵抗委员会的主要证人，指证了劳夫拦截站的运作情况。他的部分工作内容至今在德国仍是机密。

埃里克·许滕海因

许滕海因被蒂康委员会带去美国审讯。他为他们建造了一台机器，破解了苏联转子加密机的设定。1947年，他回到欧洲，之后就职于格伦组织（Gehlen Organization）。该组织是美国占领部门1946年6月在德国美战区设立的情报机构，由德国军队中曾经在东线战场服役的参谋组成。后来，他去了德国中央加密部（German Central Office for Encryption）工作——该部门是联邦德国建立的首个官方密码机构——在那里，与战时德国的一些最优秀密码专家，如阿道夫·帕施克、库尔德·塞尔肖、鲁道夫·肖夫勒（Rudolf Schauffler）和海因茨·孔策（Heinz Kuntze）一起工作。和战争期间不同，他此时的一个目标是让所有密码程序都统一至一个部门。

奥托·克雷齐默尔

这名传奇的潜艇指挥官击沉的盟军货运量超过 24 万吨。1955 年，克雷齐默尔加入新德国海军，1970 年，以上将军衔退役。1998 年夏天，86 岁的他在巴伐利亚乘船度假，庆祝结婚 50 周年，却在多瑙河上遭遇事故身亡。他的遗体被火化，骨灰被撒入大海。

布鲁诺·克罗格

战争结束后，这名努力破解瑞士恩尼格玛机密的德国人提议要为美国政府服务。至于美国政府是否接受了他，则没有相关的记录。

沃尔夫冈·马提尼

马提尼是德国空军信号情报部门的负责人、费迪南德·费希特纳的上级，被德国的盟军关押至 1947 年，后被释放，没有被起诉。战后，他去了曾为德国军队制造密码机的无线电公司洛伦兹工作。1944 年末，他担心战时的雷达研发文件会在德国最终投降后被销毁或丢失，所以将重要文件装在防水金属箱埋了起来。20 世纪 50 年代早期，他在民主德国将这个箱子挖了出来。1963 年，因心脏病发作在杜塞道夫（Düsseldorf）去世。

亚瑟·谢尔比乌斯

1929 年，这位恩尼格玛密码机的发明人在一次马车事故中死亡。

库尔德·塞尔肖

战争结束后，塞尔肖与统帅部密码局、泽德局和情报侦察总部的其他几名密码专家一起为德国中央加密部工作。

威廉·特拉诺

被盟军释放后，特拉诺去了新成立的德国国家新闻机构——德新社（Deutsche Presse Agentur）当编辑。

海因·沃尔克林

在"史上最伟大的船队战"过后，沃尔克林又执行了两次巡逻任务，然后将 U-91 潜艇指挥官的职位交给了其他军官。他击沉了总计重达 2.7 万吨的货运，在海上服役 156 天。后来，又在其他潜艇舰队中服役，1944 年 9 月，前往弗伦斯堡 – 米尔维克鱼雷学校（Torpedo School）授课，直到战争结束。2001 年，沃尔克林去世。

结语

20世纪20年代早期，德国海军密码破译人员威廉·特拉诺决定他的信号情报机构应该购买新发明的恩尼格玛密码机。他不知道，70年后，整个世界会对第二次世界大战期间的密码技术和密码分析产生浓烈兴趣。本书尝试呈现了部分背景故事、行动细节，以及在战前和战争期间参与德国解密、加密和信号情报工作的重要人物，试图利用相关信息、行动案例，以及丰富、有趣且准确的个人叙述，来讲述关于"二战"期间信号情报工作的故事。英国历史学家马克斯·哈斯廷斯（Max Hastings）爵士撰写"二战"史已有40年，简洁地提出了一种还没有答案的重要问题。"像德国那样的先进国家，为什么在加密和解密方面未能与同盟国匹敌？"他写道，"这仍然是第二次世界大战中最吸引人的谜题之一。"

可以说，德国的信号情报工作有得有失。同盟国在战时成功破解密码的名声，在很大程度上都是来自破解恩尼格玛，并因此掌握了大量厄尔特拉情报。许多书籍、纪录片和电影都讲述了图灵、欣斯利（Hinsley）、图特（Tutte）、弗劳尔斯（Flowers）和纽曼的成功故事，叙述了他们在布莱切利园的那个坚决、有想象力的小团体，进而同盟国成功破解密码的名声更响亮了。确实如此。他们持续三年破解恩尼格玛编码，并在完全保密的情况下用收集到的情报支持军事行动，这种科学成就令人震惊，值得被反复赞扬。光是做到保密就十分令人惊讶，例如，作者的姨母到了 90 岁时，才向部分侄辈透露她曾经在布莱切利园的政府密码学校工作。

但是，这种名声并没有如此简单，它所涉及的不只是成功破解德国海军的恩尼格玛，以及这种破解成果对大西洋海战的战略影响。盟军破解的恩尼格玛加密信息还有许多，例如德国空军和陆军的信息，可以说，盟军对德军密码的掌握，扭转了 1943 年库尔斯克战役的结果。盟军还成功破解了德国的洛伦兹密码，更不用说美国对盟军密码破译工作做出的巨大贡献。但是，恩尼格玛机密在 20 世纪 70 年代就已经解密，所以这一切都已经为很多读者所知，也有许多优秀的作品对此做了记述。

然而，反复讲述盟军成功破解恩尼格玛的故事，可能会让公众觉得盟军是用单一的方法解决单一的问题，得到单一的结果：凭借胆识和勇气，英国军队夺得了恩尼格玛密码机，聪明、低调、性情古怪的科学家破解了恩尼格玛编码，接着发明了计算机；与此同时，德国潜艇无法击沉盟军的船队，使得英国不会出现食物短缺的情况，才让盟军随后有可能进军欧洲，并击败纳粹。

事情真的会这么简单吗？

从 20 世纪 30 年代早期开始，德国人就对英国皇家海军和商船队密码进行了大规模破解行动，并且经常获得成功，这在本书中有深入的讨论。可以确定的是，这场战争的结果并不仅仅来自对德国某种编码的破解——无论这种破解在科学上是多么重大的成就——还来自许多同样坚强的力量。1952 年至 1953 年，美国海军为美国国家安全局（National Security Agency）撰写了一份机密报告[1]，分析并总结了德国和盟军对彼此密码的成功破译对大西洋海战有什么影响。这份报告利用了特别详细的文件记录，如德国 U 型潜艇指挥部的每日行动记录、每艘德国潜艇发送的信号，以及盟军船队的所有报告。报告明确指出，盟军商船被击沉数量急剧减少的因素之一是，盟军在 1943 年春末——尽管晚了三年时间——决定更改船队和护航舰队使用的编码。这份报告坚定地认为，在这场战役的一个重要时间段里——1942年的大部分时间——恩尼格玛密码的成功破解对战役没有影响，因为盟军无法阅读德国U型潜艇的通信。美国密码学历史学家戴维·卡恩（David Kahn）简洁明了地说："尽管密码分析人员做出了贡献，但他们的工作与商船被击沉数量减少之间并没有一一对应的关联。"[2]

英国海军部在战后分析德国海军密码破译的影响时走得更远。发表于1945年的报告称，德国密码分析人员很有效率，速度很快，1942年2月至1943年6月期间（大西洋海战最激烈的时候），他们能够阅读所有的英国海军和船队的加密信息，有时候甚至在船队到达指定地点20个小时前就阅读了船队的信息。1943年春天，HX–229和SC–122船队遭到德国袭击，损失惨重，之后盟军才进行全面的安全审查，更改了编码。[3]

和恩尼格玛不同，德国的密码破译不是单一进行的，也不是由专门的机构负责，他们的成功与失败不同于盟军，但重要性并不低。德国在20世纪20年代和30年代为战争做准备而开展的密码破译和信号情报行动，是科学、骗术、物流、决心和想象力方面的重大成功。英国和美国主要集中精力破解两个敌人——德国和日本的密码。德国人的敌人遍及半个世界，所以他们首先破解了法国、西班牙、瑞士、苏联、土耳其、意大利、罗马尼亚、葡萄牙和爱尔兰的密码，更不用说英国的海军和外交密码了。而且，这是在战争还没有开始的情况下。1920年，德国从国家破产的政治和经济困局中站了起来，创建了多个密码破解机构，这些机构则和无线电技术一样快速地发展和壮大。

在战争还没有爆发时，德国就在拦截、破译和阅读15个国家、15种语言的信号了。德国人后来才将信号情报机构用于类似于战争的目的。迟至1944年7月，即便因盟军空袭导致日常工作几乎无法开展，德国国防军最高统帅部的密码破译人员仍然在破译和阅读欧洲和非欧洲33个国家的密码。如果在寻找、阅读、破解这些密码时出现什么困难，那么在全球拥有许多告密者、间谍和入室盗窃者的盖世太保就会尝试去获取编码簿，有时候会使用恰当的方法，但大多数时候都手段残忍。

但是，德国的一个主要错误是不同密码破解机构和它们的领导人之间缺乏信任。英国和美国的密码破译工作在很大程度上目标一致，而德国不同密码机构之间最好的相处是相互容忍，最差的则是彼此不信任，想方设法诋毁或阻扰别人的工作。例如，在德国国防军最高统帅部和德国外交部密码破译机构中，纳粹和反纳粹势力之间就存在长达十年、甚至往往致命的仇恨。负责统帅部密码局运作的威廉·芬纳回忆过1944年七月暗杀带来的血腥后果。盖世太保逮捕了德国国防军中两名负责信号情报和密码破译的最高级将军，将他们杀害，然后把尸首挂了起来。统帅部密码局里的所有人都被怀疑。一名党卫队军官威胁芬纳，说他在战前曾不经意地听到芬纳诋毁党卫队的情报部门。使这种恶意嫉妒和怀疑的氛围愈演愈烈的是，德国没有恰当的组织架构，导致六个机构在开展同样行动时会复制彼此的工作成果。

只要德国人在海军、陆军和空军方面有能力实施成功的密码破译，并以此获得情报，那么他们在20世纪20和30年代极其努力建造的信号情报机构就能直接给他们带来胜利。入侵法国、1939年至1943年的大西洋海战、北非战役、哈尔科夫战役，以及在西西里和意大利的战役，全都因信号情报而获益。在克里特岛战役中，德国尽管有军力优势和优秀的情报，但仍然险些失败。马耳他围城战和盟军派船队补给马耳他一事，就证明了在参战双方同时破解了对方密码时，决定最终结果的还是谁拥有更好的战舰、飞机、飞行员和船员。"霸王行动"和诺曼底行动表明，一个国家的军队拥有优秀的情报是多么重要，但是如果这个国家的虎式坦克因为敌人的空袭而没法利用情报，或者这些坦克无法获得零

结语　317

件和充足的燃料供应，那么情报就一文不值。

大西洋海战是独一无二的科学战役：德国人在阅读英国人的密码，英国人也在阅读德国人的密码。前者不相信恩尼格玛已被破解，倘若已破，英国人肯定会在他们的消息中提及。德国海军的密码分析人员威廉·特拉诺在1923年坚持购买恩尼格玛密码机，以便让德国海军不再像第一次世界大战中那样依赖编码簿，现在却因为英国人的杰出保密能力而受到打击。这一点尤其值得注意，因为德国人经常认为盟军口风不紧，无线电纪律也很松散。

德国人确信，倘若英国人在阅读恩尼格玛密码，那么，他们肯定会在信号通信中提及通过破解恩尼格玛获得的情报。既然英国人看样子并不知道德国在阅读他们的部分海军和外交密码，而且，其信息中没有提及恩尼格玛，那么恩尼格玛系统就没有被破解。另一方面，英国人则愿意向部分领导人，以及向船队护航舰艇上的一些军官承认德国人在阅读他们的海军通信。事实证明，与掩藏密码被破解的尴尬事实相比，英国人更擅长在恩尼格玛破解工作方面的保密。战后的保密规定意味着，布莱切利园的档案有可能永久保密，让与信号情报缺点相关的信息留在历史的迷雾中。

德国历史学家于尔根·罗韦尔（Jürgen Rohwer）是著名的海军作家，第二次世界大战期间他在德国海军的一艘扫雷艇和驱逐舰上服役。他后来撰写了约400种关于德国海军战时情报工作的著作、小册子和论文。他是搞清楚了威廉·特拉诺如何破解同盟国海军密码的少数人之一，他于2015年去世。1977年，在美国的一次讲座上，罗韦尔这样说道："近些年的许多著作、论文和电视节目都暗示，同盟国最高指挥部使用厄尔特拉情报，几乎总是知道德国人的意图。如果真是这样，那么'二战'的结果就应该简单得多了。"[4]

罗韦尔讲清楚了当时的情况，解释说盟军提前知道了某些即将发生的事情。例如，他们知道意大利海军在马塔潘角附近的动向、北角海战（Battle of North Cape）中沙恩霍斯特号的意图，以及德国进攻库尔斯克的计划，他们担心过度使用破解恩尼格玛得来的情报会让情报的效用无法持续。其次，就像在太平洋、意大利和诺曼底时那样，大部分战争都需要依靠旧式的战斗来获胜。有时，实际情况是，德国军队赢得战役是因为他们的士兵更优秀，经验更丰富，拥有更好的装备。英国及其殖民地盟国的部分军队有些时候能够与德国党卫队或国防军的能力匹敌，这种情况虽然并非一直存在，但也特别常见。第三，罗韦尔所提问题的答案不是科学上的，而是政治经济学上的。美国必须打败日本，帮助英国在西线击败了德国，而苏联必须在东线击败第三帝国。这就是需要时间的地方。

从德国战时的密码破译中，我期望能够获得战略和战术上的决定性教训，希望本书在一定程度上指明了这些教训。一个参战国除非有方法将优秀情报转化为作战能力，否则情报就毫无用处。"霸王行动"就是一个例子。如果这个参战国有能力利用情报，那么情报的有效性就取决于对军事行动进行还击的方式，这既牵涉战舰、坦克和士兵的实在因素，也涉及敌人自己的情报能力——就像大西洋海战中的战况那样。如果双方都拥有杰出的情报和优秀的军事能力，战斗结果就难以预料——克里特岛战役就能说明这点。一个参战国能够拥有优秀的情报收集能力，但是利用情报的效率却会因为组织涣散而降低。一个例子是，德国决定将其密码破译情报工作分成至少十个大大小小的机构。一个参战国能够拥有世界上最好的情报，拥有将情报转化为有效军事行动的最好方式，但是会因为高层领导的因素而落败。关于这点，阿道夫·希特勒就是最好的例证：在他错乱的决策和军事现实之间，缺乏有效的过滤机制。要有多种因素的同时出现，才能将有效的信号情报和破译技巧转化为最优的战术和战略结果。一个国家或一支军队能够拥有优秀的密码破译能力，但是如果过度地评估、监管或细分信号情报工作，那么信号情报工作就会变得没用。最后，如果情报成果仅仅作为情报收集的一种演练而存在，未得到利用，那么优秀的密码破译和情报收集能力就毫无用处。德国外交部密码破译人员就犯了这种错误。

下一个重要问题是，为什么德国密码破译的整个历史以前没有人恰当地讲述过？战时密码分析和密码学是个窄小和专业的领域，其中一名较杰出的写作者是一位作家和博主，他的博客叫"克里斯托军事和情报角"（Christos' Military and Intelligence Corner）。准确地说，大多数有关德国战时密码破译工作的可用材料都在美国和德国的档案馆里。直到2000年，英国政府才将他们掌握的蒂康档案里的3900份编码簿、文件夹和文献交还给德国外交部，这些就是英国和美国于1945年在第三帝国境内获得的材料；除了这些材料，还有他们对数十名德国信号情报和密码破译人员的审讯资料。这些审讯产生了成千上万页的文件，其中29000页在2016年才被美国国家安全局解密。这些档案需要仔细查阅——读者如果阅读数十页关于德国国防军拦截站管理体制细节的文件，就会发现某些确凿、全新、清楚、能说明事实的细节信息。人们也要记得，那些德国人知道他们为什么会被审讯，所以往往哗众取宠、敷衍了事。1945年，他们在奥地利或巴伐利亚某个充当美国情报指挥部或英国寄宿学校的谷仓或住宅里，被来自美国陆军反情报部队（Counter Intelligence Corps）或美国空军的某位中尉审讯时，他们心里应该在思索如何做到平衡：我应该告诉他们多少信息？威廉·芬纳及其同事在被抓捕前将他们机构的大量文件和设备扔进奥地利的两个湖泊里是有理由的。当德国国防军的一名高级信号官员对美国人说，德国陆军最高指挥部的密码破译机构几乎没有什么重要成果时，其实就是在装糊涂。

关于德国密码破译的信息还存在于别处，例如克罗地亚、西班牙、法国、罗马尼亚、意大利、俄罗斯、爱沙尼亚、希腊。即使在地理位置上如此分散，关于第二次世界大战中密码破译的大多数确证的、影响人们观点的公开英语信息，仍然与恩尼格玛和布莱切利有关。

历史学家跟上世界变化节奏的速度要比许多人想象的慢。并非所有材料都可以在网上找到、看到或理解，而这正是研究历史经常存在的问题。例如，英国外交部在发现了位于波恩的德国外交部有 100 页英国机密外交电报后，才在 1968 年开始调查德国战时的密码破译工作。古谚说，未来之事不可知，但是有些事情已为人知，却未被人认真地对待。本书浅谈战时德国的密码破译，想要说明的正是这点。

大事记

1914年8月2日：俄国人在波罗的海击沉德国轻巡洋舰马格德堡号，并找到一份《德意志海军编码簿》。这份编码簿被送到伦敦的英国海军部。

1915年：英国军队在波斯扣押了德国探险家和秘密特工威廉·瓦斯姆斯的行李和装备。他的行李中装有一份德国外交编码簿。依靠这份编码簿和其他密码本，英国海军部40号房的密码分析人员在1914年至1919年间拦截并破解了大约15000条德国信息。

1916年5月31日：日德兰战役。英国皇家海军未重视通过解密德国密码所获得的情报，在战斗中没有取得战略优势。

1917年1月11日：德国外交部长发送齐默尔曼电报至墨西哥，邀请墨西哥站在德国一方加入战争，条件是在德国获胜时占领美国领土；英国拦截并破解了这份电报，美国站在协约国一方加入了战争。

1918年：来自法兰克福的40岁工程师亚瑟·谢尔比乌斯为他发明的密码机申请了专利，他将这种密码机称为"恩尼格玛"。

1919年6月：《凡尔赛条约》的签署标志着第一次世界大战正式结束。

1922年夏天：德国记者和冶金学家威廉·芬纳受命负责德国新成立的密码分析机构，该机构有十名工作人员。

1923年春天：德国国防部让瓦尔特·洛曼上校负责管理违背《凡尔赛条约》的秘密重整装备计划。该计划所需费用完全来自"黑资金"。此时，德国海军已经建立了新的情报收集机构，前海军无线电技术员威廉·特拉诺在该机构负责密码分析。

1925 年：就职于德国陆军密码破译机构的前德国陆军军官汉斯－提罗·施密特提议向法国军事情报部门出售有关新恩尼格玛机器的信息；法国人后来将这些信息传给了正在研究恩尼格玛的波兰数学家和密码分析人员。

1928 年 7 月 15 日：德国海军和陆军决定采用恩尼格玛密码机。

1933 年：希特勒上台，赫尔曼·戈林创建了一个新的密码机构，被称为"研究局"。纳粹党成员开始离开外交部、海军和陆军的密码破译机构，加入戈林的研究局；不同机构之间开始激烈内耗。

1934 年至 1937 年：威廉·特拉诺及其团队在地中海和大西洋的军力部署过程中监听了英国皇家海军的无线电信号，并使用监听到的"参考材料"成功破解英国海军的密码。

1935 年至 1938 年：特拉诺团队于 1935 年至 1936 年开始阅读英国皇家海军的《行政编码》，于 1938 年开始阅读《海军密码》。

1937 年 1 月 1 日：德国顶级密码分析人员之一费迪南德·福格勒受命指挥德国空军新成立的密码分析机构——空军新闻局。

1939 年春：数学家和德国国防军密码分析人员埃里克·许滕海因破解了罗马尼亚的军事和外交密码，让德国人知道布加勒斯特将如何处理其极为重要的石油供应。

1939 年 7 月：此时已经在阅读德国恩尼格玛密码机加密信号的波兰人向英国和法国提供了他们掌握的所有情报。

1939 年夏：尽管人员短缺，但据威廉·特拉诺估计，他和手下正在用约 35% 至 40% 的时间来阅读英国皇家海军的《行政编码》《潜艇编码》《辅助编码》和《海军密码》。

1939 年 9 月 1 日：战争爆发，德国人对英国皇家海军各种编码的部分破解意味着他们在 9 月 11 日可以找到并攻击英国商船队。

1939 年 10 月：在一架被德国空军于其领空击落的惠灵顿轰炸机上，德军找到了英国"西科密码卡"；后来德国人破解了四位数的英国皇家空军《轰炸机指挥编码》(Bomber Command Code)。

1940 年 2 月 12 日：德国潜艇 U-33 在苏格兰西海岸附近航行，遭到英国格林内尔号深水炸弹攻击；英国人从潜艇里获得了恩尼格玛密码机的关键转子。

1940年4月：埃里克·许滕海因破解了法国国防部的密码。

同时，意大利海军高级密码分析专家路易吉·多尼尼上将破解了英国皇家海军的部分通信。威廉·特拉诺的手下开始重解新的皇家海军编码——《皇家海军密码二号》；该编码替代的是已经被破解的《皇家海军密码一号》。

1940年春：尽管德国人破解了英国皇家空军的四位数编码，但并未因此在不列颠战役中获得战术或战略优势。

1940年5月：英国军队撤离卑尔根，留下了重要的编码簿；这些编码簿后来被德国人寻获，其中包括英国皇家海军的《行政编码》、英国外交部的《部门间密码一号》，以及使用二次加密表的《商船编码》。

1940年6月22日：法国政府接受了相当于投降条件的停战协议。

1940年7月至10月：德国U型潜艇在大西洋上多次成功袭击盟军商船，德国潜艇指挥官称这段时间为"第一次美好时光"。

1940年7月起：U型潜艇在法国西海岸上有了直通大西洋的基地。

1941年：威廉·特拉诺开始用德国城市名来指代英国的不同编码。德国空军、德国国防军和外交部的密码破译人员破解了瑞士的恩尼格玛。

1941年1月：布莱切利园的英国密码破译人员破解了德国空军在北非的密钥。

1941年3月4日：英国突击队突袭挪威的罗弗敦群岛，并在拖网渔船克雷布斯号上找到了两个恩尼格玛转子、1941年2月的密钥表，以及接线板配置信息。

1941年3月：通过拦截意大利恩尼格玛信息所收集到的情报，使英国皇家海军在马塔潘角海战中获得了重要优势，击沉了三艘意大利重型巡洋舰。

1941年4月30日：雅典被德军攻陷。

1941年5月9日：U-110潜艇在冰岛附近遭到袭击，一支英国登船队在潜艇上找到了这艘潜艇的海军恩尼格玛密码机及其转子，还找到了这台机器的密钥设定。

1941年5月：德国海军潜水员从1941年3月26日在克里特岛附近被意大利小型潜艇击中的巡洋舰约克号上寻回英国皇家海军的三本《皇家海军密码二号》。

1941年6月22日：德国入侵苏联的巴巴罗萨行动开始。

1941年7月11日：德国商业袭击船亚特兰蒂斯号在印度洋上向客轮巴格达城号开火，登船队发现了一本标题为《同盟国商船信号传播》的编码簿。

1941年夏：德国海军密码破译人员正在阅读英国海军部于1941年1月20日采用的《英国综合海军密码三号》。这是一种使用减数表加密的四位数编码，用于英国人及美国人与大西洋船队进行的通信。特拉诺和手下将其称为"法兰克福"。

1941年9月：意大利军事情报部门负责人决定派人闯入美国驻罗马大使馆，窃取并拍摄美国军事专员与华盛顿之间通信所用的外交编码簿。

1941年10月：德国陆军和空军的信号情报机构此时已经破解了69种不同的苏联密码机制，其中包括苏联红军总参谋部使用的一种编码。这种五位数加密系统被称为"40号行动编码"。

1942年2月：德国人特别担心盟军在试图破解他们的加密系统，特别是考虑到大西洋海战期间传输的信号量大幅增加，所以他们在海军恩尼格玛密码机上增加了第四个转子，这意味着英国密码分析人员无法阅读德国潜艇的密码——这种密码被德国人称为"特里同"，被英国人称为"鲨鱼"。1942年6月至12月，被击沉的盟军商船数量是去年同期的四倍。

1942年2月至3月：德国人几乎每天都可以在英国海军部发出每日U型潜艇部署信号的当晚就成功破解这种信号。这种信号由英国海军发送给护航舰队和商船队，提示德国潜艇在大西洋的精确位置。

1942年4月：借助亚特兰蒂斯号寻获的编码簿，德国人重建并阅读了整个《英国及盟国商船密码》。这使他们能够在大西洋船队离开美国或英国港口前，就知道船队的组成情况。

1942年2月至6月：德国空军密码破译人员和信号情报队伍在围攻塞

瓦斯托波尔的"捕鲟行动"中扮演了至关重要的角色。

1942年4月：德国空军在法国的情报部队重建了英格兰南部英国皇家空军的整个作战序列。

1942年中期：盟军估计英国每周需要超过一百万吨的进口供应物才能维持战争，才能确保英国的生存。

1942年8月：盟军开始"银禧行动"，两栖袭击迪耶普。

1942年10月30日：U-559潜艇在地中海的塞得港被深水炸弹炸沉，沉入海底前，炸药号驱逐舰的三名英国水手设法找到了潜艇上的恩尼格玛密钥设置表，表上有德国海军恩尼格玛当时的所有设置信息。

1943年3月：德国U型潜艇在大西洋上袭击HX-229和SC-122船队，击沉22艘商船。他们称这次袭击为"史上最伟大的船队战"。

1943年6月：在对HX-229和SC-122船队受袭事件进行了长时间的调查之后，英国皇家海军第四次更改了编码。德国密码破译人员此后再也不能阅读英国皇家海军的信号，盟军在大西洋海战中开始获得优势。

1943年6月：德国在乌克兰南部库尔斯克的装甲进攻行动失败，导致南部集团军群遭到惨败，并开始从苏联撤退。

1943年7月：盟军反攻西西里。

1943年8月：盟军开始潮汐行动，部署五个独立的美国轰炸机组想攻击罗马尼亚的普洛耶什蒂油田；然而，早在它们从北非起飞前，德国空军密码分析人员和信号拦截队伍就开始跟踪，在它们到达罗马尼亚的领空后，德国战斗机和高射炮击落了53架美国B-24解放者飞机，使600名飞行人员死亡。该行动以失败告终。

1943年10月：美国海军部美籍瑞士特工向伯尔尼的瑞士情报机构发出信号，警告盟军已经破解了恩尼格玛；瑞士情报部门将这条信号传给德国的阿勃韦尔，但是阿勃韦尔没有采取行动。

1944年6月6日："霸王行动"开始；尽管德国空军拥有大量的信号情报，但德国人并没有任何具体的信息，不知道盟军将在什么地方开始登陆。

1944年6月23日："巴格拉季昂行动"开始。苏联红军发动战争以来的最大攻势，攻击白俄罗斯中部的德国陆军中部集团军群；几天后，德国国防军中部阵线崩溃，开始撤退。这是德国陆军在第二次世界大战中最惨重的失败。苏联军队攻入波兰和波罗的海国家。

1944年7月：德国海军的所有14艘"奶牛"补给潜艇被击沉，意味着邓尼茨上将在大西洋上的U型潜艇战役结束。德国海军监视局密码破译人员继续在他们位于波罗的海岸上的弗伦斯堡－米尔维克的指挥部监听盟军的海军活动。

1944年7月20日：由一群反对希特勒的德国高级官员密谋、在东普鲁士狼穴指挥部安装的炸弹爆炸。希特勒侥幸只受轻伤。近7000名涉嫌共谋此次行动的军人和平民被逮捕，并被处决或监禁。统帅部密码局的密码破解人员也遭到了怀疑。

1944年8月20日：英国、加拿大、美国等国的部队开始对德国在意大利中北部的防御阵地——哥特防线展开大规模攻击，这些阵地横跨意大利中北部。

1944年10月：德国空军负责无线电拦截和监测站的部队以及密码部队开始从东地中海、阿尔巴尼亚和爱琴海诸岛撤退，返回巴尔干半岛，然后再返回奥地利。

1945年2月：三名同盟国领导人——丘吉尔、罗斯福和斯大林在克里米亚的雅尔塔会晤，讨论战后分区占领德国的问题。他们不知道的是，土耳其情报部门正在监听会议上发送的苏联信号。土耳其情报部门的通信被匈牙利军方情报机构监听和破解，后者将之提供给了德国党卫队的联络官。在来自雅尔塔的破解信号最终送给希特勒时，希特勒的参谋长阿尔弗雷德·约德尔上将却拒绝相信。

1945年4月30日：希特勒在柏林自杀；5月1日，战争结束；5月7日，德国正式投降。盟军蒂康委员会的情报队伍进入德国和奥地利，于4月至9月期间抓获德国信号情报和密码分析部队成员，寻获德国信号情报设备。被俘虏者包括来自德国陆军、海军、空军、外交部、党卫队和陆军指挥部密码机构的高级官员。

大事记　327

参考文献及资料

与此文相关的一些书籍、文章、网站和博客值得一提,本书作者很感谢这些文献作者的专业知识。

要详细、准确、权威地记述20世纪最大的情报行动,需要辛苦、勤奋的工作,也需要十分专注。美国国家安全局的蒂康档案馆负责管理、分析的档案员、记录员、审讯员、校对员、情报分析人员、文员、打印员及看护员,在1945年后全都付出了无法超越的努力。非常感谢国家安全局、英国国家档案馆、德国外交部政治事务部(Foreign Ministry Political Affairs Department)这些年来的工作人员,感谢其他努力存留这些材料并在过去十年逐渐将它们公开的人。希望有一天,在成千上万页材料得到解密和发布后,有学者能够对蒂康档案作出权威性的记述。本书中讲述的材料和历史只是一个巨大而迷人的整体的一小部分。

为了将这些材料公之于众、记述已经解密的材料,以及几乎同样重要的是,向普通读者解读这些材料,有两个人做了辛苦的工作,他们并没有简单地将这些材料置于科学和政治语境之中,而是将之放在了密码学和历史的交汇之处。其中之一便是美国的兰迪·热扎贝克(Randy Rezabek),他的蒂康档案网站对该主题的爱好者而言是极好的信息来源。另外,在记录和解释军事密码学,尤其是"二战"后的军事密码学方面,博客"克里斯托军事和情报角"可谓首屈一指。该博客简单易读,将问题解释得很清楚。在本书的尾注中,源自蒂康档案的文献都标注了文档编号。其中部分文献是蒂康团队自己的工作成功,有些则是由美国陆军安全局(US Army

Security Agency）或美国海军收集的。美国国家安全局图书馆和档案馆的可靠工作人员几乎每周都会对材料解密，上述网站通常会在第一时间发布，随后，其他专业博客和杂志都会转载。

2013 年，在布莱切利园研究中心（Bletchley Park Research Centre）工作的英国作家约翰·杰克逊（John Jackson）编辑了《希特勒的密码破译人员：第二次世界大战期间的德国信号情报》（Hitler's Codebreakers: German Signals Intelligence in World War 2）一书，本书是对蒂康档案部分文献的首次和绝佳总结，集合了约一千页已解密的材料。

接下来还有一些主流书籍。"二战"期间的情报官员帕特里克·比斯利（Patrick Beesly）所著《超特殊情报》（Very Special Intelligence）是对第二次世界大战期间英国海军作战情报中心工作的杰出叙述。美国历史学家戴维·卡恩的《密码破译者：机密写作的故事》（The Codebreakers – the Story of Secret Writing）是有关该主题的权威历史著作之一。斯蒂芬·布迪安斯基（Stephen Budiansky）的《斗智斗勇：第二次世界大战中密码破译全记述》（Battle of Wits: The Complete Story of Codebreaking in World War 2）也是一本关于科学、密码分析和战争之间关系的著作。约翰·基冈（John Keegan）爵士的《战争情报：从拿破仑到基地组织的情报工作》（Intelligence in War: Knowledge of the Enemy from Napoleon to al–Qaeda）是另一项扎实的研究。

休·塞巴格–蒙蒂菲奥里（Hugh Sebag–Montefiore）的著作《恩尼格码：密码战争》（Enigma: The Battle for the Code）是英国关于恩尼格码密码机破解的著作中最透彻、最杰出的一部。德国海军历史学家于尔根·罗韦尔的两部著作《1939—1945 年海战编年史：第二次世界大战海军史》（Chronology of the War at Sea, 1939–1945: The Naval History of World War Two）、《1943 年的重要船队战役：HX–229 及 SC–122 船队战》（The Critical Convoy Battles of 1943: the Battle for HX–229 and SC–122）分别是对海军历史的杰出叙述，以及对 U 型潜艇战的最佳解释性著作。

必须提及前密码破解人员哈里·辛斯利的多卷本著作《第二次世界

大战中的英国情报》(*British Intelligence in the Second World War*)，以及迈克尔·史密斯（Michael Smith）的《布莱切利园的密码破译人员》(*The Bletchley Park Codebreakers*)，后者是《今日行动：从破解恩尼格玛密码到现代计算机的诞生》(*Action This Day: From the Breaking of the Enigma Code to the Birth of the Modern Computer*)的升级和扩展版。此外，还有克里斯托弗·安德鲁（Christopher Andrew）和瓦西里·米特罗欣（Vasili Mitrokhin）的《米特罗欣档案：克格勃在欧洲和西方》(*The Mitrokhin Archive: the KGB in Europe and the West*)。在德语中，弗里德里希·L. 鲍尔（Friedrich L. Bauer）的著作《破译机密：密码学方法和原理》(*Entzifferte Geheimnisse: Methoden und Maximen der Kryptologie*)和其他作品都有助于解释第二次世界大战中德国密码分析人员如何破解他们在欧洲的敌人和盟友的各种密码。

还必须提及许多其他资料来源，包括伦敦的帝国战争博物馆、美国海军博物馆、美国海军历史中心、意大利的里雅斯特（Trieste）的 IRSML 档案馆和博物馆、位于罗马的意大利皇家海军博物馆和网站、网站 uboat.net 和 convoyweb.org、《密码学》(*Cryptologia*)杂志及其网站、华盛顿特区中央情报局的图书馆，以及柏林技术大学图书馆。

关于第二次世界大战的著述众多，但是作为一名从小就在阅读这些书籍，并且仍在努力去理解这个庞大话题的作者，我要特别提及在对这个主题进行经验性书写方面十分杰出和专注的五位作者：他们是科尔内留斯·莱恩（Cornelius Ryan）、卡洛·德斯特（Carlo D'Este）、马克斯·哈斯廷斯爵士、安东尼·比弗（Antony Beevor）爵士，以及里克·阿特金森（Rick Atkinson）。

尾注

第一章 "一战"信号情报战落败

1. *The World Crisis 1911–1918* by Winston S Churchill, First Free Press, New York, 2005, Chapter XVI, p. 251.

2. David Kahn, *The Codebreakers: The Story of Secret Writing*, Macmillan, New York, 1968. *The Daring Deep Sea Divers who helped crack WW1 German codes*, by Joseph A. Williams, April 5th 2018, on www.history.com,提供了皇家海军潜水员所面临这些情况的进一步细节。Joseph A. Williams is the author of *The Sunken Gold: A Story of World War I Espionage and the Greatest Treasure Salvage in History*, Chicago Review Press, Chicago, 2017.

3. 引自 Joachim von zur Gathen, *CryptoSchool*, Springer-Verlag, Berlin, 2015.

4. *Memorandum to the First Lord of the Admiralty on Submarine Warfare*, 29 October 1916, by John Jellicoe, 1st Earl Jellicoe, 见 *War Memoirs of David Lloyd George*, Volume 1, Odhams Press, London, 1938.

5. Zimmermann Telegram, 1917; Decimal File, 1910–1929, 862.20212/82A (1910–1929), and Decoded Zimmermann Telegram, 1917; Decimal File, 1910–1929, 862.20212/69, General Records of the Department of State; Record Group 59; National Archives of the United States.

第二章　恩尼格玛推销员

1. David Kahn, *Seizing the Enigma: The Race to Break the German U–Boat Codes, 1933–1945*, Pen & Sword, Barnsley, UK, 2017, p. 33.

2. *The Story of Helmut Ruge of the Graf Spee, Part 1, Germany 1917–1939*, pp. 2–7, www.ww2pacific.com/ruge

3. Admiral of the Fleet, Lord Fisher, *Memories*, Hodder & Stoughton, London, 1919.

4. 关于洛曼事件的一个全面叙述可以在美国中央情报局的在线图书馆上找到：Center for the Study of Intelligence, Studies Archive Indexes, Volume 14 No. 2, "The Lohmann Affair"。

第三章　德国的新解密人员

1. TICOM DF–187: *The Career of Wilhelm Fenner with Special Regard to His Activity in the Field of Cryptography and Cryptanalysis.* 关于威廉·芬纳在战争期间的职业生涯和密码分析成就的信息，来自 1945 年至 1949 年之间美国和英国的多份情报报告。此份是美国陆军安全局在 1949 年 10 月的报告，编号 DF–187，芬纳在这份报告中描述了他的职业生涯。下文中，蒂康委员会和美国陆军的报告被列入多条尾注中；文献如有页码，也在尾注中标明。蒂康档案的文件在尾注中标为"TICOM"，并注明了文件编号。

2. CIA Online Library, "The Lohmann Affair".

3. 同上。

4. Władysław Kozaczuk, *Enigma: How the German Machine Cipher was Broken, and How it was Read by the Allies in World War Two*, 1984, edited and translated by Christopher Kasparek, University Publications of America, Frederick, Maryland, 1984. It is a revised and augmented translation of *W kręgu enigmy, Warsaw, Książka i Wiedza, 1979*, supplemented with appendices by Marian Rejewski. 以上信息整理自以下内容：Rejewski Appendix A 1984, pp. 246–7; Appendix B to Kozaczuk 1984, pp. 229–40; Appendix C to Kozaczuk

1984, pp. 241–5; Appendix D to Kozaczuk 1984, pp. 246–71; Appendix E to Kozaczuk 1984, pp. 272–91.

第四章　备战

1. TICOM DF–187–A, subsidiary to DF–187 quoted above.

2. TICOM–1–201: *The Interrogation of Dr Franz Weisser*, carried out by Lieutenant Mary C. Lane, US Army Security Agency, Augsburg, Germany, 17–18 October 1946.

3. TICOM IF–179: *Volume IV Part 1 of the Seabourne Report, The Luftwaffe's Signals Intelligence Service, Biographies of Contributors – Major Ferdinand Feichtner*. 这份长达1150页、关于德国空军信号情报工作的报告由美国陆军航空队J.G. 西博恩（J.G. Seabourne）上校在1945年11月编撰。

4. 节选自希特勒和张伯伦1938年9月15日在贝希特斯加登会晤的纪要，藏于伦敦英国国家档案馆，文件编号FO 371/21738。

5. *European Axis Signal Intelligence in World War II*, National Security Agency/Army Security Agency, nine volumes, Nimble Books, Ann Arbor, Michigan, 2010, Volumes 1 and 7; this is from Volume 1, p. 21.

6. HQ USFET Weekly Intelligence Summary no. 12, 4 October 1945 / TICOM DF–241: *The Forschungsamt – Part IV,* p. 40.

7. F. H. Hinsley et al., *British Intelligence in the Second World War: its Influence on Strategy and Operations*, five volumes, HMSO, London; Volume 2, pub. 1981, p. 642.

第五章　德国海军开始窃听

1. Admiral Luigi Donini, *I Servizi Crittografici delle Marine Britannica e Italiana* (trans. The Cryptographic Services of the Italian and British Navies), Revista Marittima, Gennaio 1983.

第六章　战争爆发时的两支海军

1. Roy Leadbetter, *My Night to Remember – Sinking of the Rawalpindi*, BBC–WW2 People's War, 15 October 2014, Article ID A1984160.

2. 同上。

3. 同上。

4. 关于多立克星号最后一次航行的细节来自蓝星航运公司（Blue Star Line）网站 bluestarline.org，以及书籍 *Blue Star Line at War: 1939–1945*, W. Foulsham & Co, London, 1973；该书作者笔名"塔夫拉伊"（Taffrail），指船上装置的一个部分。

5. Dispatch submitted to the Lords Commissioners of the Admiralty on 30 December 1939 by Rear Admiral H. H. Harwood, KCB, OBE, Rear Admiral Commanding South American Division. 载于 *The London Gazette, issue 37989*, 17 June 1947.

6. Jonathan Dimbleby, *The Battle of the Atlantic: How the Allies Won the War*, Viking Publishers, London, 2015, p.46.

7. *The story of Helmut Ruge of the Graf Spee, Part 2, The Graf Spee*, pp. 8–9, www.ww2.pacific. com/ruge

第七章　罗马尼亚密码和罗马尼亚石油

1. 对巴黎的罗马尼亚军事专员密码破解技术的描述来自德语著作：Friedrich Bauer, "Entzifferung 1939–1945", *Informatik– Spektrum 2008*, Bd. 31, Nr. 3, S., pp. 249–61, 本书中的引用得到柏林技术大学图书馆的善意准许。

2. *TIME*, "Foreign News: Killing", 3 April 1939.

第八章　入侵欧洲期间的信号和欺骗

1. TICOM IF–175, which is Volume XIII of the Seabourne Report, referenced previously. 关于德国空军新闻局局长费迪南德·福格勒的职业生涯详情，见第 1—28 页。在后续章节中涉及福格勒的篇幅更长。

2. 对破解法国战争部密码的技术描述来自德语著作：Friedrich Bauer, "Entzifferung 1939–1945". 部分也出现在 TICOM I–128: "Deciphering Achievements of In 7/VI and OKW/Chi", p. 2.

3. TICOM DF–187B: *The Cryptanalytic Successes of OKW–Chi after 1938.* 这是威廉·芬纳 1946 年 9 月至 12 月在德国上乌瑟尔美国欧洲指挥部情报中心拘留期间所写。

4. TICOM I–68: *Consolidated Report Based on Two Interrogations of Oberst Randewig,* pp. 1–7. 编撰自 1945 年 8 月 1 日至 10 日美国情报军官进行的审讯。

第九章 空中的战斗——"少数人"的密码

1. TICOM I–119: *Further Interrogation of Reg.Rat Voegele and Major Feichtner on G.A.F. Sigint.*

2. 这种描述来自：Stephen Budiansky, *Battle of Wits: The Complete Story of Codebreaking World War II,* p.135, Simon and Schuster, New York, 2000.

3. TICOM I–201: *Interrogation of Franz Weisser,* p. 6; TICOM IF–178: *The Seabourne Report Vol II Part 1, The Signals Intelligence Service of the German Luftwaffe, Biographies of Contributors: Captain Erich Hubner.* 他的出场在第 30—42 页。

4. 同上。

5. TICOM I–119.

第十章 大西洋海战——第一段美好时光期间的"戴安娜"与"胡伯特斯"

1. Peter Padfield, *Dönitz: The Last Führer, Portrait of a Nazi War Leader,* Victor Gollancz, London, 1984, p. 206.

第十一章 古典的敌人，现代的密码破译

1. 出自 "Greek Military Intelligence and the Italian Threat, 1934–1940",

Journal of Intelligence History, 引于 Christos' Military and Intelligence Corner, 24 October 2017, "Signals Intelligence and Codebreaking Operations During the Greek–Italian War of 1940–41".

2. 同上。此处解释来自上面提及的高度权威的博客，以及蒂康档案，所以有可能这两个文献都是通过相同的推理得到相同的信息。

3. 瓦尔特·弗里克的日记，以及关于劳夫监听站的评论，在这本书中可以找到：*War Secrets in the Ether*。意大利语材料见：Volume 3, p. 25。该书的部分内容在德国才解密不久。

第十三章　恩尼格玛被攻破

1. An SIS memorandum from "C", the head of SIS, as quoted in *The Records of the Permanent Under–Secretary's Department, Liaison between the Foreign Office and British Secret Intelligence, 1873–1939,* p. 66, written by FCO historians Gill Bennett and Christopher Baxter, March 2005.

2. Jürgen Rohwer and Eberhard Jakel (eds), *Die Funkaufklärung und ihre Rolle im Zweiten Weltkrieg* (trans. Signals Intelligence and its Role in the Second World War), Stuttgart, 1979, p. 386.

3. TICOM DF I–12: *The Preliminary Interview with Wilhelm Tranow*, on 24–26 May 1945 at Flensburg.

第十四章　优秀的上校

1. *Intercepted Communications for Field–Marshal Erwin Rommel*, history-net.com, 30 March 2008, by Will Deac, p.1.

2. TICOM DF–116 Y, which is a transcript of Army Security Agency report AS–14, 弗里克在该文献中详细叙述了对美国军事专员密码的破解。

3. 同上。

4. 同上。

5. 同上。

6. TICOM DF–116–Z: *The Fellers Code Supplement.*

7. TICOM DF–187B: *The Organization of OKW–Chi.*

8. historynet.com,见本章第一条尾注。

9. Signal from Bonner Fellers to the US Military Intelligence Division, 1 February 1942, US Military Attaché, Cairo, Records of the War Department General and Special Staffs, Records Group 165, NARA (National Archives).

10. C. J. Jenner, "Turning the Hinge of Fate: Good Source and the UK–US Intelligence Alliance, 1940–1942", *Diplomatic History*, Volume 32, Issue 2, 1 April 2008, pp. 165–205, this is from p. 176, in turn quoting "The Contribution of the Information Service to the May–June 1942 Offensive in North Africa", File 1035, Records Group 457, NARA, Maryland, US.

11. C. J. Jenner, "Turning the Hinge of Fate", p. 185, citing Memorandum from Chief of Staff for the President, 23 June 1942, Records Group 218, NARA, Mayland, US.

第十五章 苏联前线上的信号情报和密码分析

1. TICOM document DF–112: *Survey of Russian Military Systems*, pp. 1-111. 这份文件几乎完全基于对中尉阿列克谢·德特曼的审讯；德特曼负责国防军陆军总司令部的情报侦察总部。关于他在战争之前和期间所作活动的信息来自这份蒂康文件，由德特曼在 1947 年花了几个月时间撰写，并得到了美国陆军安全局认可。1945 年 1 月至 5 月期间，德特曼被英国关押，1947 年，投靠了美国。

2. TICOM DF–112.

3. TICOM DF–112, p. 107.

4. TICOM IF–178: *The Seabourne Report Volume II, Part 1: Biographies of Personnel from the Luftwaffe's Signals Intelligence Service*, p. 1, Colonel Hans Eick. 他在"巴巴罗萨行动"之前和期间的故事来自该文献。

5. 节选自 TICOM DF–112.

6. Major Lonnie O. Ratley III, March–April 1983, *A Lesson of History: The Luftwaffe and Barbarossa*, Air University Review, Maxwell US Air Force Base, USAF Air Educational and Training Command, Montgomery, Alabama.

7. TICOM I–12: *Interview with Wilhelm Tranow*.

8. 同上。

9. TICOM DF–18, pp. 58–62.

10. TICOM I–173 p. 6.

11. TICOM I–79, p. 8.

12. DF–112: *Survey of Russian Military Systems*.

13 同上, pp. 110–12。

14. Stephen G. Fritz, *Frontsoldaten: The German Soldier in World War II*, University Press of Kentucky, Kentucky, 1997, pp.105 and 114.

15. Allen F. Chew, *Fighting the Russians in Winter: Three Case Studies*, Leavenworth Papers, Combat Studies Institute, US Army Command and General Staff College, Fort Leavenworth, Kansas, December 1981.

16. Stephen G. Fritz, *Frontsoldaten*, pp. 105 and 114.

17. TICOM DF–111: *Comments on various cryptologic matters by Adolf Paschke*.

18. TICOM IF–178: *The Seabourne Report Volume 2, Part 1, The Signials Intelligence Service of the Luftwaffe, Biographies of Contributors: Captain Wadim Herold*, pp. 14–21.

19. Christer Bergström, *Stalingrad – The Air Battle: 1942 through January 1943*, Midland Publishing, Hinkley, UK, 2007, p.43.

20. *Duelling Aces in Sevastopol*, by Christer Bergstrom and Andrey Mikhailov, Warfare History Network, 4 November 2017.

21. "The Battle of Stalingrad. Signal Communications in the Pocket of Stalingrad and Communications with the Outside", General–Major Wilhelm Arnold; US Army, Europe 1952–1954, Historical Division. Foreign Military

Studies Branch. Foreign Military Studies D–271 published 1947. 第十五章中关于斯大林格勒战役的所有引述内容都来自这条文献。

22. TICOM DF–112.

第十六章　瑞士的恩尼格玛密码机

1. TICOM I–193: *Interview with SS–Obersturmbannführer Urban*, Liaison Officer between the RSHA and Hungarian Military Intelligence.

2. 美国红十字会的档案里存了战时报纸的所有头条报道。

3. "The ICRC in WWII – The Holocaust", 24 January 2014; the article appears on the website of the International Committee of the Red Cross, www.icrc.org.

4. "*European Axis Signal Intelligence in World War II*", Volume 1, May 1946 in "Results of European Axis Cryptanalysis" – Switzerland.

5. US State Department Report February 1946, p. 31, "*Achievements of the Signal Security Agency in World War II*".

6. TICOM I–45: *OKW/Chi Cryptanalytic research on Enigma, Hagelin and Cipher Teleprinter machines*.

7. 同上。

8. Pers–Z file "Bericht der Belgisch–Französisch–Schweizerischen Gruppe Stand 1.12.1941".

9. TICOM DF–240A: *Characteristics, Analysis and Security of Cryptanalytical Systems*, written in April 1951 by three contributors, former members of the Forschungsamt, including Dr Bruno Kroeger; also from TICOM DF–241: *The Forschungsamt – Part IV*.

10. TICOM DF–240 / 241; also from *The compromise of the Swiss diplomatic Enigma K cipher machine in WWII*, Christos' Military Intelligence Corner, 1 October 2017.

第十七章 "大黄"和"牛仔比赛"

1. Terry Copp, "The Air over Dieppe", *Legion*, June 1996, p. 8.

2. Ronald Atkin, *Dieppe 1942: The Jubilee Disaster*, Book Club Associates, London, 1980, p. 264.

第十八章 U–91 潜艇与大西洋海战

1. Terry Hughes and John Costello, *The Battle of the Atlantic*, Dial Press / J.Wade, New York, 1977, p.6. Also quoted in David Kahn, *Codebreaking and the Battle of the Atlantic*, 4 April 1994, The USAFA Harmon Memorial Lecture No. 6, p. 1.

2. uboat.net

3. BdU War Diary 3–9 September 1942, 79/446, Volume 6, Chapter 10, Operational Archives Branch, Naval Historical Center, Washington, DC.

4. *U–Boat Attack Logs; A Complete Record of Warship Sinkings from Original Sources 1939–1945*, Daniel Morgan and Bruce Taylor (Forward by Jürgen Rohwer), Seaforth Publishing / Pen & Sword Books, Barnsley, UK, 2011. U–91 潜艇在 14 日 1∶50 至 2∶15（德国时间）对渥太华号袭击的完整叙述见该书前言的第 25 页。这本权威著作关于 U 型潜艇袭击事件的记述主要来自：The Naval Historical Center in Washington, DC; The Royal Naval Museum, Portsmouth, UK; Deutsches U–Boot Museum–Archiv in Cuxhaven–Altenbruch, Lower Saxony, Germany; The Sammlung Rohwer (the collection of archive material accumulated by Jürgen Rohwer); The Naval Historical Branch of the British Ministry of Defence in Portsmouth, UK; and The Bundesarchiv in both Freiburg and Koblenz, Germany.

5. U–91 潜艇是在海面上首次目击 ON–127 船队的，并在海面上开了火。

6. 沃尔克林的攻击日志是以德国时间记录的，德国时间比盟军时间早两个小时，所以对他来说，攻击发生在 14 日，对盟军来说则是 13 日。

7. 引用自 U–91 潜艇在 1942 年 9 月 12 日至 14 日的日志，由海因茨·沃尔克林撰写，转引自 *U–Boat Attack Logs*.

8. 包括上述博物馆和档案材料，以及 uboat.net 和 convoyweb.org 网站在内的不同文献，对三个潜艇群总潜艇数量的记录各有不同，差异在 37 到 45 之间。尽管多达 45 艘潜艇可能实际参与了所有袭击，但有些潜艇并非来自这三个潜艇群，而是独立航行或受命从远至加勒比海海域前来加入袭击行动。

9. U–91 潜艇在巡逻时的船员数量是 44 至 60 人。

10. *Life Aboard a U–Boat*, from uboataces.com, and *The food onboard the U–Boats*, from uboat.net, 该文献详细叙述了 Type IXC 潜艇在为期三个月的巡逻过程中的补给情况。

11. HX–229 和 SC–122 船队中，商船和护航舰的总数在不同文献中记载有所不同，因为有些护航舰只跟船队航行了一至四天，有些商船因为技术问题脱离了船队。阿诺德·黑格（Arnold Hague）的网站 convoyweb.org 是一个清晰、准确的资料源。于尔根·罗韦尔在其著作中对船队战进行了叙述：*The Critical Convoy Battles of March 1943: The Battle for HX 229/SC 122*, Naval Institute Press, Annapolis, 1977.

12. Martin Middlebrook, *Convoy*, Viking Press, New York, 1976, p. 276. 这则短语还上了德国电台。

13. www.ibiblio.org, in its *Battle of the Atlantic III: German Naval Communications Intelligence (SRH–024), Chapter IV, Compromise of Naval Ciphers 3 and 5 (Anglo–US)*，该文献特别清晰和生动地叙述了这方面的信号破解，其文献来自美国国家安全局的中央安全局。

第十九章 爱琴海战役

1. TICOM I–203: *Interrogation of Herbert Marinick and Herbert Korn, Former Members of the Reichpost and OKW/Chi*.

2. *The London Gazette* (Supplement), 8 October 1948.

第二十章　不安全的恩尼格玛

1. US Army Security Agency WDGAS–14: *European Axis Signal Intelligence in World War Two,* Volume 3, the Signal Intelligence Agency of the Armed Forces, High Command, US Army Security Agency, 1st May 1946.

2. 同上，WDGAS–14.

3. 对美国国家安全局这项计划的分析和总结，见：Joseph A. Meyer, NSA Document ID 3838699, *Der Fall Wicher: German Knowledge of Polish Success on Enigma.* 引用内容的页码是 pp. 1–17. 关于"烈风计划"的其他细节来自蒂康委员会对统帅部密码局奥托·布吉施（Otto Buggisch）博士的审讯。数学家布吉施领导了对该计划的部分研究，这些研究内容见1945年8月8日对奥托·布吉施的审讯 TICOM–I–58，以及 TICOM I–46: *Preliminary Report on Interrogation of Dr. Otto Buggisch (of OKH/Gen.d.NA) and Dr. Werner Liebknecht*, 23 June 1945. 其他细节另见 TICOM I–46, 64, 66, 67 and 137.

4. Joseph A. Meyer, *Der Fall Wicher*, p. 2.

5. Friedrich L. Bauer, *Entzifferte Geheimnisse – Methoden und Maximen der Kryptologie* (trans. Decrypted Secrets – Methods and Maxims of Cryptography) (third edn), Springer, Heidelberg, 2000; TICOM I–39: *Organisation of OKW–Chi.*

6. 节选自 War Diary of the Oberkommando des Heeres, or OKH, quoted in Joseph A. Meyer, *Der Fall Wicher*, p. 10.

7. TICOM IF–189: *Preliminary Interrogation of Friedrich Stohlket.* 这项审讯是在1945年11月进行的——审讯对象是德国陆军信号团中一名曾经负责破解苏联密码的成员。

第二十一章　风暴来袭——"霸王行动"

1. Charles Fenyvesi, *Washington Post*, 26 May 1998, "Japan's Unwitting D–Day Spy".

2. TICOM I–143: *Report on the Interrogation of Five Leading Germans at Nuremberg on 27 September 1945*.

3. *The Cicero Papers*, March 1 2005, FCO Historians.

4. TICOM I–109.

5. 蒂康委员会对马丁·路德维希中尉的审讯见：TICOM I–109。

第二十二章　处决与俘虏

1. Francis Harry Hinsley et al., *British Intelligence in the Second World War*, 5 Volumes, HMSO, London, 1979–1988.

2. B. Jack Copeland, *Colossus: The Secrets of Bletchley Park's Codebreaking Computers*, Oxford University Press, Oxford, 2010, pp. 1–6.

3. Christopher Andrew and Vasili Mitrokhin, *The Mitrokhin Archive: The KGB in Europe and the West*, Penguin Books, London, 2000, p. 150, note 13.

4. Joseph A. Meyer, *Der Fall Wicher*.

第二十三章　第三帝国的崩溃

1. TICOM IF–179: *The Seabourne Report Volume IV Part 2: Biography of Major Ferdinand Feichtner CO 352nf Regt South SIS German Luftwaffe*.

2. 同上。

3. 同上。

4. Cyril E. Black, Robert D. English, Jonathan E. Helmreich and James A. McAdams, *Rebirth: A Political History of Europe Since World War II*, Westview Press, 2000, p. 61.

5. TICOM I–193: *Interview with SS–Obersturmbannführer Urban*, Liaison Officer between the RSHA and Hungarian Military Intelligence.

6. 见 TICOM report, DF–112，引述内容的后半部分是用英语写成的。

7. TICOM DF–112, p. 109, *Interview with Leutnant Alexis Dettmann*.

8. TICOM IF–179: *The Seabourne Report Volume IV Part 2: Biography of*

Major Ferdinand Feichtner CO 352nf Regt South SIS German Luftwaffe.

9. TICOM IF–178: *The Seabourne Report Volume II: Biographies of Personnel from the Luftwaffe's Signals Intelligence Service.*

10. TICOM DF–187: *The Career of Wilhelm Fenner with Special Regard to His Activity in the Field of Cryptography and Cryptanalysis.*

11. Glenn B. Infield, *Skorzeny: Hitler's Commando*, St Martin's, New York, 1981, pp. 22–3.

第二十四章 拥有密钥的人已经逝去——蒂康调查

1. TICOM document NN/37/5847, *Narrative and Report of Proceedings of TICOM Team 6*, 11 April–6 July 1945, written by Commander A.M.S. Mackenzie, Royal Navy Volunteer Reserve.

2. 同上。

3. TICOM I–12: *A Translation of the Preliminary Interrogation of Oberregierungsrat (Senior Civil Service Administrator) Wilhelm Tranow of 4SKL / III of OKM*, carried out at Flensburg on 24/25 May by TICOM Team 6, pp. 1–15.

结语

1. Evaluation of the Role of Decryption Intelligence in the Operational Phase of the Battle of the Atlantic, Department of the Navy, Office of the Chief of Naval Operations, Operations Evaluation Group, Report 68 Reference A/65650 / (LO) 2271–52, pp. 5, 9 and 18. 这份报告本身没有注明日期，但这里引用的副本是: one sent from the OEG's Director, Jacinto Steinhardt, to the Vice–Director of the National Security Agency, Rear–Admiral Wenger, on 1 April 1953.

2. *Codebreaking and the Battle of the Atlantic*, USAFA Harmon Memorial Lecture 6, David Kahn, 4 April 1994, p. 7.

3. Review of Security of Naval Codes and Cyphers 1939–1945, by Paymaster Commander W. G. S Tighe, RN, British Public Records Office, Kew,

UK, DM 1/27186. 由于这些信息密切反映了威廉·特拉诺被蒂康团队审讯时给出的回答，因此似乎可以合理地推断，这些信息部分是基于他们的。然而，上文提到的 the US Navy's Operations Evaluation Group Report 68 说，在 1942 年 7 月至 12 月期间，德国监视局向 U 型潜艇总部提供的关于盟军护航舰队的所谓"好情报"占 37%，在 1943 年 1 月至 5 月期间占 72%。

4. *Ultra and the Battle of the Atlantic: the German View*, Naval Symposium at the US Naval Academy, Annapolis, Maryland, 28 October 1977.